Michael Rißmann

HITLERS GOTT

Vorsehungsglaube und Sendungsbewußtsein des deutschen Diktators

Pendo Zürich München

INHALT

EINLEITUNG 7

I. HITLERS GOTT IN DER »KAMPFZEIT«
(1919–1933) 25
1. Vereinnahmung des Christentums 29
2. Abgrenzung zum Christentum 34
3. Alternativen zum Christentum 41

II. DIE ZWEITE HEILSGESCHICHTE
(1933–1945) 53
1. Der Führer von Gottes Gnaden 56
2. Hitlers Gott: Ein Porträt 62
3. Heilige und Jünger 73
4. Kritik an Religion, Christentum und Kirche 77

III. URSPRÜNGE 91
1. Katholizismus 94
2. Richard Wagner 97
3. Alldeutsche und Okkultisten 113
4. Völkisches München 125

EXKURS: NATIONALSOZIALISMUS
UND OKKULTISMUS 137
1. Klassiker der Kryptohistorie 144
2. Merkmale der Kryptohistorie 148
3. Quellen der Kryptohistorie 162

IV. ANALYSEN 173
1. Hitlers Gott: Propaganda oder Glaubensinhalt? 174
2. Hitlers Gott und die Gläubigen 179
3. Hitlers Gott: Mittelpunkt einer politischen Religion? 191
4. Hitlers Gott in der Geschichte 198

ANHANG 207
Danksagung 208
Anmerkungen 209
Quellen- und Literaturverzeichnis 279
Verzeichnis der Abkürzungen und Kurztitel 305
Personenregister 306

EINLEITUNG

Die Geschichtsschreibung der letzten Jahrzehnte kennt viele Hitler.[1] Als menschgewordener Dämon mit sadistischen Neigungen spukte er durch die ersten Deutungen der deutschen Diktatur nach 1945.[2] Man konnte dem zynischen Machiavellisten begegnen, der seiner Machtgier mit prinzipienlosem Opportunismus alles opferte, Menschen wie Ideale,[3] ebenso dem eiskalten Ideologen, der seine schon lange konzipierte Strategie plangemäß in Politik umsetzte.[4] Auch einen Schwächling traf man an, der weitreichende Entscheidungen ängstlich an seine Unterführer delegierte,[5] und schließlich sogar den fortschrittlich gesinnten Revolutionär, der von einer besseren, einer moderneren Welt träumte.[6] Der Titel dieses Buches – »Hitlers Gott« – scheint wiederum auf einen neuen Hitler zu verweisen: Wirkte der Diktator demnach als eine Art Kreuzritter im Dienst einer bösen Religion? Es soll hier, dies sei vorausgeschickt, kein weiteres Hitler-Klischee propagiert werden – mehr denn je gilt es heute, die scheinbar disparaten Deutungen zu einem Gesamtbild der Hitlerschen Persönlichkeit zu verknüpfen. Die Gelegenheit dazu scheint günstig: Die Machtkämpfe zwischen Politik- und Sozialgeschichte, aus denen manche der Kontroversen um Hitler resultierten, sind ausgefochten; Brücken werden gebaut, neue Synthesen zeichnen sich ab.

Über Jahrzehnte hinweg prägte jedoch die Debatte um Sinn und Zweck einer Hitler-Forschung die deutsche Historikerzunft. Wer sich heute mit der Persönlichkeit des Diktators befaßt, kann diesen Diskussionen nicht ausweichen: Warum, so muß sich auch der Historiker des 21. Jahrhunderts fragen, soll überhaupt Forscherfleiß in den Versuch investiert werden, der politischen, geistigen oder gar privaten Biographie des Diktators nachzuspüren? Gäbe es nicht, so kann man einwenden, innnerhalb der zweifelsohne wichtigen Erforschung des Nationalsozialismus weitaus bedeutendere Probleme, deren Klärung zum Verständnis des Regimes und seiner Untaten mehr beitragen könnte? Diese Frage zielt auf den Platz Hitlers im »Dritten Reich«. Was dem Laien meist selbstverständlich schien, entzweite die Fachhistorie: Die Allmacht des Diktators steht im Mittelpunkt jenes erbitterten Gelehrtenstreites, den sich seit den siebziger Jahren »Intentionalisten« und »Strukturalisten« lieferten.[7] Erstere – auch »Traditionalisten« und »Programmologen« genannt – fühlten sich meist den Prinzipien und Methoden politischer Geschichtsschreibung verpflichtet und verwiesen auf die dominierende Rolle, die Hitler in der Außenpolitik und Kriegführung zweifellos einnahm. Sie führten seine Maßnahmen auf längst festgelegte Entwürfe, eben auf seine »Intentionen«, zurück – und sahen sich deshalb dem Vorwurf der »Hitlerzentrik« ausgesetzt. Die zweite Gruppe, an sozialgeschichtlichen Denkmodellen orientiert, strebte nach Analyse des komplexen Machtgefüges und der Entscheidungsstrukturen im »Dritten Reich« und wurde daher mit dem Etikett »Strukturalismus« versehen. Die Diskussion gipfelte in dem Streit, ob der Holocaust auf Anweisung Hitlers oder aber, einer Lawine gleich, als »Selbstläufer« zu seiner schrecklichen Endgestalt fand. Das Hitler-Bild spaltete sich somit in extreme Gegensätze: Erschien er den »Intentionalisten« als alles beherrschende Spinne im raffiniert geflochtenen Netz, deuteten ihn die »Strukturalisten« – so die »klassische« Formulierung Hans Mommsens – als »einen entscheidungsunwilligen, häufig unsicheren, ausschließlich auf Wahrung seines Prestiges und seiner persönlichen Autorität bedachten, aufs stärkste von der jeweiligen Umgebung beeinflußten, in mancher Hinsicht schwachen Diktator«.[8]

Neuerdings scheint es, als ob die Diskussion ihrem Ende zuginge. In jener Zeitschrift, die einst als zentrales Schlachtfeld des Gelehrtenkrieges diente, resümierte Ende der neunziger Jahre der Herausgeber Joachim Rohlfes die Auseinandersetzungen und kam zu dem salomonischen Urteil, es sei angemessen, »im Nationalsozialismus auch (aber nicht ausschließlich) einen Hitlerismus zu sehen«.[9] Bei »Monokratie« und »Polykratie« handle es sich – so sieht es eine starke Gruppe in der neueren Forschung, auf die Rohlfes sich bezieht – um einander ergänzende, nicht einander ausschließende Paradigmen. Hans-Ulrich Thamer etwa verwies auf die »Doppelgesichtigkeit« des Regimes und deutete das zweifellos vorhandene, scheinbar auf eine »Polykratie« verweisende Führungschaos nicht als Zeichen der Schwäche, sondern als »Vorbedingung für die Führerherrschaft und Durchsetzung des Führerwillens«.[10] Für die Überwindung der historiographischen Querelen steht schließlich auch ein vielbeachtetes Großwerk jüngerer Zeitgeschichtsschreibung: Ian Kershaw, ein ausgewiesener »Strukturalist«, krönte seine umfangreichen Forschungen zur NS-Zeit ausgerechnet mit einer biographischen Studie zu Hitler.[11] Obwohl von einem sozialgeschichtlichen Zugriff geprägt, zeugt sie von dem Versuch, »die auffallende Polarisierung der Ansätze zu überwinden und sie in einer Hitler-Biographie aus der Feder eines ›strukturalistischen‹ Historikers zu integrieren«.[12]

In einem Punkt vermochten sich die Kontrahenten also zu einigen: NS-Forschung ist immer auch Hitler-Forschung

– unabhängig davon, wie stark man den Faktor Hitler in den einzelnen Teilgebieten nationalsozialistischer Politik jeweils gewichtet. Erfordert solche Hitler-Forschung, so ist aber weiter zu fragen, auch die Analyse jenes Ideenbündels, das üblicherweise als Hitlers »Weltanschauung« bezeichnet wird? Um ihrer selbst willen lohnt es gewiß nicht, der Gedankenwelt des Diktators nachzuspüren. Sicher gab es große Politiker, die auch Geistesgrößen waren – Hitler jedoch, obwohl er sich für einen bedeutenden Denker hielt, gehörte nicht zu ihnen. Die moderne Ideengeschichte, den Traditionen der »Geistesgeschichte« des 19. Jahrhunderts längst entwachsen, erforscht indes Ideen nicht mehr um ihrer Größe, sondern um ihrer Wirkungsmacht willen. Wo aber begegnet man in Politik und Gesellschaft des »Dritten Reiches« dem Wirken des Hitlerschen Gottes? Diese Frage muß gestellt werden; bliebe sie ohne Antwort, wäre die religiöse Vorstellungswelt des Diktators ein makabres, für die Erforschung nationalsozialistischer Herrschaft aber unwesentliches Detail im Persönlichkeitsprofil eines Menschheitsverbrechers. Solche Überlegungen leiten den Gang der Untersuchung: Zunächst kommt Hitler selbst zu Wort. Aus der Zusammenschau zentraler Quellen entsteht ein Porträt des Gottes, den der Diktator so oft beschwor (I. und II. Teil). Das so gesicherte Gottesbild wird dann aus seinen Ursprüngen heraus erklärt (III. Teil), darauf folgt der Versuch, die irdische Macht aufzuzeigen, über die Hitlers Gott – im Denken seines Propheten und in den Köpfen des deutschen Volkes – verfügte (IV. Teil). Schon jetzt sei angedeutet, daß sich gerade hier der moderne ideengeschichtliche und der moderne sozial- und mentalitätsgeschichtliche Zugriff begegnen, ja sogar verschränken: Ian Kershaw betont am Ende seiner Hitler-Biographie, in welch hohem Maße der Diktator imstande war, »sich auf starke Elemente pseudoreligiösen Glaubens zu stützen, umgesetzt in die Mystik der nationalen Erhebung und Wiedergeburt«.[13] Wenn sich in der zeitgeschichtlichen Forschung – wie von Kershaw gefordert – personen- und strukturgeschichtliche Ansätze verbinden sollen, kann jedoch nicht nur der Glauben der Deutschen allein, sondern muß auch der Glaube Hitlers zur Sprache kommen. Die wechselseitige Durchdringung von Hitlers Glauben an die eigene und deutschem Glauben an die Sendung Hitlers liefert eine Teilerklärung jener Dynamik, mit der Hitler selbst und seine Anhänger ungeheure Zerstörungskraft freisetzten. Hitlers Ideenwelt und das Denken der meisten Deutschen stimmten nicht so sehr im extremen Rassismus, Antisemitismus und Sozialdarwinismus der NS-Ideologie überein, sondern weit eher in der Überzeugung, unter Anleitung einer höheren Macht dem vermeintlichen nationalen Heil entgegenzustreben.

Die Wirkmächtigkeit des Hitlerschen Gottes, für die gegenwärtige NS-Forschung wohl der lohnendste Aspekt an diesem Problemfeld, wird für den Leser vielleicht nicht der entscheidende Antrieb sein, sich mit Hitlers religiösen Vorstellungen zu befassen. Möglicherweise interessiert ihn – was den professionellen Forscher kaum beschäftigt – weit mehr das persönliche Schicksal des Diktators. Ian Kershaw konstatierte jüngst, daß im Zuge der »Hitler-Welle« in den siebziger Jahren, die eine Fülle teils fragwürdiger Publikationen hervorbrachte, »viele Menschen von der bizarren Persönlichkeit des Naziführers auf makabre Weise fasziniert waren«.[14] Doch dieses Fragen nach dem Menschen Hitler zeugt weniger von Sensationsgier als von tiefem Entsetzen über einen Massenmörder – auch wenn es angesichts seiner Opfer und ihrer Leiden fast unschicklich scheint, auf den Täter und dessen Motive zu blicken. Diesen Zwiespalt meinte Thomas Mann, als er, freilich noch ohne Wissen um Auschwitz und den Weltkrieg, 1939 schrieb: »Ohne die entsetzlichen Opfer, welche unausgesetzt dem fatalen Seelenleben dieses Menschen fallen, ohne die umfassenden moralischen Verwüstungen, die davon ausgehen, fiele es leichter, zu gestehen, daß man sein Lebensphänomen fesselnd findet.«[15]

Bislang gab es vier breiter angelegte Versuche, den religiösen Vorstellungen Hitlers auf die Spur zu kommen. Zu völlig gegensätzlichen Urteilen gelangen die Monographien Friedrich Heers und Georg Mays. Diese Deutungen des Hitlerschen Gottesbildes gründen tief in der Lebensgeschichte der jeweiligen Autoren und empfangen aus ihr eine starke individuelle Prägung, die sich – und hier liegt der Grund für das Scheitern beider Werke – zu extrem einseitigen Urteilen verdichtet. Daß Heer wie May während des »Dritten Reiches« tief im katholischen Glauben verwurzelt waren, mag den Leser ihrer späteren Werke eigenartig berühren – denn unterschiedlicher könnten zwei Analysen desselben Gegenstandes im Urteil kaum ausfallen.[16]

Friedrich Heers Buch bemüht sich um den Nachweis, die lebenslang bindende Leitschnur des späteren Diktators sei eine in Österreich grundgelegte, den Denkmustern der katholischen Kirche folgende »politische Religiosität« gewesen. Mit erheblicher Aggressivität polemisiert er gegen einen »vulgären christlichen, ja katholischen Glauben breiter Schichten«,[17] aus dem er Hitlers religiöse Anschauungen, vor allem aber seinen Antisemitismus und mit ihm den Holocaust ableitet. Seine äußerst materialreiche, von der leitenden Grundthese aber völlig verzerrte Analyse Hitlerschen Denkens mündet in einen großangelegten Angriff gegen die katholische Kirche. Heer trägt die bekannten Angriffe gegen die päpstliche Deutschlandpolitik und ein so nie stattgefundenes »Hineinscheitern katholischer Priester in den Nationalsozialismus« vor,[18] verbunden mit allen gängigen Vorurteilen gegen eine Kirche, die ihm offenbar fremd, ja zum Feind geworden ist.

Während Heer im Katholizismus die Wurzel allen Übels sehen will, findet May sie im Protestantismus. In diesem besteht nach Meinung des Mainzer Professors für Kirchenrecht »von seiner Geburt an eine tiefgehende, wurzelhafte, ja wesentliche Unordnung [...], die ihm sein Gründer vermacht hat. Ein Bestandteil dieser Unordnung ist der Opportunismus, die Witterung für das, was ankommt und Gewinn verspricht.«[19] Mit solchem Vorurteil behaftet, konstatiert May eine angebliche Seelenverwandtschaft von Nationalsozialismus und Protestantismus, aufgrund deren nur die katholische Kirche wirklich verfolgt worden sei, während ihm die evangelischen Kirchen eher als Nutznießer denn als Feinde des Regimes gelten. Der Begriff »Kirchenkampf« verfälsche – so May – die wahren Verhältnisse und resultiere nur aus »der propagandistischen Begabung der Anhänger der Kirche des Wortes«.[20] Das Stuttgarter Schuldbekenntnis der Evangelischen Kirche in Deutschland gilt ihm als »Verbalradikalismus«, den er mit dem Hinweis hinwegwischt, »daß Worte im Protestantismus billig« seien.[21] Die – wie bei Heer – quellengesättigte Darstellung Hitlerscher Transzendenz am Eingang seines Buches lebt von diesem wütenden Antiprotestantismus: Wo Heer die katholische Kirche diskreditieren will, indem er ihr Wesen in Hitlers Glauben wiedererkennt, sucht May die Religiosität des Diktators als typisch protestantisches Denken zu entlarven.

Die extreme Subjektivität Heers wie Mays mag lebensgeschichtlich erklärbar sein und entspringt sicherlich – aus ihrem jeweiligen geistigen Horizont heraus verstanden – nachvollziehbaren Motiven, begreifen sich doch beide als engagierte Kämpfer für eine weithin verkannte »Wahrheit«. Dennoch führt diese Einseitigkeit dazu, daß ihre Darstellungen für die Forschung nicht einmal als Quellensammlungen von Bedeutung sein können. Mit allzu großer Heftigkeit stürzen sie sich auf jedes Indiz, das eine Nähe von Hitlers Denken mit den Lehren des jeweiligen Feindes zu beweisen scheint, verwickeln sich in Widersprüche und diskutieren Fragen, die für die Geschichtsschreibung kaum von Interesse sind: So listet May detailliert auf, für welche Todsünden Hitler am Ende der Zeiten ins Fegefeuer muß. Dies habe Hitler, so May, geahnt – und deshalb den Katholizismus verfolgt: »Wer unsittlich lebt, erzeugt leicht in sich eine Abneigung gegen die Anstalt, die in Gottes Namen die sittlichen Gebote verkündigt [...] Hier liegt ohne Zweifel eine Wurzel von Hitlers Haß gegen die katholische Kirche.«[22] Den Höhepunkt der weltanschaulich motivierten Einseitigkeit beider Bücher bildet der Versuch, Hitler mit Symbolgestalten des Gegners gleichzusetzen. Heer zielt auf das Papsttum und hier besonders auf Pius XII., erkennt in allerlei Sexualpathologien, in »Mythos, Magie, Reinfantilisierung«[23] und antisemitischer Tradition die Verwandtschaft beider, während May ein Kapitel über »Ähnlichkeiten zwischen Luther und Hitler« einfügt und mit der These endigt, es hätten »beide, Luther wie Hitler, ein unheimliches Chaos angerichtet in politischer, wirtschaftlicher, kultureller und religiöser Hinsicht«.[24] Weitere Verzerrungen, die beiden Darstellungen gemein sind, lassen sich anführen: ihre Neigung zum Belehren und Moralisieren, das Bemühen, Widerstandshandlungen der jeweils anderen Konfession zu ignorieren oder zu verunglimpfen,[25] vor allem aber die Unfähigkeit, den jeweils immensen Quellenreichtum mit analytischer Kraft zu durchdringen. Heer reiht in chronologischer Folge ein Zitat an das andere, May verfährt ebenso im Rahmen seiner sachsystematischen Gliederung, an deren Ende nur knappe Zusammenfassungen stehen. Angesichts der Mühe, die sie auf Quellensuche und -studium fraglos verwandten, wirkt ihr biographisch erklärbares Scheitern nahezu tragisch. Beide Auseinandersetzungen mit Hitlers Gott präsentieren sich im Gewand eines Pamphletes und wurden von der Historiographie daher kaum zur Kenntnis genommen.

Daß man aus dezidiert christlicher Perspektive über Hitlers Religiosität schreiben kann, ohne in plumpe Diffamierung der jeweils anderen Konfession zu verfallen, beweist Wolfgang Hammer, Pfarrer einer evangelisch-reformierten Kirchengemeinde in der Schweiz. Seine dreibändigen Hitler-Studien wurden allerdings, darin vergleichbar den Arbeiten Heers und Mays, von der Fachwissenschaft kaum rezipiert. Dies mag an ihrem eigentümlichen methodischen Zugriff liegen: Hammer gestaltet seinen Text als – so der Untertitel – »Dialog mit dem ›Führer‹«, was praktisch auf die Kommentierung eines Zettelkastens mit Hitler-Zitaten hinausläuft, verbunden mit theologischen und geschichtsphilosophischen Betrachtungen, die zuweilen an Predigten erinnern.[26] Gerne konfrontiert Hammer die Aussagen Hitlers mit der Bibel. So stellt er anläßlich seiner Ausführungen zur nationalsozialistischen Kirchenpolitik »die Zentralfrage, ob Hitler weiß, wie sehr alle Lehre und Politik der Kirchen, so sie aus der Weisheit stammen, aus dem Quell der Offenbarung, aus der Analogie zu Jesus Christus als dem inkarnierten Gott, schöpfen müssen«.[27] Nicht anders als Heer und May, von deren Philippiken Hammers Studien sich wohltuend abheben, sucht freilich auch dieser nach jener einen geistigen Tradition, aus der Hitler gänzlich zu erklären sei. Wie Heer den Katholizismus und May den Protestantismus, so zieht Hammer den aufgeklärten Absolutismus des 18. Jahrhunderts zur Verantwortung: »Dieses Erbe Kaiser Joseph II. hat Hitler übernommen, zwar nicht in einer ideologischen, allgemeinen ›Lehre‹, sondern in der konkreten Kirchen-, Schul-, Beamten- und Kleinstadt-Wirklichkeit, in der er seine Jugend verlebte.«[28] Von dort aus konstruiert Hammer sozial- und geistesgeschichtliche Verbindungslinien, die bis zu der »spätliberal geprägten Gedankensphäre des kaiserlichen Österreich in den sechziger und neunziger Jahren des vorigen Jahrhunderts«[29] führen, wo er die lebenslang prägende geistige Heimat Hitlers vermutet. Sieht man von solch kühnen Herleitungen ab, gelingen Hammer eine Reihe interessanter Feststellungen, die freilich grundsätzliche Probleme seiner Studien nicht vergessen machen: Die unstrukturierte Glossierung Hitlerscher Äußerungen ersetzt keinen analytischen Zugriff, zudem konnte Hammer – wie auch Heer – nur auf jene Quellen zurückgreifen, die bis Anfang der siebziger Jahre veröffentlicht wurden.

Claus-Ekkehard Bärsch beansprucht für seine Studie »nicht weniger [...] als eine Erfassung der NS-Ideologie, in der alle wesentlichen Merkmale berücksichtigt werden«.[30] Trotz einer Fülle zutreffender Beobachtungen leidet Bärschs Analyse – nicht anders als die Arbeiten Heers und Mays – unter der Absicht ihres Verfassers, eine Totalerklärung des Nationalsozialismus zu liefern. Bärsch begreift ihn als »politische Religion« und stützt sich dabei vornehmlich auf das Denken Eckarts, Goebbels' und Rosenbergs, anschließend sucht er die dort gefundenen Ideologeme auch bei Hitler nachzuweisen. So übersieht er, daß »sich ›die‹ nationalsozialistische Weltanschauung bei genauerem Zusehen in ein Bündel verschiedenartigster Leitvorstellungen« ausdifferenziert, die nicht nur im Detail voneinander abweichen;[31] seine Analyse Hitlerschen Denkens beschränkt sich zudem fast ausschließlich auf »Mein Kampf« und gelangt so zu einem nur sehr begrenzten Bild. Allzu kühn erscheint Bärschs These zur Rezeption der NS-Ideologie in der Bevölkerung: »Der Erfolg der Nationalsozialisten vor dem Beginn der legalen Herrschaft 1933 beruht auf dem religiösen Gehalt ihrer Ideologie.«[32] Es bedürfte weit ausgreifender, quellengestützter Studien zur Mentalität der Hitler-Wähler, um solche Behauptungen zu belegen, dreiseitige Ausführungen zur Akzeptanz des Hitler-Grußes genügen hier nicht. Bärsch kann das, was er für »die« NS-Ideologie hält, nur als Entwurf einiger Vertreter der Parteielite vorführen, nicht als einigendes Band einer Volks- und Wählergemeinschaft.[33]

Eine umfassende Untersuchung Hitlerscher Religiosität auf breiter Quellenbasis – ohne missionarische Absichten (Heer, Mey, Hammer) und frei von jedem Streben nach einer Totalerklärung des Nationalsozialismus (Bärsch) – steht also nach wie vor aus. Die Broschüre einer evangelischen »Arbeitsgemeinschaft für Religions- und Weltanschauungsfragen« verzichtet auf konfessionellen Streit, ohne freilich die Forschungslücke auch nur annähernd zu schließen.[34] Dies vermag auch nicht eine qualitätvolle Arbeit von Werner Reichelt, die sich auf äußerst schmaler Quellenbasis bewegt,[35] noch weniger Schriften mit deutlich apologetischem Charakter.[36] Einige gelungene Studien untersuchen Hitlers Verhältnis zu Christentum und Kirche während der Zeit seiner Herrschaft.[37] Die wichtigen Lebensbeschreibungen gelangen zu sehr unterschiedlichen Einschätzungen Hitlerscher Religiosität. Bei Alan Bullock liest man einerseits, daß der Diktator »weder an Gott noch an das Gewissen glaubte«, andererseits vermutet der Biograph in den Anrufungen der Vorsehung mehr als nur propagandistische Absichten: »Hitlers Glaube an sein eigenes Schicksal hielt ihn vom totalen Atheismus zurück.« Dennoch erkennt Bullock in Hitlers Rede von Gott keine echte Hinwendung zu einer wie auch immer gearteten höheren Instanz – »sein Glaube an die Vorsehung des Schicksals war lediglich eine Projektion seines eigenen Machtgefühls«.[38] Die Biographie Werner Masers würdigt Hitlers Religiosität, beschränkt sich aber weitgehend auf lange wörtliche Zitate.[39] Joachim C. Fest hält die beständig vorgetragenen Glaubensbekenntnisse für echt und vermutet in Hitlers Sendungsbewußtsein eine wesentliche Ursache der Niederlage. Als es Hitler »nicht mehr gelang, das glühende Bewußtsein seiner Mission durch macchiavellistisches Kalkül in Schach zu halten, und er selber der Vorstellung seines Übermenschentums erlag, setzte der Abstieg ein«.[40] Die rein ereignisgeschichtliche Lebensdarstellung von John Toland ignoriert Hitlers Ideenwelt nahezu völlig,[41] Marlies Steinert bezeichnet den Diktator in einer älteren Arbeit als Atheisten[42] und erkennt auch in ihrer jüngeren biographischen Studie nicht, wie sich bei Hitler Gottes- und Wissenschaftsgläubigkeit eigentümlich mischten.[43] Ian Kershaw schließlich geht mehrfach auf Hitlers Religiosität, vor allem aber auf ihre Aufnahme in der Bevölkerung ein.[44] Populärwissenschaftliche und essayistische Arbeiten, von denen einige das Hitler-Bild in Deutschland stark prägten, ignorieren oder verkennen häufig die Religiosität des Diktators: Hitler war, so liest man etwa bei Sebastian Haffner, »trotz seiner gewohnheitsmäßigen rhetorischen Anrufung der ›Vorsehung‹ und des ›Allmächtigen‹ nicht nur selbst irreligiös, sondern hatte auch kein Organ dafür, was Religion für andere bedeuten kann«.[45] Die bisher vorliegenden Monographien zum Denken Hitlers widmen sich anderen Aspekten,[46] Studien zum Hitler-Kult analysieren eher die propagandistische Wirkung des Vorsehungs-Glaubens, weniger dessen Verwurzelung in der Weltanschauung des Diktators.[47] Die vorliegenden psychohistorischen und tiefenpsychologischen Arbeiten betrachten Hitlers Religiosität nur am Rande; zuletzt glaubte Manfred Koch-Hillebrecht, in Hitlers Sendungsbewußtsein die typische Persönlichkeitsstörung eines Eidetikers zu erkennen.[48] Die Parapsychologie endlich fragte, ob des Diktators Glaube an die Vorsehung sogar berechtigt gewesen sei. Ulrich Timm, Mitarbeiter der einzigen universitären Abteilung für Psychologie und Grenzgebiete der Psychologie in Freiburg, äußerte die Hypothese, Hitler könnte über Fähigkeiten der außersinnlichen Wahrnehmung, namentlich über die Gabe der »Präkognition«, verfügt haben, worunter der Parapsychologe das Vorauswissen zukünftiger Vorgänge versteht. Damit erklärt Timm das bemerkenswerte Talent Hitlers, Attentatsversuchen, die mit seinem Terminkalender und seinen typischen Verhaltensweisen rechneten, durch überraschende, oft spontane Änderungen des vorgesehenen Programms und aller üblichen Gewohnheiten zu entgehen.[49]

Mit einer großangelegten Edition der »Reden, Schriften, Anordnungen« Hitlers von 1923 bis 1933 hat das Münchner »Institut für Zeitgeschichte« den Zugriff auf wichtige

Quellen deutlich erleichtert.[50] Dieses mehrbändige Werk schließt zeitlich an eine ältere Edition von Aufzeichnungen zwischen 1904 und 1924 an,[51] für die Jahre nach 1933 muß man immer noch die verdienstvolle, heutiger editorischer Praxis aber nicht mehr genügende Ausgabe von Max Domarus verwenden.[52] Hier sind nicht alle Reden Hitlers vollständig erfaßt, aber doch so viele und typische Beispiele, daß auf die Einbeziehung weiterer Ansprachen verzichtet werden konnte. Editionen, die primär Hitlers Kriegsstrategie dokumentieren, wurden nicht berücksichtigt, auch nicht sein sogenanntes »zweites«, der Außenpolitik gewidmetes Buch, wohl aber »Mein Kampf«, Hitlers Grundlegung seiner Weltanschauung, die immer noch nur in zeitgenössischen Ausgaben vorliegt.[53]

Einige wenige Quellen erlauben den Blick hinter die Kulissen der pompösen Selbstinszenierung des Diktators. Auch im persönlichen Umfeld, so darf man vermuten, pflegte Hitler die Schauspielerei, doch unterscheiden sich die Vorträge für den kleinen Kreis der gemeinsamen Mahlzeiten und nächtlichen Teestunden in vieler Hinsicht von seiner öffentlichen Rede. Martin Bormann ließ diese – in der Forschung meist »Tischgespräche« oder »Monologe« genannten – Ausführungen ab dem 5. Juli 1941 von seinem Adjutanten Heinrich Heim aufzeichnen; zwischen dem 21. März und dem 31. Juli 1942 ersetzte ihn der Oberregierungsrat Henry Picker, den Bormann auf Empfehlung zu Heims Vertreter bestellt hatte; einige wenige Gesprächsnotizen verfaßte Bormann selbst. Die letzten Texte stammen vom 7. September 1942: Nach einer schweren Führungskrise zog sich Hitler vor seiner Umgebung zurück und aß fortan allein; aus den Jahren 1943 und 1944 existieren daher nur zehn Mitschriften eines unbekannten Referenten. Heim und Picker konnten – auch dies muß berücksichtigt werden, will man den Quellenwert ihrer Aufzeichnungen beurteilen – die Äußerungen des Diktators nicht mitstenografieren, sondern erst nach den Begegnungen aus dem Gedächtnis diktieren; lediglich bei den mittäglichen Tischrunden machte sich Heim unauffällig Notizen. Bormann prüfte die Niederschriften und behielt sich Eingriffe vor, zumal die von Picker gelieferten Texte scheint er verändert zu haben.[54] Aus all diesen Gründen wird man die Aufzeichnungen Heims und Pickers mit einiger Vorsicht heranziehen, andererseits wiegen die immerhin möglichen Irrtümer der Adjutanten sowie Bormanns Korrekturen nicht so schwer, daß man gänzlich auf diese Quellen verzichten müßte, ebensowenig auf das sogenannte »Politische Testament«, jene achtzehn von Bormann selbst notierten Äußerungen Hitlers zwischen dem 4. und 26. Februar und am 2. April 1945.[55]

Zuletzt zog Ron Rosenbaum den Quellenwert der »Tischgespräche« in Zweifel. Er begründete seine Kritik mit dem Umstand, daß Hitler nie – auch nicht in Anwesenheit Himmlers und Heydrichs – über die Judenvernichtung und andere Untaten des Regimes sprach. Hitler habe also, so schloß Rosenbaum, seine Monologe vor allem für die Nachwelt gehalten; sie seien Teil seiner Selbstinszenierung und könnten nur als »Abklatsch seines Denkens« verstanden werden, »der die Wirklichkeit in Hitlers tiefstem Inneren ungefähr ebenso wahrheitsgetreu wiedergibt wie das Schild über dem Eingangstor von Auschwitz ›Arbeit macht frei‹ die Wirklichkeit im Konzentrationslager«.[56] So berechtigt die Feststellung ist, daß Hitler sich vor seiner Umgebung, vor Öffentlichkeit und Nachwelt in Szene zu setzen suchte – als Kriterium für Quellenkritik taugt diese

Erkenntnis nicht. Denn bei aller Neigung zur Schauspielerei lassen sich – und zwar in *allen* öffentlichen und privaten Äußerungen Hitlers – einige Ideologeme ausfindig machen, an denen er vor jedem Publikum festhielt. Dies gilt gerade für den Antisemitismus: Abends im Hauptquartier, bei Tee und Gebäck und in Anwesenheit von Damen, sprach er freilich nicht über die Greuel der Lager – wohl aber über seine Judenfeindschaft. Die Zuhörer vor den Volksempfängern erfuhren nichts vom Vernichtungskrieg im Osten – aber durchaus von einer jüdisch-bolschewistischen Weltverschwörung, zu deren Abwehr der Völkermord begangen wurde. Es ist schlicht naiv, in einer einzigen Quelle den »ganzen Hitler« finden zu wollen und bestimmte Dokumente deshalb in Frage zu stellen, weil sie dies nicht leisten.

In mehrerer Hinsicht unterscheiden sich die von Heim und Picker überlieferten Aussprüche von jenen Äußerungen des Diktators, die aus der umfangreichen Tagebuch- und Memoirenliteratur überliefert sind. Die Adjutanten fertigten ihre Niederschriften wenige Stunden nach Hitlers Monologen an – andere Aufzeichnungen, etwa diejenigen Gerhard Engels[57] und Otto Wageners,[58] wurden oft erst Jahre, manchmal gar Jahrzehnte nach den jeweiligen Begegnungen abgefaßt. Es besteht kein Zweifel daran, daß sich Bormanns Mitarbeiter über Monate hinweg täglich in der engsten Umgebung Hitlers aufhielten – anders als etwa Hermann Rauschning, dessen »Gespräche mit Hitler« heute als erfunden gelten, anders auch als Richard Breiting, dem Hitler 1931 seine geheimsten Pläne anvertraut haben soll; beide »Quellen« werden hier nicht verwendet.[59] Und schließlich waren Heim und Picker frei von jedem Ehrgeiz, ihre eigene Bedeutung im Umgang mit Hitler aufzuwerten und in den Aufzeichnungen zu dokumentieren – anders als Goebbels, in dessen Diarien Selbstbeweihräucherung und Hitlerkult eine eigentümliche Mischung eingehen. Soweit Ereignisgeschichte erforscht wird, können seine Notizen fraglos als Quelle benützt werden;[60] widmet man sich nicht Daten und Fakten, sondern Worten und Gedanken, scheint – zumal dann, wenn es sich um Hitlers Worte und Gedanken handelt – Vorsicht geboten: Die Tagebücher Goebbels dokumentieren, was dieser, »die spätere Veröffentlichung vor Augen, zur Selbstverherrlichung schrieb«.[61] Obwohl der Propagandaminister einige Bemerkungen Hitlers zu religiösen Fragen festhält, werden seine Aufzeichnungen hier nicht ausgewertet – zu groß scheint die Gefahr, daß sich Äußerungen und Ansichten Hitlers mit den Ideen des zwar ergebenen, aber auch profilierungssüchtigen Goebbels vermischen. Wegen solcher subjektiven Einfärbungen wurde auch auf andere Erinnerungen aus Hitlers Umgebung weitgehend verzichtet.

Einige Bemerkungen zur Methodik mögen helfen, den hier verfolgten Weg zu verstehen. Verkürzt man die Ideengebäude großer Geister auf eine knappe Formel, verlieren sie nicht zwingend an Kraft. Reduziert man Hitlers Denken auf wenige Sätze, tritt die intellektuelle Dürftigkeit seiner Ideen nur um so deutlicher zutage: *Was* er vortrug, erscheint uns Nachgeborenen, erschien aber auch schon den Zeitgenossen und selbst manchem Anhänger banal – das *Wie* seiner Rede erwies sich jedoch als suggestiv und mitreißend. Jenes Verfahren klassischer Geistes- und Philosophiegeschichtsschreibung, die Ideen der Meisterdenker durch kommentierende Be- und Umschreibung ihrer Argumente und Schlüsse nachzuzeichnen, muß hier versagen: Hitler findet man nicht im Gedanken, sondern in der

Sprache. Wer seine Ideen darstellen will, muß deshalb ausführlich die Quellen zitieren – auch wenn er dabei Gefahr läuft, eine »in wörtlichen Hitler-Zitaten geradezu versinkende Studie« vorzulegen.[62] Umfangreichere Ausführungen zu einem Themenkomplex werden hier allerdings stark gerafft, lange Absätze auf markante Formulierungen reduziert. An Stringenz verliert des Diktators Argumentation bei diesem Verfahren nicht: Seine Reden kreisten meist um wenige Aspekte, die er in ermüdender Wiederholung beständig neu variierte. Hitler breitete nicht inhaltliche Vielfalt vor dem Zuhörer aus, sondern bot Abwechslung nur insofern, als er im Verlauf einer Rede zu immer derberen Formulierungen fand und sie mit immer lauterer Stimme vortrug. Die hier geübte Praxis, Hitlers Gott eher durch bezeichnende »Aphorismen« als durch absatz- oder gar seitenlanges Originalzitat vorzustellen, zielt also auf eine quellennahe Darstellung typischer Denkfiguren, wie sie Hitler zwischen 1919 und 1945 vor seinen Lesern und Zuhörern ausbreitete.

I.
HITLERS GOTT IN DER »KAMPFZEIT« (1919–1933)

In seiner autobiographischen Besinnungsschrift »Mein Kampf«, verfaßt in der Landsberger Festungshaft, untersuchte Hitler auch den Nutzwert von Religion und christlichen Kirchen. Das »religiöse Bedürfnis an sich«,[63] so schrieb er, müsse befriedigt werden; zwar sei die »konfessionelle Einstellung« nur »das Ergebnis der Erziehung« und darum nicht identisch mit jenem Urbedürfnis,[64] doch dürfe auch die Konfessionszugehörigkeit in ihrer Bedeutung nicht verkannt werden: Ohne die »dogmatischen Grundlagen der einzelnen Kirchen« sei »der praktische Bestand eines religiösen Glaubens nicht denkbar«:[65] Weil die »Masse« nicht in der Lage sei, ihre religiösen Bedürfnisse auch außerhalb eines klar umrissenen Lehrgebäudes zu befriedigen, benötige sie auf diesem Gebiet eindeutige Handlungsanweisungen.[66] Nicht im Rahmen einer »rein metaphysischen unbegrenzten Gedankenwelt«,[67] sondern nur auf fest umrissenen Glaubensinhalten gegründet, könnten Religionen und – denn Hitler läßt für beide dasselbe gelten! – weltanschauliche Bewegungen Erfolg haben.[68]

Trotz ihrer einstmaligen dogmatisch gesicherten Festigkeit hätten aber die gegenwärtigen Kirchen ihre ursprüngliche Schlagkraft längst eingebüßt. Die Ursache dafür liege in der Vernachlässigung rassischer Gesichtspunkte: Die gegenwärtige Strategie der Kirchen bestünde darin, daß man »immer vom Geiste redet und den Träger desselben, den Menschen, zum verkommenen Proleten degenerieren läßt«, wofür man sich mit »Erfolgen bei Hottentotten und Zulukaffern« hinwegtröste.[69] Die christliche Religion hätte sich als einigendes Band der rassisch höchststehenden Völker bewähren müssen, statt dessen habe sie gerade ihre so notwendige Geschlossenheit verloren und befände sich nun in Gefahr, im Zuge ihres Ausgreifens auf andere Kontinente auch noch die Überlegenheit der arischen Rasse aufs Spiel zu setzen. »Für die Zukunft der Erde aber liegt die Bedeutung nicht darin, ob die Protestanten die Katholiken oder die Katholiken die Protestanten besiegen, sondern darin, ob der arische Mensch ihr erhalten bleibt oder ausstirbt.«[70]

Die kirchenkritische Haltung aus der Landsberger Zeit, hier illustriert durch typische Zitate aus »Mein Kampf«, findet sich auch in eher privaten, nicht für die breite Öffentlichkeit bestimmten Äußerungen späterer Jahre. In einem Brief an den Priester Magnus Gött bemühte sich Hitler zwar, den Kirchenmann für die Partei zu gewinnen, machte aber kein Hehl aus seiner negativen Sicht des historischen Christentums. Gött hatte offenbar, was Hitler nicht gelten ließ, in einem vorangegangenen Schreiben die Leiden der frühchristlichen Märtyrer hervorgehoben. Sein Briefpartner führte statt dessen »die Menschenjagden auf Azteken und Inkas [...], die Sklavenjagden des Mittelalters, die Verpflanzung von Millionen Negern auf den amerikanischen Kontinent« an und verwies auf all jene, »die martervollsten Todesqualen ausgeliefert wurden, nur weil Zweifel über die Gestalt des Abendmahls, die Wunderwirkungen eines heiligen Rocks usw. usw. sie zu unvorsichtigen Äußerungen veranlaßten«.[71] In einem weiteren Brief kritisierte Hitler die angeblichen Folgen katholischer Erziehungsarbeit: »Das Ergebnis damals war einerseits der zum Himmel stinkende Sündenpfuhl Versailles [...] und auf der anderen eine vertierte Proletenmasse, aus der eines Tages die Marseillaise herausgellte.«[72]

Als Parteiprogramm hätten solche Positionen, zumal im kirchenfrommen Bayern, wohl kaum getaugt. Auf kirchlich gebundene Wähler konnte die NSDAP, wollte sie zu erheblichem Einfluß gelangen, jedoch nicht verzichten. In gläubigen Menschen sah Hitler durchaus potentielle und geeignete Anhänger; schon 1922 hatte er in einem Redemanuskript unter dem Stichpunkt »Christliche Weltanschauung« vermerkt: »Gute Bürger u[nd] Führer«.[73] Es galt also, dem Christen eine Brücke in die Partei zu bauen und seine Frömmigkeit für die »Bewegung« auszunutzen, ohne sich dabei allzusehr mit den Kirchen einzulassen.

1. VEREINNAHMUNG DES CHRISTENTUMS

Vor allem in der Weihnachtszeit bediente sich der Parteiführer gerne christlicher Botschaften: Im Grunde, so führte er 1925 in Dingolfing aus, treibe ihn und die Seinen »festester christlicher Glaube, wenn wir für eine Bewegung kämpfen, die die Menschen unseres Blutes aus dieser Welt des Materialismus befreien und ihnen den seelischen Frieden wieder geben will«.[74] Im Bemühen um »Erhaltung der deutschen, abendländischen und christlichen Kultur«[75] erfuhren deren geistige Grundlagen allerdings eine bemerkenswerte Umdeutung: Die Partei müsse, so führte Hitler im Jahr seines Putsches aus, »wieder das Christentum hochbringen, aber das Kampfchristentum. Das Christentum ist nicht die Lehre des stummen Duldens, Leidertragens, sondern des Kampfes.«[76] Bildliche Anschaulichkeit verlieh Hitler dieser Position, indem er häufig auf die neutestamentliche Tempelreinigung[77] verwies: »In grenzenloser Liebe lese ich als Christ und Mensch die Stelle durch, die uns verkündet, wie der Herr sich endlich aufraffte und zur Peitsche griff, um die Wucherer, das Nattern- und Otterngezücht hinauszutreiben aus dem Tempel«.[78] Diese Haltung sei für die »Tat-, Schwertchristen«[79] der Gegenwart vorbildhaft und könne nachgelebt werden; er jedenfalls sei der Überzeugung, »daß zwischen der Peitsche von Jesus und einem Gummiknüppel kein großer Unterschied besteht«.[80] Um so weniger behagte ihm eine andere Forderung Jesu, der verlange, »daß man sich nach dem ersten Hieb noch andere auf den Schädel hauen lasse«.[81] Traditionelle christliche Werte wie Nächstenliebe, Leidensbereitschaft und

Toleranz hatten in der NSDAP unter Hitler keinen Platz. Auf der politischen Tagesordnung stand rücksichtslose Härte, nicht die von Hitler verspottete naive Frömmigkeit:

»Lieber Jott, ich bitte dir,
Bleib bei mich, jib acht uf mir.«[82]

Jesus Christus erscheint in den Reden Hitlers als »Germane«,[83] strenger Gesetzgeber,[84] »größter arischer Führer«,[85] vor allem aber als Antisemit. »Wenn Christus heute durch die Welt ginge, würde er da nicht sagen: ›Habe ich den Juden deshalb so als Otterngezücht gebrandmarkt, damit ihr von ihm lernen sollt? Seid ihr noch nicht schlecht genug? Wollt ihr den Lug und den Trug noch mehr steigern? Nicht lernen sollt ihr vom Juden, sondern ihn verneinen.‹«[86] Jesus wird so zum Märtyrer des Antisemitismus stilisiert, der für seinen »ungeheuren Kampf [...] gegen das jüdische Gift [...] am Kreuze verbluten mußte«;[87] er sei, so Hitler, »die größte Kampfnatur« gewesen, die je gelebt habe, und der Nationalsozialismus, weil er diesen Kampf Christi fortsetze, »nichts anderes als eine praktische Befolgung der Lehre Christi«.[88]

Anspielungen auf christliches Sprachgut, anknüpfend an die Alltagssprache der Zuhörer, finden sich in den Reden Hitlers zuhauf. Volkstümliche Redewendungen, die sich in unterschiedlicher Weise auf Gott beziehen, erzeugten im Zuhörer ein Gefühl der Vertrautheit: Da sprach kein kurioser Sektierer, sondern einer der ihren, der »weiß Gott«[89] sagte, »leider Gottes«,[90] »auf Gottes weiter Welt«,[91] »vor Gott und der Welt«,[92] »Gnade uns der Herrgott«,[93] »um Gottes Himmels willen«,[94] »von Gott verlassen«,[95] »Gnade Gott«,[96] »wahrhaftiger Gott«,[97] »wahrlicher Gott«,[98] »vor Gott und den Menschen«,[99] »bei Gott«.[100] Dieselbe Funktion hatten sprichwortartige Sentenzen mit religiösem Sinngehalt,[101] ebenso die Dankesbekundungen an eine höhere Instanz: Der Haß der Gegner, so führte Hitler einmal pathetisch aus, sei beständig geblieben, »dafür danken wir dem Herrgott«.[102] Zuweilen gab es auch Anlaß zu Bitten, etwa um harte Männer,[103] nationale Freiheit,[104] Kampfkraft,[105] den Haß der Feinde[106] und – als rhetorische Floskel – die Macht in Deutschland: »Herrgott, gib uns einmal die Macht, gib uns einmal die Macht, wir werden dann dafür sorgen, daß in Deutschland die Justiz wieder weiß, wem sie zu dienen hat, ob der Nation des deutschen Volkes oder dem auserwählten Volk.«[107] Auch beim politischen Gegner vermutete Hitler Betfreudigkeit, wenngleich mit anderer Zielsetzung: »Das Gebet des bürgerlichen Politikers lautet: Herr, gib unserem Volke einen Führer, aber laß ihn keinen Mann sein!«[108]

Derartige Versuche, durch Parodie religiöser Texte beim Publikum Lacherfolge zu erzielen, unternahm Hitler nicht eben selten. »Gott dem Allmächtigen hat es gefallen, unseren lieben Fritz Ebert abzurufen«,[109] spottete Hitler nach dem Tod des Reichspräsidenten. Als makabres Glanzstück Hitlerschen Humors kann ein Artikel im »Völkischen Beobachter« gelten, der mit ätzendem Sarkasmus eine Rede Stresemanns im Münchner Bürgerbräukeller kommentierte, die von SA-Leuten gesprengt worden war: »Wunderbar und unerforschlich ist der Wille des Herrn [...] Wie ein leidender Christus vor dem blutgierigen Volke sieht Stresemann aus und – wie damals in der Urheimat seiner Gattin – so schreit diesmal das Volk zu München: ›Weg mit ihm! [...] Gebt uns einen anderen her!‹«[110]

Häufig beendete der Parteiführer seine Ansprachen mit gebetsartigen Wendungen und kündigte, beispielsweise, an, es werde »einst für das deutsche Volk der Tag kommen der Macht, der Größe und der Herrlichkeit. Amen.«[111] Auch innerhalb einzelner Reden verwendete Hitler Gebetsformeln, nicht selten in wilder Verdrehung der überlieferten Textgestalt zu eigentümlichen Gebilden von skurriler Aussage: »Alle Zukunft liegt in uns, weil nur in uns allein die Kraft liegen kann, und in unserer Kraft liegt die Macht, und in der Macht liegt das Recht, und in dem Recht allein kann die Freiheit liegen, und in der Freiheit allein kann das tägliche Brot seine Wurzel finden.«[112] Mit der Vaterunser-Bitte um das »tägliche Brot« illustrierte Hitler oft die Nöte des deutschen Volkes nach dem »Diktat von Versailles«.[113]

Als Stütze seiner Argumentation diente ihm in unterschiedlichsten Zusammenhängen die Bibel. Das Alte Testament mußte als »historisches« Beweismaterial für die Bösartigkeit und Verderbtheit des Judentums herhalten,[114] zudem boten beide Teile der Bibel einen reichen Schatz an bekannten Zitaten. Ein Überblick mag die Bibelfestigkeit des Parteiführers illustrieren: Jeder Deutsche, »der an sich noch guten Willens ist«,[115] könne, selbst »wenn die Welt voll Teufel wär«,[116] auf den Sieg des Nationalsozialismus vertrauen: »Blinder Glaube stürzt Berge um«.[117] Eine Entscheidung – ob für oder gegen die Partei – sei unumgänglich: »Was nicht heiß und nicht kalt ist, wird ausgespien aus dem Munde«,[118] sage doch die Schrift: »Wer nicht mit uns ist, ist wider uns.«[119] Diesen Gegnern aber stünde Schlimmes bevor. Innerhalb der Bewegung solle man sie aus dem Körper der Partei ausreißen wie das kranke Auge[120] und das kranke Glied,[121] außerhalb der Partei, an ihren Früchten leicht erkenntlich[122] und gefährlich wie der Wolf im Schafspelz,[123] seien sie rücksichtslos zu bekämpfen, »Aug' um Auge, Zahn um Zahn«.[124] Den düsteren Hintergrund dieses

Schlachtgemäldes bildete die nationale Notlage. »Herrgott, warum hast du uns so verlassen!«[125] rief Hitler aus, voller Zweifel, »ob der Kelch des Leidens schon vollkommen geleert ist«.[126] Nicht falsche Propheten,[127] auch nicht bloße »Johanisse«[128] konnten hier Erlösung schaffen, sondern einzig er: der neue Führer.

2. ABGRENZUNG ZUM CHRISTENTUM

»Politische Parteien haben mit religiösen Problemen [...] nichts zu schaffen«, umgekehrt sei »Religion nicht mit politischem Parteiunfug zu verquicken«.[129] An diese klare Aufgabenteilung hielt Hitler sich selbst, wie die eben angeführten Beispiele gezeigt haben, nur eingeschränkt: In seinen öffentlichen Äußerungen berührte er religiöse Fragen durchaus und ermöglichte so, daß potentielle Anhänger, die in einer der christlichen Konfessionen ihre Heimat hatten, eine Brücke in die »Bewegung« vorfanden; im Bedarfsfall betonte der Parteiführer sogar seine eigene Zugehörigkeit zum Katholizismus: An den Priester Magnus Gött, der sich um die Christlichkeit der NSDAP sorgte, schrieb Hitler von »jener Kirche, der Sie, Herr Benefiziat, und ich die Ehre haben anzugehören«.[130]

Über die aufgezeigte vorsichtige Vereinnahmung christlicher Glaubensformen ging Hitlers Annäherung an die Kirchen jedoch nicht hinaus. Wer sich für solche Fragen interessiere, solle – so schrieb er in »Mein Kampf« – »Reformator werden, wenn er das Zeug hierzu besitzt«.[131] Besonders bemühte sich der Parteiführer, jegliches Näheverhältnis zu einer der beiden Konfessionen zu vermeiden und, wie es bereits im Parteiprogramm vom 24. Februar 1920 verankert worden war, »den Standpunkt eines positiven Christentums« zu vertreten, »ohne sich konfessionell an ein bestimmtes Bekenntnis zu binden«.[132] Mit dieser Haltung glaubte sich Hitler im Einklang mit Gottes Willen: »Indem wir heute den Konfessionskampf aus unseren Reihen verdammen, glauben wir, daß wir am besten im Sinne unseres allerhöchsten Herrn handeln.«[133]

Hitlers Entscheidung, die NSDAP als konfessionsübergreifende Gruppierung auf dem rechten Flügel aufzubauen, ließ ihn zum erbitterten Feind aller Parteien werden, die mit religiöser Programmatik auf Stimmenfang gingen und dabei gleichfalls auf Hitlers rechtskonservatives Wählerpotential zielten. In »Mein Kampf« wetterte Hitler gegen die »sogenannten ›christlichen‹ Parteien« und ihre »Unverschämtheit, mit der man den katholischen Glauben mit einer politischen Partei zu identifizieren versuchte«. Bei ihren Vertretern handle es sich freilich nur um »Lügenmäuler«, die ihr Glaubensbekenntnis in alle Welt hinausschrieen, »allein nicht um dafür wenn nötig auch zu sterben, sondern um besser leben zu können«.[134] Solche Polemik zielte auf die Bayerische Volkspartei (BVP), mit der sich jede Gruppierung auf dem rechten Flügel im Wahlkampf auseinandersetzen mußte. Hitler warf der »Volkspartei ›patentierter Christen‹«[135] den Verrat ihrer nationalen Prinzipien vor, da sie den Locarno-Verträgen und dem Republikschutzgesetz zugestimmt hatte,[136] polemisierte aber vor allem gegen ihre vorgeblich christliche Ausrichtung. Während der »volksparteiliche Kreuzritter aus Eichstätt« – gemeint war der BVP-Politiker Georg Wohlmuth, Domprobst in Eichstätt – jederzeit bereit sei, »auf die verrohten Schädlinge des christlichen Bayernlandes« – Hitler meinte ironisch, aus Sicht Wohlmuths, die NSDAP – »mit Wucht und Gewalt liebevoll« einzuhauen, toleriere der Probst, daß in Bayern »Vieh auf eine mehr als entsetzlich grausame Weise geschächtet, das heißt zu Tode gequält und ausgeblutet« werde.[137] Die BVP, so ein weiterer Vorwurf, unterstütze unchristliches Theater[138] und sei im übrigen in ihrer Führungsspitze moralisch verkommen. Meist frei erfundene Anschuldigungen sollten belegen, daß es mit dem Christentum der BVP nicht weit her sei. Ein Beispiel: »In Nürnberg ist ein Verderber der Jugend gefaßt worden. Ein Jude, einer von Zehntausenden, wird vor den Richterstuhl geschleift und ihm nachgewiesen, daß er unzählige Male junge Mädchen zusammenfangen ließ und in seiner Wohnung an ein Kreuz bindet, um sie zu mißbrauchen. (Große Unruhe). Ein prominentes Mitglied der Bayerischen Volkspartei, Graf Pestalozza, hielt persönlich warme Freundschaft mit diesem Juden.«[139] Hitler betonte, daß rechtskonservative Politik möglich sei, ohne eine konfessionelle Bindung einzugehen. Außerdem sei es erwiesen, »daß die parteipolitische Betätigung mit religiösen Motiven der katholischen Religion in keinem Lande Vorteile gebracht hat«.[140] Im übrigen kämpfe die BVP nur gegen seine, die nationalsozialistische Bewegung, nicht aber gegen die wahren Feinde des Christentums, die »Bolschewisten«, in deren Lager »asiatischer Zerstörungswahn, jüdischer Zerstörungswahnwitz« die Grundlagen des christlichen Abendlandes gefährdeten.[141] Auch gegen jüdische Intrigen wende sich die BVP nicht entschlossen genug.[142] Besonders erzürnte Hitler ein Ausspruch des BVP-Politikers Hugo Graf von Lerchenfeld-Koefering, der sich als »Mensch und Christ« in einer Landtagsrede gegen den Vulgärantisemitismus der NSDAP verwahrt hatte. Hitler hingegen betonte die Pflicht gerade des Christen zum entschlossenen Antisemitismus[143] und hoffte, da die vorgeblich christliche BVP hier versagt habe, auf Hilfe von höherer Warte: »Der liebe Gott im Himmel kann von der Bayerischen Volkspartei doch noch nicht so bemogelt werden, wie das christgläubige Volk zwischen Berchtesgaden und Regensburg.«[144] Vielmehr werde Gott energisch für die NSDAP Partei ergreifen. Man solle sich daher nicht wundern, »wenn dem lieben Herrgott der Geduldfaden reißt und er sich sagt: Na, wartet, ihr Schwindler von der Bayerischen Volkspartei, ich werde euch helfen, mein liebes gläubiges Volk so zu belügen«. Dann aber werde der Herr so lange in die bayerische Politik eingreifen, bis es – so Hitler aus der Perspektive Gottes – »den Nationalsozialisten gelungen ist, mein Volk soweit sehend zu machen, daß es euch [die BVP, M. R.] zum Teufel haut«.[145]

Das Zentrum,[146] seit den reichsweiten Erfolgen der NSDAP Ende der zwanziger Jahre zunehmend Gegenstand Hitlerscher Polemik, griff der Parteiführer vor allem wegen dessen zeitweiliger Kooperation mit der SPD an. »Es kann nicht der Wille des Heiligen Vaters sein, daß sie [Politiker des Zentrums, M. R.] sich mit Atheisten um einiger Parlamentsstühle willen verbünden«,[147] vermutete Hitler. Am 29. 2. 1928 trug er zur Unterhaltung der Zuhörer auf einer Münchner NSDAP-Versammlung seitenlang aus einem Taschenkalender für Zentrumswähler vor, der zur Abschrekkung atheistische Äußerungen sozialdemokratischer und kommunistischer Vordenker und Politiker auflistete – in Hitlers Augen ein Exempel politischer Scheinheiligkeit: »Mit demselben Marxismus macht man Geschäfte, und das heißt dann alles praktisch angewendetes Christentum.«[148] Diese »Verbindung mit dem marxistischen Atheismus«[149] und eine seiner Meinung nach einseitige, auf Kosten nationaler Interessen gehende konfessionelle Ausrichtung der Partei[150] bildeten die Hauptargumente gegen die katholische Gruppierung im Reichstag. Hitler prophezeite deshalb, daß sich Christus, sollte er einmal das Parlament besuchen, niemals »innerhalb der Fraktionen des Zentrums des deutschen Reichstages einen Platz aussuchen würde!«[151]

Die Abwehr der katholischen Konkurrenzparteien bedeutete freilich auch ein Risiko für die NSDAP, lief Hitler doch Gefahr, als Feind des Christentums eingeschätzt zu werden. Aus demselben Grund mußte er einen zu starken Einfluß der »Völkischen Bewegung« verhindern, die nicht nur das Judentum, sondern gerade auch den Katholizismus für Deutschlands Niederlage verantwortlich machte und deshalb eine antiklerikale Politik einforderte. Wie Hitler standen die »Völkischen« für Rassismus und Antisemitismus, für Sozialdarwinismus und einen aggressiven Nationalismus, der unter dem Schlagwort »alldeutsch« im wilhelminischen und habsburgischen Kaiserreich zu erheblicher Popularität gelangt war; entgegen Hitler neigten sie, wenigstens in einigen ihrer Vertreter, zu einer weltfremd anmutenden Germanentümelei, zu Okkultismus und antikatholischer »Los-von-Rom«-Programmatik. Noch in »Mein Kampf« verwies Hitler warnend auf den Niedergang der »Alldeutschen« in Österreich, den er auf die alldeutsche Oppositionshaltung gegenüber der katholischen Kirche zurückführte.[152] Parteigenossen mit derartigen Neigungen hatten in Hitlers NSDAP deshalb keinerlei Profilierungschance. Germanenkult und Romfeindlichkeit, so ahnte er, könnten die Partei zu einer sektiererischen Splittergruppe am rechten Rand machen, deren es im München der Zwischenkriegszeit viele gab. Katholische Kreise bemühten sich durchaus, Hitler mit solchen Tendenzen in Verbindung zu bringen. Man behauptete, wie Hitler verärgert resümierte, »daß sein Vater ein Führer der Los-von-Rom-Bewegung gewesen sei, daß er in Braunau geboren sei, von dem die Los-von-Rom-Bewegung ausgegangen ist, daß er als dreizehnjähriger Junge die Hostie ausgespuckt und zertreten habe«.[153] Hitler suchte daher Distanz: »Ich habe mich immer gegen die Sammelbezeichnung ›Völkisch‹ gewehrt, weil die außerordentlich unbestimmte Auslegung dieses Begriffes selbst schädlichen Versuchen Tür und Tor öffnet.«[154] Die NSDAP sei weder romfeindlich[155] noch wotansgläubig[156] – ein Vorwurf, den Hitler durch ironische Übersteigerung zu entkräften suchte: Wenn »wir unter uns sind und die Fenster verhängt haben, sind wir auch noch Wotansanbeter [...] Wir begrüßen uns mit Heil, – das sollen die alten Germanen-Götter sich auch schon zugerufen haben, (Heiterkeit) obwohl sie nicht existierten.«[157]

Parteigenossen, die Hitlers überkonfessionelle Haltung nicht teilten, mußten mit Parteiausschluß rechnen. So erging es etwa dem Thüringer Gauleiter Artur Dinter, der in der völkischen Szene als fanatischer Antisemit, aber auch als entschiedener Gegner der katholischen Kirche bekannt war. Anlaß, doch nicht Ursache für die Trennung von Dinter war, daß er sich in seiner Zeitschrift »Das Geistchristentum« kritisch über ein Buch des NSDAP-Mitglieds Ernst Graf zu Reventlow geäußert hatte. Hitler forderte Dinter in einem mehrseitigen Schreiben höflich, aber sehr bestimmt zu einer Entschuldigung auf.[158] Dinter lehnte dieses Ansinnen ab – und verlor, nachdem er wegen seiner unliebsamen Auffassungen schon im September 1927 seines Amtes als Gauleiter enthoben worden war,[159] am 8. Oktober das Recht, die NSDAP im Thüringer Landtag zu vertreten,[160] bevor er am 11. Oktober aus der Partei ausgeschlossen wurde.[161]

Die Abgrenzung von allen romfeindlichen Kräften des rechten Lagers gelang so gut, daß sich Hitler, als er schließlich außerhalb Bayerns in protestantische Gebiete vordrang, mit dem umgekehrten Vorwurf auseinandersetzen mußte. In bestimmten Zirkeln der evangelischen Kirchen verbreitete man nun, wie Hitler zusammenfaßte, der Parteiführer sei »romhörig, von den Jesuiten bezahlt, um die evangelische Kirche zu beseitigen«.[162]

3. ALTERNATIVEN ZUM CHRISTENTUM

»Ein Volk braucht« – dies hatte Hitler ähnlich schon in »Mein Kampf« formuliert – »gemeinsame Auffassungen, seien sie religiöser oder sonstwie weltanschaulicher Grundlage. Es muß etwas da sein, das ein festes Fundament bildet.« Gerade daran mangele es der Gegenwart: »Das ist das Furchtbare, was wir heute vor uns sehen. Es herrscht kein Glaube mehr und kein Vertrauen, keine Zuversicht und keine Hoffnung, alles ist in Lethargie versunken.«[163] Die Glaubenssicherheit der Deutschen, verloren in den Wirrnissen der konfessionellen Spaltungen,[164] sei durch das Weimarer System noch mehr zerrüttet worden; außerdem habe das Land nach dem einheitlichen Glauben an Gott auch noch den Glauben an das Vaterland, an »die große, gemeinsame religiöse Basis«,[165] verloren. Dieser Verlust althergebrachter Glaubensüberzeugungen wäre aber, so Hitler, keine Katastrophe, könnte man dem Volk einen adäquaten Ersatz bieten: »Ich kann dem Volke seinen Gott nur dann nehmen, wenn ich ihm etwas Vollwertiges dafür geben kann.«[166] Die gegenwärtige Politik kompensiere diesen Mangel nicht. Weil ihnen »das Fanatisch-Religiöse fehlt«, seien die »herrschenden politischen Meinungen [...] nichts als Tageserscheinungen«.[167] Lediglich dem ansonsten verachtungswürdigen Bolschewismus sei es gelungen, bei seinen Anhängern religiöse Inbrunst zu erwecken. »In 300 Jahren wird man vielleicht schon wissen, daß es sich fast um eine neue, wenn auch auf anderer Basis aufgebaute Religion handelt! In 300 Jahren wird man [...] in Lenin nicht nur einen Revolutionär des Jahres 1917 sehen, sondern den

Begründer einer neuen Weltlehre, mit einer Verehrung vielleicht wie Buddha.«[168] Gerade der »Glaubenseifer« überzeugter Marxisten imponierte Hitler sehr. Denn als »reine Lehre« würde der Marxismus »nie zu irgendeiner Wirksamkeit führen. Was ihn zur praktischen Wirkung bringt, sind die auf ihm sitzenden Parteigebilde, die den einzelnen auf ein bestimmtes, ganz streng formuliertes und abgegrenztes, ich möchte sagen, politisches Glaubensbekenntnis verpflichten«.[169] Dieser Erfolg rief zur Nachahmung auf.

»Er stieg empor aus Urwelttiefen
und wurde ragend wie ein Berg.
Und während wir ins Elend liefen
und bebend nach dem Retter riefen,
begann er groß sein heilig Werk.«

Otto Bangerts Gedicht, abgedruckt im »Illustrierten Beobachter« anläßlich Hitlers 39. Geburtstag, mißfiel dem Parteiführer: Der Kult um seine Person setzte ihn zunehmend der Gefahr aus, zum Spott der Öffentlichkeit zu werden. Er hatte deshalb verboten, Gedichte über seine Person zu veröffentlichen, und reagierte auf die Mißachtung dieses Befehls mit der Ankündigung, nicht mehr für den »Illustrierten Beobachter« zu schreiben. Fraglos wußte er aber, daß eine Sakralisierung seiner Person die innere Geschlossenheit der NSDAP nur stärken konnte – in seinen Reden jedenfalls förderte er den entstehenden Hitler-Kult nach Kräften. Bangerts Gedicht ist denn auch nur die literarisch höchst fragwürdige, inhaltlich aber zutreffende Abbildung jener Parteilegende, die Hitler – in deutlicher Anlehnung an den christlichen Heilsplan – immer wieder selbst vortrug. Bangerts Gedicht, das sich auf diese Heilsgeschichte bezieht, sei im folgenden der Leitfaden des Versuchs, den Heilsmythos der NSDAP zu rekonstruieren.[170]

Aus »Urwelttiefen«, schrieb Bangert, sei der kommende »Führer« erschienen. Die Geburt einer Erlösergestalt unter ungewöhnlichen, zeichenhaften Umständen gehört zum heilsgeschichtlichen Erzählmuster, im Christentum realisiert durch die Geburt Jesu im ärmlichen Stall. Die einfache Herkunft erscheint hier nicht als Hindernis, sondern geradezu als Vorbedingung für die nachfolgende Errettung der leidenden Menschheit. Hitler interpretierte seine Biographie in dieser Tradition. Denn auch im christlichen Erlösungswerk, so führte er aus, »kam die Überwindung [...] durch eine Heilslehre, deren Verkünder geboren wurde unter den erbärmlichsten Verhältnissen. Und doch feiern alle Menschen, die arischen Blutes sind, noch heute diese Geburt.«[171] Daß er gerade in Braunau auf die Welt kam, konnte, in heilsgeschichtlicher Perspektive betrachtet, kein Zufall sein: »Als glückliche Bestimmung gilt es mir heute, daß das Schicksal mir zum Geburtsort gerade Braunau am Inn zuwies. Liegt doch dieses Städtchen an der Grenze jener zwei deutschen Staaten, deren Wiedervereinigung mindestens uns Jüngeren als eine mit allen Mitteln durchzuführende Lebensaufgabe erscheint!«[172] Die eigentliche Berufung erfolgte – wie bei Jesus – 30 Jahre danach, als sich Hitler, während er »als blinder Krüppel im Lazarett lag, gelobte: nicht zu ruhen und nicht zu rasten, bis die Verbrecher des November 1918 zu Boden geworfen sind«.[173] In »Mein Kampf« beschreibt er später die Schlüsselszene. Die Nachricht von der Niederlage Deutschlands läßt den jungen Gefreiten zusammenbrechen. »Während es mir um die Augen wieder schwarz ward, tastete und taumelte ich zum Schlafsaal zurück, warf mich auf mein Lager und grub den brennenden Kopf in Decke und Kissen. Seit dem Tage, da ich am Grabe der Mutter gestanden, hatte ich nicht mehr geweint.«[174] Damit habe sich, so Hitler, eine innere Wende vollzogen. »In den Tagen darauf wurde mir auch mein Schicksal bewußt.« Die Berufung erfolgte prompt: »Ich aber beschloß, Politiker zu werden.«[175] Sein Weg führte ihn in die Stadt seiner Bestimmung. »München steht im Mittelpunkt des geistigen Kampfes. Die junge deutsche Freiheitsbewegung hat von hier ihren Ausgang genommen. Was Richard Wagner dem deutschen Volke für die Kunst der Zukunft gab, das geben wir als Reich der Kraft und Macht der Zukunft.«[176]

»Er trat mit starken, kühnen Schritten
in eine Welt voll Haß und Trug.
Und siehe: Plötzlich stand er mitten
im Volk, mit dem sein Herz gelitten,
ein Herz, das so voll Liebe schlug.«

»Wir sind zwar klein, aber einst stand auch ein Mann auf in Galiläa, und heute beherrscht seine Lehre die ganze Welt.«[177] Hitler präsentierte sich als Messias, der kämpferisch, vom fanatischen Glauben an die Richtigkeit seiner Ideen erfüllt, den vorbestimmten Weg geht. Auf seinem Grab werde dereinst stehen: »Ein Mann, der niemals kapitulierte, der nie verzagte, der nie Kompromisse schloß, der nur ein Ziel kannte und den Weg dahin, der einen großen Glauben hatte, und der Glaube hieß: ›Deutschland!‹«[178] Seine politischen Ziele stilisierte Hitler zur »Mission«.[179] Das Werk, »welches Christus angefangen habe, aber nicht beenden konnte, werde er (Hitler) zu Ende führen«.[180] Christi »Sehnsucht, Friede den Menschen auf Erden« zu bringen, verwirkliche er jetzt und in Zukunft mit seiner Partei: Aus »dieser Erinnerung heraus haben wir die Notwendigkeit des Kampfes zur Erreichung jenes wahren Friedens zu erkennen, für den jener Große als Märtyrer seiner Idee am Kreuze starb«.[181]

»Er steht mit aufgereckten Händen
im Untergange einer Welt.
Verzweiflung zuckt an allen Enden,
doch wie von heißen Feuerbränden
sein Geist die wüste Nacht erhellt.«

Im apokalyptischen Taumel einer gefährdeten Welt droht dem Erlöser Gefahr: Die Zeit seiner Passion beginnt. An diese heilsgeschichtlichen Strukturelemente knüpfte Hitler an. »Langsam begann der Leidensweg, nicht mit parlamentarischen Erfolgen gepflastert, sondern mit Blut gekennzeichnet vom ersten Tage bis heute.«[182] Hitler ging ihn ernst, aber entschlossen, wußte er doch: »Wer auf dieser Welt versucht, in trüben Zeiten freimütig sein Bekenntnis abzulegen für einen höheren Glauben, der der übrigen Welt nicht genehm war, hat zu allen Zeiten einen Dornenweg gehen müssen.«[183] Die Ankläger waren dieselben, die auch dem ersten Erlöser die Leidenskrone aufsetzten. Denn vor »2000 Jahren wurde auch ein Mann denunziert von der gleichen Rasse, die heute überall verleumdet und verlästert [...] Der Mann wurde vor das Gericht geschleift, und damals hieß es auch: ›Er wiegelt das Volk auf.‹«[184]

»Und plötzlich sieht man Fahnen wehen
von einer nie erschauten Art.
Kolonnen zieh'n, die Trommeln gehen

und hunderttausend Männer stehen
um einen Willen fest geschart.«

Hunderttausend Männer, die sich zum Instrument eines Willens machen: eine mystische Vereinigung von Führer und Geführten. »Die Führung ist immer nur Geist vom Geist eines Volkes, weil der Geist eines Volkes sich immer wieder speisen läßt durch seine Führung«,[185] formulierte Hitler und sprach damit das Ideal der nationalsozialistischen Sozialordnung an: Der Einzelne gibt sich der Masse hin und empfängt von ihr den Sinn seiner Existenz. Mit Hitlers Worten: »Ich lebe, indem mein Volk lebt, und indem mein Volk lebt, lebe ich.«[186] Um den Meister schart sich, so will es die Heilsgeschichte, die Menge der Jünger, notfalls bereit, den Märtyrertod zu erleiden; um Hitler sammelten sich seine Anhänger, fanatisch entschlossen, das »Wunder der Bewegung«[187] zu bezeugen. In kommenden Zeiten würden die Gefallenen, prophezeite Hitler, »auferstehen und in der Geschichte unserer Bewegung weiterleben als die Blutzeugen eines kommenden neuen Deutschlands. Sie werden einmal emporgehoben werden aus dem Licht der Vergangenheit, wie einst das Christentum seine Märtyrer emporgehoben hat«,[188] und dann, während die Freiheitsglocken läuten, »im Zeichen dieses Glockengeläuts [...] einziehen in das neue Deutsche Reich!«[189]

»Ins ferne Morgenglühen weist er
und alle Herzen sind entbrannt.
Die Fäuste beben und die Geister –
Nun baue deinem Volk, o Meister,
ein neues, hohes Vaterland.«

Das »neue kommende Reich«,[190] die »Wiederauferstehung«[191] und »Erlösung«[192] Deutschlands sollten das Endziel der Hitlerschen Heilsgeschichte sein: »Dann wird diese Fahne wehen, dann wird der Adler mit den weiten Schwingen wieder schweben, und es wird vorangehen das Kreuz der Erlösung und das Kreuz der Freiheit!«[193] Im Augenblick freilich stünde man erst am »Beginne des heroischen Ringens, das alle Tiefen der menschlichen Geschichte erfaßt«. Die »Apostel des neuen Glaubens«[194] aber würden die »heilige Idee«[195] von der deutschen Nation vorantragen zum Sieg. Das Bekenntnis dieser Apostel sollte lauten: »Wir kennen außer Gott im Himmel noch einen Gott auf Erden, und das bist Du, Vaterland!«[196]

Welcher Gott war es, der diesen Heilsweg geplant hatte und so der Bewegung »einen Sinn gab und einen Arm«?[197] Die Zusammenschau der Reden gestattet es, zumindest umrißhaft jene »höhere Gerechtigkeit« zu skizzieren, »die füglich von Gott ausgeht«[198] und die Hitler unterschiedlich benannte: »Allmutter Natur«, »allmächtiger Gott«, »Schicksal« und, verstärkt ab 1932, »Vorsehung«. Diesem Gott verdanke die »Bewegung«, so Hitler, viel: Er stehe immer schützend über ihr,[199] habe ihr Wahlerfolge und Mitgliederzuwachs beschert[200] und dürfe folglich als Garant weiterer Erfolge gelten.[201] Besonders schütze der Vorsehungs-Gott freilich den Führer der »Bewegung«. »Ich habe die Überzeugung, daß mir gar nichts zustößt, weil ich daran glaube, daß die Vorsehung mich für meine Arbeit bestimmt hat.«[202]

Warum tat Gott dies alles? Hitler wußte es: »Es kann nicht der Wunsch der Vorsehung sein, dem am wenigsten befähigten oder praktisch dem minderwertigsten Volk einen Einfluß zu geben«.[203] Gott war in Hitlers Augen Rassist und Antisemit. Der Herr hätte ihn, Hitler, »nicht als Deutschen geschaffen, wenn er nicht wollte, daß ich Deutscher bliebe«.[204] Wenn er sich nun dagegen verwahre, daß sein Blut »bastardisiert« werde, dann erfülle er Gottes Gebot. »Denn Gott hat es mir gegeben, und in seine Hände will ich es wieder zurücklegen, wie ich es empfangen habe.«[205] Aus dieser Auffassung erklärt sich der oft zitierte Satz aus »Mein Kampf«: »Die ewige Natur rächt unerbittlich die Übertretung ihrer Gebote. So glaube ich heute im Sinne des allmächtigen Schöpfers zu handeln: Indem ich mich des Juden erwehre, kämpfe ich für das Werk des Herrn.«[206] Auch über andere Ziele Gottes zeigte sich Hitler informiert: Gott wolle hohe Geburtenraten,[207] lehne »Neger-Jazzmusik« ab[208] und sei, wie er ironisch formulierte, ein Gegner Gustav Stresemanns: »Die Meinung aber, daß [...] das Schicksal den wohlbeleibten Korpus des Herrn Dr. Gustav Stresemann ausersehen haben könnte, ist ohne Zweifel eine frevlerische Lästerung der Allmacht des Herrn.«[209]

Allerdings lasse Gott seine Segnungen nicht jedem, sondern nur dem Besten zuteil werden. So verhalte es sich, lehrte Hitler, nach den ewigen Gesetzen; der Mensch müsse nur »die fundamentale Notwendigkeit des Waltens der Natur verstehen, und begreifen, wie sehr auch sein Dasein diesen Gesetzen des ewigen Kampfes und Ringens nach oben unterworfen ist«. Diese Gesetze bestünden schlicht darin, daß »immer nur die Kraft Herrin der Schwäche« sei. Der Mensch könne diese Gesetze »zu erfassen versuchen, sich von ihnen zu lösen vermag er niemals«.[210] Nach Initiierung dieser Regeln habe sich Gott auf die Position des Schiedsrichters zurückgezogen und prüfe nun, wer sich im Kampf aller gegen alle am besten bewähre. Keinesfalls sei Gott, so betonte Hitler, verantwortlich für Besitzzuteilungen. Alles irdische Gut stünde im Lebenskampf zur Disposition, es gelte das Recht des Siegers: »Der liebe Gott hat nicht erklärt, Du bist ein Deutscher, Du bekommst soviel, und weil Du ein Russe bist, bekommst Du soviel, nein, der Mensch hat sich mit Hilfe seiner Kraft eben den Grund und Boden genommen.«[211] Erst nach dem Kampf träfe Gott seine Entscheidung: »Wenn die Konkurrenz ein Volk vom Weltmarkt verdrängt, dann hat zu allen Zeiten das letzte Gottesgericht entschieden: Wer ist der Kraftvollere.«[212]

Gott belohnt also große Anstrengung und bestraft Versagen. Hitlers Vertrauen auf den Erfolg der »Bewegung« beruhte auf seiner Überzeugung, sich und den Seinen göttliche Belohnungen verdient zu haben. »Wir hoffen, daß wir vom Schicksal dazu ausersehen sind und daß der Allmächtige so entscheidet, denn bei uns ist der Wille, der Glaube«.[213] Strafen mußte das deutsche Volk schon öfter erleiden. Seit zweitausend Jahren sei es »von der Göttin der Not immer wieder gezüchtigt worden«,[214] zuletzt 1918. Denn »als wir das Bekenntnis unserer eigenen Kraft aufgaben und Wilson nachliefen, hat uns der Herrgott geschlagen«.[215] Andererseits müsse, so Hitler, nicht jede Katastrophe auf eine Strafe hindeuten. Manchmal sei sie als »Geißel« einzuschätzen, »die uns aufpeitschen soll und aufpeitschen wird zu einer neuen Größe, zu einer neuen Macht und Herrlichkeit«.[216] In diesem Sinne hätte man wohl – was Hitler in den dreißiger Jahren auch tat – den mißglückten Putsch bewerten müssen. Einstweilen reagierte Hitler auf diesen Fehlschlag mit Ratlosigkeit: »Wir haben versucht, das Schicksal zu wenden, das Schicksal hat anders bestimmt.«[217]

»Hilf dir selbst, dann hilft dir Gott« gehörte in der »Kampfzeit« zu den bevorzugten Volksweisheiten Hitlers.[218] Gottes Hilfe ist bei Hitler Hilfe zur Selbsthilfe: »Wir haben nur einen Wunsch, wir wollen unseren Blick richten zu dem größeren Lenker« – allerdings, so schränkte Hitler in bezeichnender Weise ein: Wir »wollen den Herrgott aber nicht bitten, daß er uns helfe, sondern nur um eines: Hilf unserem Feinde nicht!«[219] Lediglich dieser zweite Wunsch konnte nicht durch eigenes Engagement Wirklichkeit werden und durfte folglich in die Hände des Höchsten gelegt werden. Solche Sichtweise mußte, teilte sie der einfache Parteigenosse, auf diesen eine außerordentlich leistungssteigernde Wirkung haben. Der Rassist Gott, so konnte er vermuten, sympathisiere zwar mit dem Parteiprogramm der NSDAP, sei aber nicht gewillt, seinen getreuesten Anhängern den Sieg zu schenken. Man müsse sich anstrengen: »Es gibt kein Geschenk, nichts, was dem Menschen durch höhere Vorsehung gegeben wird. Es wird keine Leistung erreicht ohne Überwindung eines Widerstandes.«[220]

Als entscheidende Antriebskraft bei der Bewältigung solcher Hindernisse galt Hitler ein fanatischer Glaube, zu dem er die »Bewegung« bereits in der Kampfzeit beständig aufforderte.[221] Denn »das ist das Gewaltigste«, lehrte Hitler, »das unsere Bewegung schaffen soll: diesen breiten, suchenden und irrenden Massen einen neuen festen Glauben«[222] zu geben. Wie bereits dargestellt, hatte Hitler die religiöse Dimension des menschlichen Daseins in seine strategischen Überlegungen einbezogen und über das Erfolgsgeheimnis von katholischer Kirche, Reformation und Marxismus nachgedacht. Er war überzeugt, daß auch der Nationalsozialismus einen fest umrissenen »Glaubensinhalt« bereitstellen müsse: Allein das »Vorhandensein religiöser Gefühle an sich« in der »Bewegung« reiche nicht aus, vielmehr sehne sich der Mensch »nach einer Ausdrucksform dieses inneren religiösen Empfindens, das genau begrenzt ist und das man mit dem Wort Glauben bezeichnet [...] Der Mensch wünscht einen Glauben, auch in politischer Hinsicht, eine Weltanschauung, die ihn trägt, auf die er baut, die ihn in allen Lebenslagen begleitet und Richtung gebend sein ganzes Leben bestimmt, in wenigen Dogmen«.[223] Kurz: das »nationalsozialistische Glaubensbekenntnis«[224] sollte formuliert, ein »politischer Glaube«[225] geschaffen werden. Dem Christentum kam dabei nur eingeschränkt Vorbildfunktion zu, schrieb es doch »Glaube, Hoffnung und Liebe vor. Liebe und Hoffnung kann uns nicht helfen, nur der Glaube; dieser erzeugt den Willen. Sobald im Volke der Wille vorhanden ist, kann es zur Tat greifen.«[226] Am christlichen Glauben beeindruckte den Parteiführer nicht der tradierte Wertekanon, sondern allein die kämpferische Begeisterung, mit der Gläubige in der Vergangenheit für ihre Überzeugung eingetreten waren. Der Wille zum Sieg galt ihm in den zwanziger Jahren auch weitaus mehr als die wissenschaftliche Absicherung des nationalsozialistischen Credos, ahnte er doch, daß mit Wissen allein kein Staat zu machen war: »Der Glaube ersetzt die Wissenschaft. Je einfacher die Geister leben, um so größer der blinde Glaube.«[227] Gerade das Unerschütterliche des Glaubens, sein Beharren gegenüber sachlich begründetem Widerstand, mache also sein Erfolgsgeheimnis aus. Diese Bedeutung des Glaubens als Antriebskraft der »Bewegung« betonte Hitler oft: »Was läßt den Menschen sterben, für religiöse Ideale in den Kampf gehen? Nicht das Erkennen, sondern der Glaube, das ist das Wesentliche, dieses unbedingte: Ich glaube daran ganz blind.« Ebenso wichtig sei der Glaube als einigendes Band. Wer wirklich glaube, blind, jenseits aller Vernunft also, der sei ewig an seine Gemeinschaft gebunden – und darum auch gefeit gegen die Versuchung, eine Gemeinschaft, in die er einmal eingetreten war, wieder zu verlassen. Das religiöse Leben der Gegenwart diente Hitler als abschreckendes Beispiel. Wenn nämlich »ein Katholik ein paar Monate in die protestantische Kirche geht und wird Protestant, dann sagt er, jetzt möchte ich auch einmal einen Mormonen hören«, dann fehle ihm – schloß Hitler, nachdem er den ursprünglichen Katholiken auch noch zu den Mohammedanern wandern ließ – der blinde Glaube: »Hätte er den besessen, wäre er nicht gewandert.«[228]

II.
DIE ZWEITE HEILSGESCHICHTE (1933–1945)

Auf den Untergang Weimars mußte – nach dem Heilsplan Hitlers – das so lang beschworene Reich der Herrlichkeit folgen. Den finsteren Machenschaften der von Juden unterwanderten Republik und ihrer Institutionen hatte man ein Ende gesetzt – nun sollte sich die Nation jubelnd zu ihrem Erlöser bekennen, der sie ins goldene Zeitalter geführt hatte. Tatsächlich vertrauten ihm die Deutschen, nachdem er sie in den dreißiger Jahren mit spektakulären Erfolgen beglückte, meist bereitwillig, doch barg der vor 1933 prophezeite und nun eingetretene paradiesische Zustand auch Risiken für das Regime: Da ein Paradies nicht mehr zu perfektionieren ist, löst es sich leicht in Langeweile und Passivität auf. Eine »zweite Revolution« im Sinne Ernst Röhms hätte solche Stagnation verhindert, wurde aber von Hitler verworfen; dennoch mußte auch er die Notwendigkeit erkennen, satter Selbstzufriedenheit vorzubeugen.

Die Antwort des Diktators auf diese Gefahr bestand schlicht darin, daß er nach dem Triumph von 1933 eine zweite, auf der ersten fußende Heilsgeschichte verkündete. Die Reden der »Kampfzeit« hatten sich vorwiegend mit den innenpolitischen Gegnern befaßt, nun warnte Hitler zunehmend vor deren noch immer aktiven Hintermännern – den Drahtziehern der jüdisch-bolschewistischen Weltverschwörung in den Mauern des Kreml und den Wolkenkratzern Manhattans. Es »muß und wird der Tag kommen, an dem wir unsere Fahnen zum letzten Siege tragen«, hatte der Parteiführer Hitler 1932 vorausgesagt und damit die »Machtergreifung« gemeint.[229] Dieser Tag war nun gekommen, doch sollte der Erfolg plötzlich nur Etappensieg und noch nicht der endgültige Triumph, eben der »letzte Sieg«, sein. 1937 verkündete er: »Ich zweifle keine Sekunde daran, daß wir genau so, wie es uns möglich war, die Nation im Innern emporzuführen, auch die äußeren Lebensrechte wie die anderen Völker uns verschaffen werden.«[230] Den ersten Kampf setzte Hitler also mit dem zweiten parallel, der Erfolg von 1933 mußte Garant sein für den Sieg auch in der neuen Runde. Das teleologische Argumentieren mit Blick auf eine »Machtergreifung« hatte sich bewährt, denn das Telos – die nationale »Erhebung« – war erreicht worden. Nach diesem Schema sollte sich auch das nächste Ringen vollziehen. Hitler erklärte deshalb den Weg, den er als Führer der Partei gegangen war, zur idealtypischen Erfolgsgeschichte seiner Person, die nun ein zweites Mal ablaufen würde: »Ich bin fest überzeugt, daß dieser Kampf um kein Haar anders ausgehen wird, als der Kampf, den ich einst im Inneren ausfocht!«[231]

1. DER FÜHRER VON GOTTES GNADEN

»Ich glaube«, so verkündete Hitler nach dem »Anschluß« Österreichs in Wien, »daß es auch Gottes Wille war, von hier einen Knaben in das Reich zu schicken, ihn groß werden zu lassen, ihn zum Führer der Nation zu erheben«.[232] Nach 1933 verstärkte sich die Neigung Hitlers, seine und die Geschichte der »Bewegung« zu einem gottgewollten Heilsmythos zu stilisieren; wiederum – wie schon in der »Kampfzeit« – lehnte er sich an den Lebensweg Jesu an. Nicht Zimmermann, doch immerhin Architekt wollte Hitler einstmals werden und wäre »vielleicht – ja, wahrscheinlich sogar – einer der ersten Architekten, wenn nicht *der* erste Architekt Deutschlands« geworden,[233] hätte es das Schicksal nicht anders bestimmt. Von Linz aus, so berichtete Hitler, »bin ich einst als Knabe ausgezogen, zunächst nach der damaligen Hauptstadt des Alt-Österreichs, und dann litt es mich auch dort nicht mehr, ich mußte hinaus in das große Reich, das Land meiner Träume und meiner Sehnsucht«.[234] In Wien erduldete der kommende Heiland – so wollte es das Schicksal, so will es auch das Erzählmuster jeglicher Heilsgeschichte – zunächst tiefe Not. Diese Jahre aber, so weiß er später, »die mich das Elend in der härtesten Form am eigenen Leibe haben erfahren lassen, sind für die deutsche Nation zum größten Segen geworden: Wir hätten sonst heute den Bolschewismus!«[235] Der auserwählte Knabe, geboren am Rande des Reiches und schon früh vom Bewußtsein seiner Sendung geprägt, zog nun, »als einfacher, unbekannter Soldat« aus, »um ein Reich zu erobern«.[236] »Der Weg von der Vision des halbblinden Soldaten vom Jahre 1918 bis zur Realität des nationalsozialistischen Staates«[237] währte lange. Gott hätte es schneller haben können: »Ich glaube, ich habe ein Recht darauf auszusprechen, daß, wenn mich das Schicksal damals an die Spitze gestellt hätte, dieser Zusammenbruch« – die Revolution von 1918 – »nie gekommen wäre.«[238]

Endlich genesen, fand Hitler bald zu den Seinen. Der nun beginnende »Weg der kleinen Bewegung von sieben Mann bis zur Übernahme der verantwortlichen Regierung am 30. Januar 1933 war ein so wundersamer, daß nur die Vorsehung« – wie Hitler seinen Gott ab 1933 meist bezeichnete – »durch ihren Segen dies ermöglicht haben kann«.[239] Der erste Griff nach der Macht mißglückte freilich. Dieser Fehlschlag mußte den Parteiführer nachdenklich stimmen: Belohnte die Vorsehung nicht jede große und sinnvolle Anstrengung mit dem Sieg? Hätte er es demnach an Eifer fehlen lassen – oder war es am Ende falsch gewesen, sich zum Putsch zu entscheiden? Weder noch: »Es war höchste Notwendigkeit, die uns zum Handeln zwang, und weise Vorsehung, die uns damals den Erfolg versagte.«[240] Das Schicksal hatte lediglich »eine Aktion nicht gelingen lassen, die, wenn sie gelungen wäre, am Ende an der inneren Unreife der Bewegung und ihren mangelhaften organisatorischen und geistigen Grundlagen hätte scheitern müssen«.[241]

Als die Not des Vaterlandes am größten war, berief die Vorsehung schließlich den endlich erstarkten Retter. Sie tat es nicht nur zur Erlösung Deutschlands, sondern des ganzen Kontinents. Es mußte jene Gefahr aus dem Osten abgeblockt werden, die unweigerlich über Europa hereingebrochen wäre, »wenn am 30. Januar 1933 die Vorsehung durch den Reichspräsidenten Generalfeldmarschall von Hindenburg dem Nationalsozialismus die Macht nicht übertragen haben würde«.[242] Nun ließ die Vorsehung ihr Werkzeug von Triumph zu Triumph eilen. Das Ergebnis der Saarabstimmung hing ebenso mit dem Wirken dieser schicksalsbestimmenden Instanz zusammen[243] wie die erfolgreiche Besetzung des Rheinlandes: »Daß die Vorsehung mich bestimmt hat, diese Handlung zu vollziehen, empfinde ich als die größte Gnade meines Lebens.«[244] Der »Führer«, so hatte die Vorsehung in der ihr eigenen Symbolsprache schon mehrfach zu verstehen gegeben, sei nicht zu den gewöhnlichen Sterblichen zu rechnen. Es konnte kein Zufall sein, daß ihr Prophet sein Urlaubsdomizil gerade in Berchtesgaden fand, wo im Untersberg, gegenüber Hitlers Haus auf dem Obersalzberg, nach alter Überlieferung Karl der Große – in anderen Versionen der Staufer Friedrich II. – schlafen sollte, um eines Tages in apokalyptischem Endkampf die Erneuerung des Reiches einzuleiten.[245] Die Nähe Berchtesgadens zu Österreich verwies bereits auf den nächsten Schritt. Die Vorsehung verhalf dem Diktator zum »Anschluß« seiner alten Heimat und bediente sich dabei des österreichischen Kanzlers Schuschnigg, in dem Hitler eine jener Kräfte erkannte, »die selbst Böses schaffen wollen, aber im Walten der Vorsehung bestimmt sind, doch am Ende zum Guten zu wirken!«[246] Denn als »am 9. März Herr Schuschnigg sein Abkommen brach, da fühlte ich in dieser Sekunde, daß nun der Ruf der Vorsehung an mich ergangen war«.[247]

Weniger glücklich stand es um Hitlers Englandpolitik: Trotz aller Angebote Hitlers war Großbritannien nicht bereit, ein Bündnis mit dem Deutschen Reich einzugehen. Hatte man in der Außenpolitik ein unrealistisches Ziel anvisiert? Nein: Die Vorsehung, weit früher als Hitler um die Verkommenheit des Königreiches wissend, wollte den

Krieg. Es war, so erkannte Hitler 1941, »die Vorsehung, die allmächtige Vorsehung, die es damals verhindert hat, daß dieses mein Angebot angenommen wurde. Sie hat wohl gewußt, warum das nicht sein durfte«, hatte doch eine »Verschwörung von Demokraten, Juden und Freimaurern« die Macht auf der Insel: »Es mußten die Waffen entscheiden.«[248] Nur weil »die Vorsehung es so gewollt hat, daß dem deutschen Volk dieser Kampf nicht erspart« werde, brach also der Weltkrieg aus.[249] Hitler trat ihn mit dem frommen Wunsch an, »daß der allmächtige Gott, der ja jetzt unsere Waffen gesegnet hat, vielleicht die anderen Völker erleuchten und ihnen die Einsicht schenken möge, wie zwecklos dieser Krieg« sei.[250] Eine Lästerung der Vorsehung mußte es deshalb sein, wenn sich auch englische Politiker auf Gott beriefen.[251]

Die deutschen Armeen marschierten stets, wie es der Vorsehung gefiel: »Die Frage, ob der Angriff erfolgreich sein wird, kann niemand beantworten. Alles hängt von der günstigen Vorsehung ab.«[252] Die sich häufenden Niederlagen wiesen nicht auf deutsche Fehler und Schwächen, sondern auf Prüfungen der Vorsehung – zeigte doch das Mißlingen des Attentatsversuchs vom 20. 7. 1944 an, daß die Vorsehung noch Großes mit dem »Führer« im Sinn hatte. Im Fehlschlag der Gruppe um Stauffenberg sah Hitler »einen Fingerzeig der Vorsehung, daß ich mein Werk weiter fortführen muß und auch weiter fortführen werde!«[253] Wenn aber, so resignierte der Diktator schließlich im Angesicht des Untergangs, »das Schicksal es will, daß wir noch einmal im Laufe unserer Geschichte von übermächtigen Gegnern erdrückt werden, dann wollen wir aufrechten Hauptes« untergehen.[254] Am eigenen Versagen konnte es schließlich nicht liegen, wenn die letzte große Belohnung durch die

Vorsehung, der Endsieg, nun doch ausfallen sollte. Als Erklärung blieb nur, daß sogar die Vorsehung zu schwach sei, um ihre Pläne gegen die Feinde Deutschlands durchzusetzen. Selbst dann, so erläuterte Hitler dem Parteisekretär Bormann, »wenn die Vorsehung mir ein langes Leben geschenkt hätte, um Deutschland auf den Platz an der Sonne zu führen, der dem deutschen Volk gebührt, so bin ich felsenfest davon überzeugt, daß die Gegner das nicht zugelassen hätten«.[255]

Das Leben eines Heilandes vollendet sich in einem ungewöhnlichen Tod. Über das Ende seiner »irdischen Laufbahn«[256] entwickelte der Diktator zu Lebzeiten durchaus unterschiedliche Vorstellungen – neben die beständige Sorge, durch eine Krankheit oder ein Attentat an der Vollendung seiner Pläne gehindert zu werden, trat auf dem Höhepunkt des Erfolges die Hoffnung, eines Tages aus dem politischen Leben auszuscheiden und »die Kümmernisse, die Plage und den Ärger« hinter sich zu lassen. »So 5 bis 10 Jahre möchte ich dann meinen Gedanken nachhängen und sie niederlegen.«[257] Doch ein Ende dieser Art, in Meditationen dahindämmernd wie Buddha unter dem Lotusbaum, paßt nicht zum abendländischen Erlöserschicksal. Also stilisierte Hitler seinen Tod zum letzten Opfer am Volk, schriftlich fixiert in seinen Testamenten vom 29. April 1945. In den nunmehr vergangenen Jahren hätten ihn bei all seinem »Denken, Handeln und Leben nur die Liebe und Treue zu seinem Volk bewegt«. Nun vertraue er auf den endgültigen Sieg in ferner Zukunft[258] und sterbe angesichts des Vollbrachten »mit freudigem Herzen«.[259] Seine Jünger, so wußte er, würden ihm »nach dem Tode ebenso nahestehen wie ich hoffe, daß mein Geist unter ihnen weilen und sie stets begleiten wird«.[260]

Die Reden Hitlers in den dreißiger und vierziger Jahren bezeugen somit eine gigantische Apotheose seiner selbst. Bemerkungen wie jene oft zitierte, wonach er »mit traumwandlerischer Sicherheit« den Weg gehe, den ihm die Vorsehung gewiesen habe,[261] trifft man in zahlreichen Reden.[262] Um sich mit der Aura des Sakralen zu umgeben, füllte Hitler zahlreiche Rollen aus: Er verkörperte den weisen Lehrer und Lenker seines Volkes[263] genauso wie den mißachteten Propheten;[264] er war Religionsstifter,[265] Verfasser heiliger Schriften[266] und blieb doch ein einfacher Mann,[267] nur für seine Mission lebend, auf allen Luxus verzichtend.[268] Gerne gab er auch den Retter des Abendlandes,[269] der mit beispielloser Härte und Autorität[270] Entschlüsse umsetzen muß, »wie sie bisher noch keinem Sterblichen gestellt worden sind«.[271] Denn sterben müsse selbst er und stehe deshalb »unter dem Schicksalsgebot, alles innerhalb eines einzigen Menschenlebens zu vollenden«.[272] Trotzdem sei er der eigentliche Vollender der Werke Gottes: »Er hat dieses Volk gebildet, nach seinem Willen ist es geworden, und nach *unserem Willen* [Hervorhebung M. R.] soll es bleiben und nimmermehr vergehen.«[273]

2. HITLERS GOTT: EIN PORTRÄT

Vergleicht man den ersten, bis zur Machtübernahme reichenden Heilsmythos Hitlers mit dem eben dargestellten zweiten, fällt ein terminologischer Unterschied sofort ins Auge: Statt von »Gott« oder »Herrgott« zu sprechen, bezog sich Hitler nach 1933 ungewöhnlich oft auf das Walten einer »Vorsehung«. Ausgesprochen mit charakteristisch rollendem Reibelaut, klingt dieser Begriff den noch lebenden Zeitzeugen deutlich im Ohr, ebenso verwandte Hitler Begriffe wie »Allmacht«, »Allmächtiger« und »Schicksal«. Diese Wortwahl wirft Fragen auf: Muß man die Vorsehung als Synonym für den tradierten christlichen Gottesbegriff auffassen, ergänzte und veränderte sie diesen, oder entwickelte Hitler gar eine neuartige Gottesvorstellung?

In den öffentlichen Reden Hitlers zeichnet sich kein einheitliches Gottesbild ab. Der Soldat, erläuterte Hitler einmal, tritt »in den Stunden, in denen die Vorsehung den Wert der Völker abwägt, vor das Gottesgericht des Allmächtigen«.[274] Ob hier der richtende Allmächtige und die wägende Vorsehung identisch sind, kann logisch nicht geklärt werden. Auch andere Formulierungen schaffen keine Klarheit: »Dem Volke, das diese Prüfungen vor der Vorsehung besteht, wird am Ende der Allmächtige als Lohn den Lorbeerkranz des Sieges [...] reichen«[275] – wiederum bleibt das Verhältnis von Vorsehung und Allmächtigem offen, ebenso dort, wo Hitler dankend ausruft: »Der Herr der Welten hat so Großes in den letzten Jahren an uns getan, daß wir in Dankbarkeit uns vor einer Vorsehung verneigen, die uns gestattet hat, Angehörige eines so großen Volkes sein zu dürfen.«[276] Wenn Hitler feststellt, daß »diese Erde nicht etwa von der Vorsehung oder vom lieben Gott so verteilt worden« ist,[277] scheint er sich über die Zuständigkeit im Himmel – Vorsehung *oder* Gott – selbst nicht klar zu sein, wiederum andere Sätze legen nahe, daß dort beide, Gott und Vorsehung, anzutreffen sind: »Ich möchte der Vorsehung und dem Allmächtigen danken«.[278] Wie bei gleichzeitiger Nennung beider die Kompetenzen abzugrenzen sind, könnte jedoch eine Bitte an den »Herrgott« klären: Hitler hoffte, »daß er uns den geraden Weg finden lassen möge, den *seine* Vorsehung [Hervorhebung M. R.] dem deutschen Volke zugedacht hat«.[279] Die Vorsehung wäre demnach eine Eigenschaft Gottes oder eine ihm zu- und wohl auch untergeordnete himmlische Einrichtung. Sie hätte, der eben zitierten Äußerung nach zu schließen, die Aufgabe, den irdischen Völkern Wege zu weisen, die sie dann mit Gottes Hilfe beschreiten.

Als kooperierende und auch als einander fremde Größen begegnet man somit Gott und der Vorsehung in den öffentlichen Bekenntnissen Hitlers – eine präzisere Abgrenzung scheint nicht möglich. Betrachtet man die Gesamtheit der Äußerungen, so mag es scheinen, als ob die Vorsehung für den planenden, zielvoll handelnden Aspekt eines wie auch immer gearteten göttlichen Wesens steht, während Gott als Grund allen Seins statisch im Hintergrund verbleibt – die Vorsehung wäre dann eine Art Heiliger Geist, die den »Heiland Hitler« auf Erden lenkt. Allein: Dieses Bild verdichtet sich nirgends so, daß es als Gewißheit gelten könnte. Die Präzisierung religiöser Vorstellungen in der Öffentlichkeit hielt der Diktator für überflüssig. »Der breiten Masse«, so stellte er einmal im kleinen Kreis fest, »ist der Begriff der Gottheit nur eine Substantiierung. Diese

Substantiierung ist wunderbar. Warum sollen wir den Sammelbegriff für das Unbegreifliche zerstören?«[280] Schon aus diesem Grund verzichtete er, der sich gewiß nicht zu diesem Kollektiv der Naivgläubigen gezählt haben dürfte, auf öffentliche Konkretisierung seines eigenen Gottesbildes. Auch den populären Terminus »Gottgläubigkeit«, der ab 1936 durch Erlaß des Innenministeriums von konfessionslosen Deutschen offiziell verwendet werden konnte, gebrauchte Hitler kaum[281] und bekannte nur, »kein sogenanntes Kirchenlicht – ein Frömmling« zu sein, obwohl er doch als »ein frommer Mensch« gelten könne. [282]

Auf die Bedeutung religiöser Überzeugungen verwies Hitler in öffentlicher Rede wie auch im privaten Kreis. Es hebe den Menschen über das Tier hinaus, erläuterte er 1937 in einer Ansprache, »nicht nur die Erscheinung außen zu sehen, sondern immer die Frage des Weshalb, des Warum, des Wodurch aufzustellen. Diese ganze Welt, die uns so klar ist in der äußeren Erscheinung, ist uns ebenso unklar in ihrer Bestimmung.« Biblische Überlieferungen und kirchliche Dogmen hielt Hitler offenbar für ungeeignet, jene Unklarheit zu beseitigen, denn er fuhr fort: »Und hier hat sich die Menschheit demütig gebeugt vor der Überzeugung, einem ungeheuren Gewaltigen, einer Allmacht gegenüberzustehen, die so unerhört tief ist, daß wir Menschen sie nicht zu fassen vermögen.«[283] Diese Dimension hinter der »äußeren Erscheinung« war ihm auch später, im Kriegsjahr 1941, unbegreiflich. Allenfalls könne man, so teilte er seinen Tischgästen mit, die Naturgesetze erforschen, »aber warum das Gesetz waltet, erfahren wir nicht [. . .] Dafür hat der Mensch den wunderschönen Begriff von der Allmacht gefunden, deren Walten er verehrt.«[284] In der öffentlichen Rede 1937 und im Tischgespräch 1941 zeigen sich Parallelen: Hitler verwies jeweils auf die Ohnmacht des Menschen, jene höhere Instanz zu begreifen; er gebrauchte in beiden Fällen den Begriff »Allmacht«, um die überlegene Stellung dieses Gottes zu charakterisieren. Immerhin, so Hitler, gebe es in jedem Menschen »ein Ahnungsvermögen, was das Walten dessen angeht, was man Gott nennt«. Martin Bormann fügte den hier zitierten Mitschriften Heinrich Heims hinzu, wie Hitler nach seiner Erinnerung Gott charakterisierte: »Nämlich das Walten der Naturgesetze im gesamten Universum«;[285] an anderer Stelle definierte Hitler nach dem Bericht Heims: »Gott, das heißt die Vorsehung, das Naturgesetz«.[286] Gott sollte nach dem Willen des Diktators nur als abstrakte Größe, als Gesetzmäßigkeit der Natur angesprochen werden – jemand, so lehrte der Diktator, der »Gott nur in einer Eiche oder einem Tabernakel sieht und nicht im Gesamten, der kann nicht tiefinnerlich fromm sein«.[287]

Über den Schlüssel zur menschenmöglichen Erkenntnis Gottes verfügte in Hitlers Augen allein die Wissenschaft. Denn die »Verinnerlichung«, deren der Mensch bedürfe, konnte nach Meinung des Diktators stattfinden »im Wege der Versenkung in die Natur oder durch Studium der Geschichte; dazu ist indes immer nur ein Teil befähigt, welcher darüber von Ehrfurcht erfaßt wird vor dem Unerkennbaren und darin seine metaphysische Befriedigung erfährt«.[288] Naturwissenschaftliche und historische Studien, nicht heilige Schriften wiesen ihm den Weg zu Gott. Hitler, der keine wissenschaftliche Ausbildung absolviert hatte, war überhaupt geprägt von einer bemerkenswerten Wissenschaftsgläubigkeit: »Die Wissenschaft ist nichts anderes wie eine Leiter, die man erklimmt: Mit jeder Stufe sieht man ein bißchen weiter«. An eine völlige Überlistung

Gottes durch die moderne Naturwissenschaft wollte Hitler, seinem oben zitierten Diktum folgend, wonach der Mensch Gottes »Allmacht« ohnmächtig ausgeliefert sei, dann doch nicht glauben: An »das Ende der Dinge sieht auch die Wissenschaft nicht«. Daraus folgte für ihn, daß wirkliche Frömmigkeit nur dort anzutreffen sei, »wo das tiefste Wissen über die Unzulänglichkeit des Menschlichen wohnt«.[289] Dennoch ließ der Diktator keinen Zweifel, daß eine Annäherung an Gott am besten über die Naturwissenschaften erfolgen solle; die Kirchen, aber auch der Nationalsozialismus als politische Ideologie erschienen ihm dafür ungeeignet: »Wenn einer ein metaphysisches Bedürfnis hat, so kann ich ihm nicht das Parteiprogramm geben«.

»Ich glaube, wer mit offenen Augen in die Natur schaut, wird der frömmste Mensch«.[290] Wie aber sollte man die Augen öffnen – und wo sollte die religiöse Naturbetrachtung ihren Ort haben? Hitler wäre nicht der alles bedenkende »Führer« gewesen, hätte er nicht auch für diese religiöse Herausforderung seines Zeitalters eine adäquate Lösung parat gehabt: Die Betrachtung des Sternenhimmels sei am besten geeignet, eine zeitgemäße Begegnung mit Gott zu ermöglichen: »Wenn erst einmal das Wissen um das Universum sich verbreitet, wenn der Großteil der Menschen sich klar darüber wird, daß die Sterne nicht Leuchtkörper sind, sondern Welten, vielleicht belebte Welten, wie die unsere, dann wird die Lehre des Christentums völlig ad absurdum geführt.«[291] Zu diesem Zweck gedachte er, den »Götzen-Tempel«[292] auf dem Linzer Pöstling-Berg – die dortige Kirche – durch den Neubau einer Sternwarte zu ersetzen, »klassisch, so schön wie nur etwas«, in der die drei relevanten Weltbilder der Menschheitsgeschichte – das ptolemäische, das kopernikanische sowie die »Welteislehre« Hanns Hörbigers[293] – dargestellt sein sollten. Neben einer Forschungsstätte und einem Planetarium plante Hitler einen Raum mit Skulpturen all derer, die Teil daran hatten, den »Aberglauben« – womit das Christentum gemeint sein dürfte – zu beseitigen. »In der Zukunft werden jeden Sonntag Zehntausende von Menschen durchgehen, und alle werden erfüllt sein von der Größe dieses Universums.«[294] Immerhin: Der Sonntag als Tag der Gottesanbetung blieb auch in Hitlers Zukunftsreligion, befreit vom christlichen »Aberglauben«, erhalten. Wenige Monate später hatte sich die eine Sternwarte in Hitlers Kopf vervielfacht: In »allen größeren Städten« wollte er nun Sternwarten erbauen, »um das Weltbild der Menschen zu vergrößern und damit geistigen Verkümmerungen vorzubeugen«.[295]

Die Sternwarte als Tempel: In solchen Überlegungen zeichnet sich der Versuch ab, die Sinnfrage auch außerhalb der Kirchen zu beantworten. Dem totalen Zugriff auf den Menschen durften dessen religiöse Bindungen nicht versperrt bleiben, andererseits sollte die Partei nach Hitlers Willen niemals als unmittelbare Konkurrentin der Kirchen auftreten. Der Diktator verschwieg, wie dieser Widerspruch abschließend aufzulösen sei. Nur vorsichtig skizzierte er Ausblicke auf eine zukünftige Weltanschauung der Deutschen, von denen die Sternwarten-Vision das gedanklich weitaus fortgeschrittenste Projekt war. Auf eine zukünftige Religion verweisen auch Überlegungen, herausgehobene biographische Ereignisse nicht mehr durch kirchliche, sondern parteipäpstliche Weihen abzusegnen. Wenn er einmal Ruhe habe, wolle er – so kündigte Hitler 1942 an – Sätze »prägen«, die bei solchen Anlässen gesprochen werden sollten: »Es muß das wunderschön sein im

Gedanken und in der Form, etwas Einmaliges, das man sonst nie zu hören bekommt.«[296]

Trotz solcher Pläne, dem Christentum auf lange Sicht Konkurrenz zu machen, wollte Hitler im Augenblick keine »neue Religion« schaffen. Niemals, so führte er im Kriege aus, dürfe sich der angeblich auf Vernunft und Wissenschaftlichkeit gründende Nationalsozialismus bemühen, »in äffischer Weise kultisch eine Religion nachzuahmen«. Derartige Pläne hatte Hitler schon 1938 energisch zurückgewiesen. Auf dem Reichsparteitag zog er in seiner »Kulturrede« deutliche Grenzen zu allem »Mystizismus«: Der Nationalsozialismus sei keine »Kultbewegung« und benötige daher auch »keine Kulträume, sondern ausschließlich Volkshallen [...], keine Kulthaine, sondern Sportarenen und Spielwiesen«. Die Weltanschauung der Partei definierte er als eine »kühle Wirklichkeitslehre schärfster wissenschaftlicher Erkenntnisse«.[297] Seine Aufgabe sei es – so Hitler im Krieg –, einen »Kultus der Vernunft« zu schaffen.[298] Damit sei keine kultische Handlung gemeint,[299] sondern die Verkündigung wissenschaftlich abgesicherter Lehren, vor deren Gewalt der Mensch in Demut erschauern müsse wie einstmals vor den Lehren der Kirche. Die nationalsozialistische Weltanschauung sollte nach dem Willen Hitlers nicht unmittelbar Ersatz religiöser Inhalte werden, sondern als Vermittlerin wissenschaftlicher Erkenntnisse auftreten. Bis dorthin, so ahnte er, werde die Menschheit einen langen Weg gehen müssen: Bis »die Wissenschaft dazu kommt, jedem metaphysischen Bedürfnis etwas zu geben, das kann lange dauern«.[300]

Auch in den dreißiger und vierziger Jahren vertraute Hitler auf einen Gott, der im sozialdarwinistisch gedachten Zusammenleben der Menschen den jeweils stärksten Rassen zum Sieg verhilft. Weil er seine vor 1933 vormulierten Auffassungen kaum mehr veränderte, können sie hier – unter Verweis auf die Kapitel zur »Kampfzeit« – knapp zusammengefaßt und belegt werden. Es ergibt sich folgendes Bild: Von Gott – wahlweise Allmächtiger, Vorsehung oder Schicksal – hängt alles irdische Geschehen ab. Nur seinem Wohlgefallen verdankt menschliche Mühe den Erfolg;[301] er verhilft – beispielsweise – zu guten Ernten[302] und verleiht künstlerische Talente.[303] In seinen Zielsetzungen zeigt er sich wandelbar. Mit Blick auf den ideologisch höchst anrüchigen Hitler-Stalin-Pakt vom 23. August 1939 gab sich Hitler im Januar 1940 überzeugt, der Allmächtige sei zufrieden, »daß in einem großen Gebiet ein sinnloser Kampf vermieden wurde«.[304] Gegen den Ratschluß des Vorsehungs-Gottes soll sich der Mensch nicht auflehnen. Sein Lebensplatz ist ihm zugewiesen;[305] auf Hilfe kann er nur hoffen, wenn er seine Aufgaben im Sinne der göttlichen Führung zu erfüllen sucht.[306] Dieser harte, aber gerechte Gott schuf die Menschen[307] und teilte sie in Völker und Rassen auf,[308] die sich auf das »von Gott den Menschen gegebene natürliche Lebensrecht« berufen[309] dürfen. Keineswegs kann ihr Anspruch auf Leben von völkerrechtlichen Verträgen – etwa dem Versailler Vertrag oder den Vereinbarungen des Völkerbundes –, wohl aber von anderen, konkurrierenden Nationen eingeschränkt werden. Denn Gott »schmeißt plötzlich die Menschenmassen auf die Erde und jeder muß sich selber darum kümmern, wie er durchkommt; einer nimmts dem anderen weg«[310] und also auch ein Volk dem anderen. Verträgt man sich im Zeichen falsch verstandener Humanität mit dem Nachbarn, läuft man Gefahr, eine Schwächung der bisher führenden Rassen zu verursachen: Kampfungewohnt, hätten sie dann keine

Chance mehr gegen primitivere Völker; diese würden, »dem Gebot der Vorsehung entsprechend, den Kampf aufnehmen um das Dasein in einem Raum, den ein altgewordenes Volk aus Feigheit oder Schwäche, d.h. Lebensuntüchtigkeit, verloren hat«.[311] Deshalb ist es Aufgabe der Deutschen, daß sie vor Gott »als dem Schöpfer aller Welten nach dem von ihm gegebenen Gesetz des Kampfes um das Dasein zu bestehen vermögen«.[312]

Dieses düstere Szenario beschwor Hitler bereits vor dem Krieg beständig herauf. In ermüdender Wiederholung erfuhren die Deutschen aus dem Munde ihres »Führers«, daß der prüfende Gott nur durch Höchstleistungen befriedigt werden könne, die sie zum Besten der Nation zu erbringen hätten.[313] Gott operierte in Hitlers Darstellung mit Zuckerbrot und Peitsche. Er reagierte unwillig auf Versagen, belohnte aber großzügig echtes Bemühen. Ihn um Geschenke und Gnadenerweise anzuflehen, mußte daher wirkungslos bleiben; nur die Bitte um Kraft und Mut war dem »Führer« zufolge erlaubt: Durch besondere, vom Himmel verliehene Stärke hatte man Aussicht, sich in Bewährungsproben standhaft zu zeigen, und allein dafür interessierte sich Hitlers Gott.[314] Von den Belohnungen des Höchsten, den schon erhaltenen und den zukünftigen, sprach Hitler bereits in Friedenszeiten oft und betonte gerne, woran sie geknüpft waren: Die Vorsehung honoriere tiefes Vertrauen zum »Führer«,[315] ein friedvolles Zusammenleben der Geschlechter ohne widernatürliche Emanzipation der Frau,[316] einen »Säuberungskrieg« in den Museen gegen »entartete Kunst«,[317] Spenden für das Winterhilfswerk,[318] vor allem aber Treue zur »Bewegung«[319] und Arbeit im Dienste der Nation.[320] Bei scheinbaren »Geschenken« Gottes handele es sich in Wahrheit um Anerkennungen,[321] denn mit Gnadenerweisen müßten Nationalsozialisten nicht rechnen: Sie gehörten schließlich »nicht zu denen, die sich bequem auf das Jenseits verlassen«;[322] vielmehr würden sie, so Hitler, den »Hammerschlägen der Vorsehung« gelassen entgegensehen, »wenn uns auch in Zukunft das Schicksal wieder prüfen will«.[323]

Schon in den Friedensjahren, als die angekündigten Hammerschläge noch auf sich warten ließen, verwies Hitler gerne auf Prüfungen Gottes;[324] in den Kriegsjahren fehlten solche Bemerkungen in kaum einer wichtigen Rede.[325] Bis 1941 mangelte es dem Diktator auch nicht an Belegen für seine These, Gott belohne großes Bemühen durch militärische Erfolge.[326] Bei andauerndem Krieg und allmählichem Ausbleiben göttlicher Anerkennung ging Hitler dazu über, kommende Siege zu prophezeien, falls die Deutschen an Kampfkraft nicht nachließen.[327] Die sich rasch ändernde Kriegswirklichkeit paßte jedoch immer weniger zu Hitlers Gottesbild. Die deutschen Soldaten wurden, wie Hitler oft hervorhob, »von der Vorsehung grausam gewogen [...] auf ihren wirklichen inneren Wert«,[328] errangen aber zusehends seltener die schwerverdienten Triumphe. Hatte die Vorsehung den deutschen Soldaten, als sie ihn so grausam wog, für zu leicht befunden? Hitler ließ keinen Redeanlaß aus, um die Heldentaten der deutschen Wehrmacht zu preisen – an mangelndem Einsatz konnte es also nicht liegen, wenn die Erfolge ausblieben, und so sah er in den verlorenen Schlachten eben neue, noch härtere Prüfungen. Als abschreckende Warnung diente ihm – wie schon in Friedenszeiten – die Niederlage von 1918. Vom Versagen der Deutschen enttäuscht, habe sich der Vorsehungs-Gott von ihnen abgewandt.[329] Auch in vertrauter Runde klammerte sich Hitler an den Strohhalm seiner Prüfungstheorie: »Not und Unglück war für das deutsche Volk immer nur ein Umweg, die Geburtsstunde neuer Blüte«, erklärte Hitler seinem Sekretär Bormann, als sowjetische Truppen schon an der Oder und amerikanische Verbände am Rhein standen: »Und wenn die Vorsehung das deutsche Volk trotz seines Opfermutes im Stiche läßt, dann nur, um es durch noch größeres Leid in seinem Lebenswillen zu behaupten.«[330]

3. HEILIGE UND JÜNGER

»Wenn das Schicksal einen Mann besonders lieb hat und ihm das Schönste auf der Welt schenken will, dann gibt es ihm treue Freunde, Männer, die Freud und Leid mit ihm gemeinsam zu ertragen entschlossen sind«.[331] Die Umgebung Hitlers war Teil seiner Heilsgeschichte: Der Heiland entstammt einem auserwählten Volk und wird begleitet von seinen Jüngern – der »Führer« lebt für Deutschland und stützt sich auf die »Bewegung«. »Es kommt ein Reich, aus der Kraft dieser Bewegung heraus geboren«,[332] prophezeite Hitler vor der »Machtergreifung« und erklärte die Partei zum »Werkzeug« des Herrgotts.[333] Ihre »Mission, die die Vorsehung der nationalsozialistischen Bewegung übertragen hat, ist, Deutschland wieder emporzuheben«,[334] »des deutschen Volkes Auferstehung« in die Wege zu leiten.[335] Dem Einzelnen bot sich die Möglichkeit, an diesem Neubeginn mitzuwirken und so zum Teilhaber und Mitgestalter des Heilsgeschehens zu werden. Die Partei stand einerseits jedem offen, präsentierte sich als »Plattform [. . .], auf die jeder treten kann«,[336] und erschien andererseits als eine Art mystischer Bund innerhalb der Nation. Der Deutsche, so führte Hitler aus, könne den Zeitpunkt seines Parteieintritts später als Jahr der »Erleuchtung« feiern.[337]

Den Heiligen-Kult der NSDAP, schon vor 1933 zelebriert, setzte Hitler fort und ließ auch weiterhin die Märtyrer, Blutzeugen, Blutopfer[338] und »Apostel unserer Bewegung«[339] verehren. Sie hatten einst den »Blutstrom erweckt, der seitdem mehr und mehr zu fließen begann« und schließlich den Sieg herbeiführte.[340] Die Leichname der 16 »Gefallenen« des gescheiterten Putsches ließ der Diktator 1935 exhumieren und in zwei »Ehrentempeln« am Münchner Königsplatz beisetzen. Schon 1923 habe er beschlossen, so behauptete Hitler jetzt, daß er einmal »diese Kameraden aus ihren Friedhöfen herausholen und sie ehren und der Nation zeigen werde«. Jetzt würden sie eingehen »in die deutsche Unsterblichkeit«.[341] Doch nicht nur die Opfer des Putschversuchs konnten solcher Ehren teilhaftig werden. Zu den herausragenden Märtyrer-Gestalten der NSDAP gehörte Horst Wessel, der zwar aus privaten Motiven, nicht wegen seiner Zugehörigkeit zur SA ermordet worden war, für die Partei aber dennoch einen vorzüglichen Blutzeugen abgab. »Täglich und stündlich ist sein Geist bei uns, marschiert er in unseren Reihen«,[342] verkündete Hitler kurz vor dem 30. Januar 1933. Nach der »Machtergreifung« feierten die Märtyrer Auferstehung: »Unsere Toten sind alle wieder lebendig geworden. Sie marschieren nicht nur im Geiste, sondern lebend mit uns mit.«[343] Entsprechend der Sitte, Kirchen und Altäre den christlichen Heiligen zu weihen, benannte Hitler einzelne Gruppierungen der NS-Organisationen nach den Toten der »Bewegung«. Als 1936 in der Schweiz der dortige Landesgruppenleiter der nationalsozialistischen Deutschen, Wilhelm Gustloff, ermordet wurde, widmete Hitler die NSDAP-Ortsgruppen im Ausland dem Andenken des Verstorbenen: Nun habe »jede Ortsgruppe des Auslandes ihren nationalsozialistischen Patron, ihren heiligen Märtyrer [...] In jeder Geschäftsstelle wird nun sein Bild hängen. Jeder wird seinen Namen im Herzen tragen«.[344] Zum besonderen Heiligen der deutschen Nation wurde 1934 postum Paul von Hindenburg erklärt. Hitler zeichnete in mehreren Gedächtnisreden das Bild eines Mannes, der als eine Art »Johannes« der »Bewegung« vorangegangen sei und ihr den Weg geebnet habe.

»Der schicksalhafte Wille der Vorsehung hatte ihn sichtbar emporgehoben über das Maß des Alltäglichen«,[345] verkündete sein Nachfolger. Auch Hindenburg mußte nun, zusammen mit den 16 Helden von 1923, Horst Wessel und vielen anderen, in »Walhall«[346] wandeln: »Er lebt, denn indem er starb, wandelt er nun über uns inmitten der Unsterblichen unseres Volkes, umgeben von den großen Geistern der Vergangenheit«.[347]

Doch hatte in Hitlers Darstellung das ganze Volk, nicht nur sein nationalsozialistischer Kern, eine Mission zu erfüllen, mußte es doch einen Weg gehen, »den die Vorsehung ihm zu gehen geboten hat, indem sie diesen Menschen eine gemeinsame Sprache gab«.[348] Das »Wunder«[349] der »Machtergreifung« markierte auf diesem Schicksalsgang der deutschen Nation nur einen Abschnitt. Nun galt es, in die »Volksgemeinschaft« auch jene Gebiete einzubeziehen, die 1933 noch nicht mit dem Deutschen Reich eine »nationale Wiedergeburt« erleben durften. Als auch sie nach dem Willen der Vorsehung heim ins Reich gekehrt waren,[350] wartete schon die nächste Aufgabe. Hatte die Partei das neue Deutschland ermöglicht, so mußte nun dieses neue Deutschland der Befreiung Europas dienen. Dem Reich war vorherbestimmt, »jene europäische Mission zu erfüllen, die im Altertum einst Griechenland gegen die Perser, Rom gegen die Punier und in späteren Jahrhunderten das Abendland gegen die Einbrüche des Ostens übernommen hatte«.[351] Deutschland kämpfte deshalb, nachdem es seit dem 22. Juni 1941 gegen die Sowjetunion Krieg führte, »nicht für sich selbst, sondern für unseren gesamten Kontinent«.[352]

Heiland, Jünger und Heilige kämpfen und leiden umsonst, fehlt dem Volk der Glaube an ihre Sendung. Hitler forderte deshalb nach 1933 mit derselben Leidenschaft wie in den zwanziger Jahren ein nationales Credo. »Wenn einmal in kommenden Jahrhunderten die Geschichtsschreibung unbeeinflußt vom für und wider einer streitenden Zeit diese Jahre der nationalsozialistischen Neugeburt kritisch überprüfen wird, dann kann sie wohl kaum an der Feststellung vorbeikommen, daß es sich hier um den wunderbarsten Sieg des Glaubens gegenüber der vermeintlichen Elementen [sic] des sachlich Möglichen gehandelt hat.«[353] Hitler hob immer wieder seinen tiefen Glauben an das deutsche Volk hervor[354] und forderte umgekehrt eine nicht minder starke Zuneigung: »Ich habe dich glauben gelehrt, jetzt gib du mir deinen Glauben!«[355] Um den – so Hitler wörtlich – »Untergang des Abendlandes« umzuwandeln in einen neuen Aufstieg, bedürfe es gegenseitigen Vertrauens. Wille müsse sich mit Gläubigkeit verbinden, dieser »Wille aber liegt in der Führung, und der Glaube liegt im Volke!«[356] Der Glaube einigte in Hitlers Ausführungen die Nation; wer sich nicht zu ihm bekannte, schloß sich selbst aus der »Volksgemeinschaft« aus und verlor damit den eigentlichen Sinn seiner Existenz: »Wehe dem, der nicht glaubt. Dieser versündigt sich am Sinn des ganzen Lebens.«[357]

4. KRITIK AN RELIGION, CHRISTENTUM UND KIRCHE

Vom militanten »Kampfchristentum«, einem arischen Jesus und der bigotten Zentrums-Priesterschaft – typischen Positionen der frühen Reden – vernahm die Öffentlichkeit in den Jahren der Herrschaft nichts mehr. Über den schrillen Tönen der Frühzeit klangen nun die weihevollen Akkorde nationalsozialistischer Heilsmystik. Der Reichskanzler und »Führer« stand in engem Austausch mit einem überkonfessionellen Vorsehungs-Gott, seine Reden boten keinerlei Anlaß, dem »Dritten Reich« kirchenfeindliche oder gar antichristliche Tendenzen zu unterstellen. Wem freilich das zweifelhafte Glück zuteil wurde, im Weltkrieg an den Tafelrunden des Diktators teilzunehmen, begegnete einem anderen, dem Christentum ablehnend, ja feindlich gegenüberstehenden Hitler.

Seine Sicht der christlichen Geschichte entwarf Hitler ganz in völkischer Tradition. Das Christentum sei »nicht ein aus dem germanischen Charakter geborener Gottglaube, sondern eine aufgezwungene, dem germanischen Wesen widersprechende Religion«, soll er Martin Bormann erklärt haben.[358] Prägende Kraft auf die Deutschen wollte er dem verhaßten Bekenntnis nicht absprechen. Das deutsche Volk, so belehrte er seine Tischgäste, sei ein »Produkt von Gewalt, antiker Idee und Christentum«.[359] Die Geschichte dieses Gebildes deutete er als die »Vor-Bolschewisierung, die Mobilisierung von Sklavenmassen durch den Juden zum Zwecke der Aushöhlung des Staatsbaues«. Im einzelnen verlief sie – Hitler zufolge – so:

Der Religionsstifter Jesus war Arier. Die Schmähung

»Hurensohn« zeigt, daß Jesus der Sohn eines römischen Legionärs gallischer Abkunft gewesen sein muß, der sich mit einer – möglicherweise jüdischen – Prostituierten eingelassen hatte.[360] Als früher Antisemit wollte er Galiläa von jüdischer Fremdherrschaft befreien, weshalb ihn die Juden töteten. Saulus, sein ärgster Gegner, bewunderte die Todesbereitschaft der Anhänger Jesu und beschloß, mit Hilfe ihrer Lehre den römischen Staat zu stürzen. Nach dieser »Erleuchtung« – dem Damaskus-Erlebnis – postulierte er, auf die Botschaft Jesu verweisend, die Gleichheit aller Menschen. Während die edlen, dem Judentum gegenüber resistenten Griechen in Athen »über die Lehren des Paulus in ein schallendes Gelächter ausbrachen«, fiel seine Propaganda im großstädtischen Proletariat Roms auf fruchtbaren Boden. Dem Urchristentum gelang »die revolutionäre Aufwiegelung des Mobs der Millionenstadt; Rom wurde bolschewisiert«. Unter den »Einwirkungen des germanischen Geistes« verlor das Christentum in der Folgezeit seinen »bolschewistischen Charakter«; als das Germanentum unterging, triumphierte wiederum der Jude, der nun »für tausend Jahre das Aufblühen der germanischen Welt« verhinderte. Erst im 18. Jahrhundert konnte Europa wiederum das Niveau der römischen Zivilisation erreichen. Die böse Saat ging freilich trotzdem auf. Das Christentum erwies sich als Spaltpilz Europas und schädigte vor allem Deutschland: »Hätten wir uns nicht verzehrt im Streit darum, ob man den lieben Gott in einerlei oder zweierlei Gestalt zu sich zu nehmen hat«, wäre England nie zur führenden Macht Europas aufgestiegen.[361]

In der Bibel sah Hitler das Mittel des Judentums, eine allgemeine Verdummung des Abendlandes herbeizuführen und jahrhundertelang aufrechtzuerhalten. Entstanden sei sie, als »ein Jude sich gesagt hat: Setzt den Nichtjuden Sprüche vor, die Unsinn sind, je dunkler der Sinn, desto mehr werden sie darüber grübeln und von der Betrachtung der Wirklichkeit abgehalten sein!«[362] Es mißfielen ihm außerdem die personalisierte Gottesvorstellung des Christentums,[363] der unschöne Anblick des Gekreuzigten,[364] der Glauben an die Wandlung beim Abendmahl[365] und vor allem die Logik der christlichen Heilsgeschichte. Fünftausend Jahre habe Gott zugesehen, so spottete Hitler, wie die Menschen »reinrasseln, da fällt es ihm ein, seinen eingeborenen Sohn zu schicken. Ein Mordsumweg, kolossal beschwerlich der ganze Vorgang!«[366] Unbefriedigend erschien ihm die Vertröstung auf ein besseres Leben im Jenseits. »Da hat man einen Richard Wagner auf der Erde gehabt, und drüben hört man Halleluja und sieht nichts als Palmwedel, Kinder im Säuglingsalter und alte Menschen«,[367] außerdem seien dort »unansehnliche und geistig fade Frauen«[368] zu finden und Heilige, »die, statt sich in ihrem Leben hübsche Mädchen anzulachen, auf Dornen schliefen«.[369] Gegen ein persönliches Fortleben in einem wie auch immer gearteten Jenseits – ein Thema, das ihn im Krieg öfter beschäftigte – sprach in seinen Augen die Verwesung des menschlichen Leichnams, die einer Auferstehung im Wege stünde;[370] außerdem hätte jeder, der nach dem Tod in den Himmel einginge, trotz seiner Seligkeit ein Martyrium: »Er müßte sich zu Tode ärgern über die Fehler, welche er den Menschen immerfort begehen sieht.«[371] Die Möglichkeit, den Armen mittels Versprechungen auf das Jenseits zu vertrösten und von Empörungen abzuhalten, leuchtete dem Politiker Hitler ein.[372] Umgekehrt, so kritisierte er, werde ein Christ aber kaum begreifen, warum sich das Bemühen um materielle Vorteile im Diesseits lohne, wenn das Heil doch nur im Jenseits zu suchen sei.[373] Hitlers Jenseitsentwurf eignet wiederum jenes pseudo-naturwissenschaftliche Gepräge, das alle seine Äußerungen über religiöse Fragen kennzeichnet: Zwar könne man das »Wesen der Seele« nicht ergründen, doch sei es gewiß, daß Geist und Seele wieder zurückgingen »in das Gesamtreservoir – wie der Körper. Wir düngen damit als Grundstoff den Fundus, aus dem neues Leben entsteht.«[374] Vorbildfunktion gestand Hitler dem Christentum nur dort zu, wo es sich kämpferisch gab: Die »Revolution« Luthers,[375] der zeitweilige christliche Fanatismus[376] und ein deutscher Ritterorden, der neben »der Bibel auch das Schwert mitgebracht habe«,[377] fanden sein Lob. Um so mehr kritisierte er die milde, auf Versöhnung gerichtete Seite des Christentums, mißachte es doch in solchen Positionen das gottgegebene und wissenschaftlich bestätigte Grundgesetz vom Kampf als dem Vater aller Dinge. Damit gefährde es den Fortbestand der Menschheit, »konsequent angewandt, würde es zur Züchtung des Minderwertigen führen«.[378]

Diese Fundamentalkritik an der christlichen Lehre hinderte den Diktator freilich nicht, seine öffentlichen Reden auch weiterhin, wie schon vor 1933, mit Bibelzitaten zu schmücken. »Alles, was ihr seid, seid ihr durch mich, und alles, was ich bin, bin ich nur durch euch allein«,[379] verkündete Hitler 1936 der SA. An das Gleichnis vom guten Hirten erinnert sein Bekenntnis aus einer Rede zum 1. Mai. Hitler stilisierte sich hier zum Hüter des deutschen Volkes und gab kund: »Ihm diene ich mit meinem Willen und ihm gebe ich mein Leben.«[380] Weitere Kostproben aus Hitlers biblischem Zitatenschatz: Es sei das »Wunder unserer Zeit«, rief der Diktator vor der Hitlerjugend aus, »daß ihr mich gefunden habt unter so vielen Millionen! Und daß ich euch gefunden habe, das ist Deutschlands Glück!«[381] Ähnliche Wunder widerfuhren den »Politischen Leitern« auf demselben Parteitag: »Nicht jeder von euch sieht mich und nicht jeden von euch sehe ich. Aber ich fühle euch, und ihr fühlt mich!«[382] Die mystische Verklärung des Führerglaubens und der Volksgemeinschaft, im Stile johanneischer Esoterik vorgetragen, ersetzte die einst so beliebten Phrasen des »Kampfchristentums« beinahe völlig. Die bayerisch-derbe Volkstümlichkeit, mit der Hitler Anfang der zwanziger Jahre die Bierhallen füllte, wich getragenem Pathos, schließlich lebte der Mensch im »Dritten Reich« »nicht vom Brot allein«,[383] sondern von jedem Wort aus des Führers Munde. Bei den Sammlungen des Winterhilfswerks mußte, angelehnt an das Gleichnis vom Scherflein der Witwe, das »alte kleine Weibchen« aus Moabit für offene Geldbeutel sorgen, dessen kleine Gabe mehr wiege als die manches Reichen, »der hundert oder tausend oder vielleicht zehntausend Mark gibt«.[384] In den Tischgesprächen der Kriegsjahre machte Hitler allerdings kein Hehl daraus, daß er die gutbürgerliche »Bibelfestigkeit« verachtete: Viele »Spießer« würden über den Abtransport jüdischer Mitbürger »Krokodilstränen« weinen, obwohl sie doch wissen müßten, »daß nach den Berichten des Alten Testaments dem Juden weder ein Aufenthalt in der Wüste noch ein Marsch durchs Rote Meer etwas anhaben könne«.[385]

Auch in den zwölf Jahren seiner Herrschaft verwendete Hitler typische Sprachformeln aus christlicher Tradition, von denen hier, um des Nachweises willen, jeweils ein Beispiel zitiert sei: »Gnade Gott«,[386] »leider Gottes«,[387] »das walte Gott«,[388] »Gott sei Dank«,[389] »so wahr mir Gott helfe«,[390] »weiß Gott«.[391] Religiös konnotierte Begriffe und Wendungen prägten Hitlers Sprache bis zum Schluß, ungeachtet aller Distanz zu tradierten abendländischen Glaubensformen: So sprach er – um wiederum nur Beispiele zu nennen – von »Volkes Stimme, die Gottes Stimme ist«,[392] von der Schande, die Gott den Deutschen ersparen möge,[393] vom wenig geschätzten Franco, der zu seiner Stellung gekommen sei »wie der Pontius ins Credo«.[394] Gerne zitierte Hitler, wie schon vor 1933, auch während seiner Herrschaft den volkstümlichen Ratschlag »Hilf dir selbst, dann hilft dir Gott«,[395] paßte dieser doch vorzüglich zu seiner Auffassung, Gott belohne nur die Tüchtigen. Bitten an Gott, im Predigtstil formuliert,[396] und ebensolche Dankesbekundungen[397] lassen sich zuhauf nachweisen, auch die wirkungsvollen Gebetsformeln schmückten, wie schon in den zwanziger Jahren, gerade die mystisch angelegten Reden. »Wir aber werden in unserem Zeichen wieder siegen«, verkündete der Diktator in der »Feierstunde der Hitlerjugend« auf dem Parteitag von 1936 in Anlehnung an den konstantinischen Sieg 312 nach Christus.[398] Auch in den dreißiger Jahren bewährte sich die Doxologie. Deutschland, prophezeite Hitler, werde einmal ein »Reich der Größe und der Ehre und der Kraft und der Herrlichkeit und der Gerechtigkeit. Amen.«[399]

Über nichtchristliche Glaubensvorstellungen äußerte Hitler sich positiv, sofern sie seinen weltanschaulichen Maximen entsprachen.[400] Eine prinzipielle Abneigung gegen Bekenntnisse außerhalb des Christentums kannte er nicht; Religion war in seinen Augen überhaupt nur »eine Unterstützung des Baues einer menschlichen Gesellschaft, war Zweck, nicht Selbstzweck«. Ihn interessierte lediglich der »sanitäre Gehalt fast aller Religionen«. Das Gebot, »sich zu waschen, das und das nicht zu trinken, dann und dann zu fasten«, und andere Regeln mehr seien »ein von klugen Köpfen ersonnener Zwang, zu mensendiecken zur Erhaltung der Körperkraft«.[401] Von den zahlreichen religiösen Überzeugungen könne aber – so ein Kernpunkt seiner Religionskritik – nur eine im Besitz der Wahrheit sein. Es gebe, so führte er seiner Tischrunde aus, auf der Erde »170 größere Glaubensbekenntnisse, von denen jedes behauptet, die allein richtige Vorstellung vom Jenseits zu besitzen. 169 davon müssen im Unrecht sein, denn nur eines kann recht haben!«[402]

Mehrfach lobte er den japanischen Shintoismus, der sich vor dem »Gift des Christentums« bewahrt habe und, ebenso wie der Islam, ein heiteres Jenseitsbild pflege,[403] selbst Naturreligionen seien dem Christentum überlegen.[404] Mit viel Mühe brachte er auch die heidnischen Religionen der Antike mit seinem Gottesbild in Übereinstimmung.[405] Hitlers Toleranz, deren er sich rühmte,[406] endete aber stets dort, wo sich der Gläubige – welcher Überzeugung auch immer er anhing – nicht nur um göttliche, sondern auch um weltliche Angelegenheiten kümmern wollte. An der strikten Trennung von religiöser und politischer Sphäre hielt der Diktator fest. Auf Duldung hoffen konnte weder der Zeuge Jehovas, der den Dienst mit der Waffe verweigerte,[407] noch der Wotansjünger, dessen Germanenkult nicht mit der reinen Lehre des Nationalsozialismus vermischt werden sollte,[408] auch nicht der Freimaurer, dem das Judentum nicht die Wurzel allen Übels zu sein schien.[409] Seemännischem Aberglauben kam Hitler, um die demoralisierende Wirkung einer Mißachtung wissend, entgegen: Schiffe, so bestimmte er, sollten nicht am Freitag auslaufen.[410] Das Judentum schließlich war in seinen Augen keine Religion: »Der Trick des Judentums war es, daß es sich als Religion eingeschmuggelt hat, ohne Religion zu sein.«[411]

Hitlers Kritik am Christentum – mit der er sich in »der besten Gesellschaft eines der größten deutschen Männer«, nämlich Friedrichs des Großen, fühlte[412] – zielte letztlich auf die Kirchen. Allerdings hütete sich der Diktator, seine skeptische Haltung gegenüber den beiden Konfessionen in der Öffentlichkeit zu verbreiten. Zu Beginn seiner Herrschaft propagierte er vielmehr, das Christentum sei »Basis unserer gesamten Moral«.[413] Da manchen NS-Mitgliedern in der katholischen Kirche anfangs die Sakramente verweigert wurden, blieb der Kanzler allerdings am »Tag von Potsdam« dem katholischen Gottesdienst demonstrativ fern und besuchte statt dessen die Gräber der ermordeten SA-»Märtyrer«.[414] In der Regierungserklärung vom 23. März 1933 zeigte sich Hitler, der im Reichstag die Stimmen des Zentrums benötigte, um durch Verfassungsänderung das Ermächtigungsgesetz in Kraft treten zu lassen, wiederum versöhnlich: Die neue Regierung sehe »in den beiden christlichen Konfessionen die wichtigsten Faktoren zur Erhaltung unseres Volkstums«.[415] Das Konkordat zwischen Reich und Heiligem Stuhl vom 20. Juli 1933 diente ihm als Gewähr, daß sich die deutschen Katholiken – so der Wortlaut in seiner offiziellen Verfügung – »von jetzt ab rückhaltlos in den Dienst des neuen nationalsozialistischen Staates stellen werden«,[416] eine vergleichbare Einigung mit den evangelischen Kirchen scheiterte.[417] Kritik aus dem Munde des Diktators erfuhren in diesen Jahren beide Kirchen nur indirekt. Als die Euthanasie-Politik des »Dritten Reiches« von den Kanzeln herab kritisiert wurde, fiel Hitlers Abmahnung sehr dezent aus; schärfere Reaktionen hätten die Bevölkerung möglicherweise beunruhigt: »Nicht die Kirchen ernähren die Armeen dieser Unglücklichen, sondern das Volk muß es tun«.[418] Die beiden Konfessionen bildeten, obwohl sie dem neuen Staat niemals auf breiter Front oppositionell gegenübertraten, die einzigen nicht »gleichgeschalteten« Großorganisationen im Reich. Für Hitler war dieser Umstand nur ein Grund mehr, auf der Trennung von Kirche und Staat – durchaus auch in öffentlicher Rede – zu beharren: »Wenn sie versuchen, durch irgendwelche Maßnahmen, Schreiben, Enzykliken usw. sich Rechte anzumaßen, die nur dem Staat zukommen, werden wir sie zurückdrücken in die ihnen gebührende geistig-seelsorgerische Tätigkeit.«[419] Ein besonderes öffentliches Engagement im nationalsozialistischen »Kirchenkampf« spiegelt sich in den Äußerungen Hitlers nicht, sieht man von gelegentlichen Anspielungen auf Sittlichkeitsprozesse gegen katholische Geistliche ab.[420]

In den Jahren des Weltkrieges zeigte sich Hitler seiner unmittelbaren Umgebung von einer anderen Seite. Der Kirche zürnte er vor allem, weil sie ein Gottesbild vertrat, welches dem seinen nicht entsprach. Daß sie sich von der angeblichen »Unwissenschaftlichkeit« des Christentums nicht freimachen wolle, führte Hitler auf Berechnung zurück: Die Kirche habe sich das religiöse »Ahnungsvermögen« des Menschen »dienstbar« gemacht und bedrohe nun jeden mit Strafe, »der das nicht glauben will, was sie geglaubt wissen möchte«.[421] Freilich werde solcher Widerstand auf Dauer keinen Erfolg haben; schon jetzt müsse die Kirche »mehr und mehr Konzessionen machen«.[422] Für solche Versuche, Bibel und Wissenschaft zu versöhnen, hatte Hitler nur Verachtung übrig: »Die Kirche hilft sich damit, daß sie erklärt, die Darstellung der Bibel sei sinnbildlich zu verstehen. Würde einer vor vierhundert Jahren das behauptet haben, so wäre er unter frommen Gesängen geröstet worden.«[423] Das Festhalten an religiösem Brauchtum, etwa

Prozessionen,[424] erschien Hitler ebenso ärgerlich wie das Beharren auf dem christlichen Jenseitsglauben. Diese Inhalte seien in den Menschen von Jugend an »hineingehämmert« worden,[425] so daß dieser kaum eine Möglichkeit habe, sich seines Aberglaubens zu entledigen. Wiederum sah Hitler materielle Wünsche als wahren Hintergrund religiöser Botschaften. Schließlich verspreche man dem älteren Menschen bei entsprechenden finanziellen Zuwendungen ein besseres Leben im Jenseits – »da soll einer der Kirche seine Zehntausend nicht vermachen!«[426] Außerdem störte sich Hitler an früheren Grausamkeiten,[427] besonders aber an Moralvorschriften: »Mit der kirchlichen Doktrin der Entsagung auf dem Gebiet der Liebe dürfe man dem Soldaten nicht kommen, wenn man ihn kampftüchtig erhalten wolle.«[428]

Eine besondere konfessionelle Einseitigkeit konnte man dem Diktator in seiner antikirchlichen Polemik nicht vorwerfen.[429] An den evangelischen Kirchen störte ihn »eine gewisse protestantische Muckerei«;[430] auf katholischer Seite rügte er die Institution des Klosters. Durch Auflösung der Männerklöster habe er sich bemüht, »manchem arbeitsfähigen und arbeitswilligen Mann seine persönliche Freiheit« zurückzugeben – es schien ihm offensichtlich, daß ein vernünftiger Mann nur aus materieller Not ein Leben als Mönch gewählt haben konnte.[431] Frauenklöster hingegen bestünden zu zwei Dritteln aus »Mädels«, die »den nicht bekommen haben, den sie haben wollten«.[432] Respekt nötigte dem Diktator allenfalls die Organisations- und Disziplinierungsleistung vor allem der katholischen Kirche ab. Die Aufstiegsmöglichkeit von Angehörigen niedriger Schichten,[433] den straffen Zentralismus des Papsttums[434] und das Verfahren der Papstwahl – in dem er das

Vorbild späterer »Führerwahlen« sah[435] – bedachte Hitler mit Lob; Heinrich Himmler galt ihm als der »völkische Ignatius von Loyola im guten Sinne«.[436]

Dem Konkordat, das ihm 1933 erste internationale Anerkennung verschafft hatte, stand Hitler in der Kriegszeit skeptisch gegenüber. Das »Paktieren mit der Kirche«, so argumentierte er jetzt, bringe dem Staat am Ende nur Nachteile, da es seine Handlungsfreiheit in weltanschaulichen Fragen einschränke. Zudem sei auf den kirchlichen Vertragspartner kein Verlaß: Wenn der Kirche oder einzelnen Pfarrern »der Kurs des Staates nicht mehr paßt, wenden sie sich, wie wir es jetzt sehen, gegen den Staat«.[437] Als Kapitulation vor der Macht der Kirche erschien ihm nun die Politik Mussolinis in Italien, an dessen Vorbild von 1929 sein eigener Konkordatsschluß sich einst orientiert hatte. Er würde, so rühmte er sich jetzt, »im V[atikan] einmarschieren, die ganze Gesellschaft herausholen. Ich würde sagen: Verzeihung, ich habe mich geirrt. Aber: die sind weg!«[438]

Insgesamt sah Hitler in den Vertretern beider Konfessionen leicht manipulierbare Werkzeuge seiner Politik. Eine deutliche Kürzung der Kirchensteuer und das persönliche Verfügungsrecht der Bischöfe über die verbleibende Summe schien Hitler zu garantieren, daß sie »nach den geschichtlichen Erfahrungen ihm dieses Betrages wegen die Stiefel ablecken« würden.[439] Von einer ausgeschütteten Million, so spekulierte der »Führer«, werde der zuständige Bischof zunächst 300 000 Mark »für seine Privatschatulle kassieren, sonst wäre er kein rechter Pfaff«. Die Verteilung des Restes würde dann »ein niedliches Pfaffengezänk« auslösen, »an dem wir unsere helle Freude haben könnten«.[440] Als weiteres Mittel, die Kirchen dem Staat gefügig zu machen, galt ihm die regionale Aufgliederung der evangelischen Kirchen, die er 1933 zunächst hatte beseitigen wollen: »Ich bin einmal in meinem Leben so blöd gewesen und wollte zwanzig Länderpäpste vereinigen«, berichtete er seiner Tischrunde, doch habe ihn »der liebe Gott, Gott sei Dank«, zurückgehalten. »Ich hätte heute sonst zwei Päpste [...] Eine zweite Erpresserquelle!«[441]

Der Bombenterror des Weltkrieges ließ die verängstigten Deutschen zunehmend Trost in den Kirchen suchen, wo auf den Kanzeln allmählich Kritik am Regime laut wurde. Eine offene Auseinandersetzung mit den Kirchen hätte den angeschlagenen Ruf des Regimes weiter beschädigt; Hitlers Reaktionen blieben deshalb gemäßigt. Freilich vermutete der Diktator, daß die »schlauen Füchse der katholischen Kirche« seine Zurückhaltung nicht mißverstünden: »Er könne sich daher auch vorstellen, daß ein Mann wie der Bischof von Galen wisse, daß nach Beendigung des Krieges mit ihm auf Heller und Pfennig abgerechnet werde.«[442] Daß in der Nachkriegszeit die »Kirchenfrage« gelöst werden mußte, war für Hitler allerdings auch ohne die zunehmende Oppositionshaltung bestimmter katholischer und evangelischer Kreise offensichtlich: Dem weltanschaulichen Alleinvertretungsanspruch des Nationalsozialismus konnte der »schwebende Zustand« der letzten Vorkriegsjahre auf Dauer nicht genügen. In der Frage, nach welcher Strategie hierbei zu verfahren sei, vollzog sich im Denken Hitlers zwischen 1941 und 1942 eine dramatische Wende. Noch im Oktober 1941 plädierte Hitler für ein langsames Absterben der Kirche: »Am besten, man läßt das Christentum langsam verklingen; ein langsames Ausklingen hat auch etwas Versöhnendes in sich: Das Dogma des Christentums zerbricht vor der Wissenschaft.«[443] Bei einem schon jetzt einsetzenden Kampf gegen die Kirche »würde das ganze Volk schreien: Wo ist der Ersatz?«[444] Allerdings fürchtete er schon am Ende des Monats, daß man sich mit »geistigen Mitteln« allein nicht durchsetzen könne gegen »Elemente«, »denen es auf die Wahrheit gar nicht ankommt. Wie gegen eine Kirche vorgehen, deren Priester genau wissen, daß alles Betrug ist, die aber davon leben?«[445] Im Dezember 1941 bemerkte er, daß ein allmähliches Siechtum der an Unwissenschaftlichkeit erkrankten Kirche zu lange dauern könnte. Nach dem Kriege, so kündigte Hitler an, werde er seine »letzte Lebensaufgabe darin sehen, das Kirchenproblem noch zu klären. Erst dann wird die deutsche Nation ganz gesichert sein«. Die Kirche sollte nun nicht mehr – wie noch 1941 – »verklingen«, sondern »abfaulen wie ein brandiges Glied«.[446] Im Februar 1942 wurde die Tonlage nochmals militanter. Hitler bezeichnete den Pfarrer als »schwarze Minderwertigkeit«, »Dreckwanze«[447] und »Krebsschaden«; die Kirche galt ihm als »Kulturschande«.[448] Über die schon skizzierten Pläne, die Kirchensteuer zu reduzieren, entwickelte sich der Kirchenhaß Hitlers schließlich bis hin zu den Vernichtungsphantasien des Hochsommers 1942: »Dieses Reptil erhebt sich immer wieder, wenn die Staatsgewalt schwach wird. Deshalb muß man es zertreten.«[449]

III.
URSPRÜNGE

Seit langem gibt es Bemühungen, Hitlers Denken auf den Einfluß einzelner Persönlichkeiten zurückzuführen und diese Kontakte als entscheidende Impulse der nationalsozialistischen Ideologie zu bewerten. Es scheint angeraten, solchen Deutungen mit prinzipieller Vorsicht zu begegnen: Wir wissen vom antiklerikal gefärbten Umfeld seiner Jugend, wir wissen auch, daß sich Hitler während seiner Wiener und frühen Münchner Jahre in völkischen Kreisen bewegte, die für ein nationalistisches, rassistisches, antisemitisches und sozialdarwinistisches Weltbild standen; es mag auch gelingen, einzelne Namen ausfindig zu machen, die in diesem Milieu eine dominierende Rolle spielten. Dennoch wird man sich fragen müssen, ob Hitler seine Anschauungen wirklich von diesem oder jenem »Theoretiker« unmittelbar übernahm: Eine allgemeine Prägung durch sein geistiges Umfeld, durch die Mentalität dieses völkischen Milieus ist ebenso denkbar. Sucht man allzu verkrampft nach *den* Vätern und Paten, die Hitlers Anschauungen erzeugt oder fördernd begleitet haben könnten, übersieht man die Normalität solcher Denkmuster in den großstädtischen Unterschichten der Vor- und Zwischenkriegszeit. So monströs und fremdartig die Ideenwelt des Diktators heute, am Beginn des 21. Jahrhunderts, wirkt, so durchschnittlich und alltäglich war sie zu Beginn dieses Säkulums: Man möchte *den einen* Vordenker kennenlernen, weil man nicht mehr glauben mag, daß einmal viele so dachten.

Wer nach *dem* geistigen Vater des Hitlerschen Weltbildes sucht, schätzt zudem die Struktur seines Denkens falsch ein. Hitler verfügte nicht über komplexe Theorien, deren Aneignung eines Lehrers bedurft hätte. Was er hörte und las, erschöpfte sich in einem Bündel ständig neu arrangierter Schlagworte, deren Rezeption keinen großen geistigen Aufwand erforderte. In Wien und München traf er auf das, was die Linzer Realschule und andere Prägestätten seiner Gesinnung bereits vorgeformt hatten; er traf es dort höchstens geballt und zugespitzt, aber nicht substantiell neu an. Seine Lektüre lieferte ihm »Werkzeug und Baustoffe«[450] zu einem Gedankengebäude, dessen Plan sich im Laufe der Jahre entwickelt und konkretisiert hatte; dem Ertrag seines Lesens wies er »als Mosaiksteinchen in dem allgemeinen Weltbilde seinen Platz an der ihm zukommenden Stelle« zu,[451] wodurch sein Faktenwissen sich erweiterte, ohne seine Weltanschauung zu verändern.

1. KATHOLIZISMUS

Was die Quellen über frühe Berührungen Hitlers mit dem Katholizismus berichten, ist schnell erzählt.[452] Die Familie, der römisch-katholischen Kirche zugehörig, führte kein ausgesprochen religiöses Leben. Nur die Mutter Klara besuchte regelmäßig die Messe, Vater Alois hingegen verstand sich als »Freigeist« und nahm am Gottesdienst nur an Kaisers Geburtstag teil, um seine seit der Pensionierung nicht mehr genutzte Beamtenuniform vorzuführen.[453] Nach einem Umzug der Familie besuchte Hitler die Volksschule von Lambach und auch die dortige Sängerknabenschule des Benediktinerstifts. In »Mein Kampf« berichtet er knapp: »Da ich in meiner freien Zeit im Chorherrenstift zu Lambach Gesangsunterricht erhielt, hatte ich beste Gelegenheit, mich oft und oft am feierlichen Prunke der äußerst glanzvollen kirchlichen Feste zu berauschen. Was war natürlicher, als daß, genau so wie einst dem Vater der kleine Herr Dorfpfarrer, nun mir der Herr Abt als höchst erstrebenswertes Ideal erschien.«[454] Auf väterlichen Wunsch hin wechselte Hitler 1900 auf die Linzer Realschule, unter deren Schülern ein weltanschaulich-politischer Kampf zwischen klerikal gesinnten »Kaisertreuen« und den »freisinnigen«, Georg Schönerers DVP anhängenden Deutschnationalen herrschte – Hitler sympathisierte mit letzteren. Dieses Umfeld, besonders aber der Religionslehrer dürften eine zunehmend antiklerikale Haltung des Knaben verursacht haben. An dem streng dogmatischen Katholizismus des Sales Schwarz störte sich der alldeutsch denkende Hitler und reagierte mit Streichen und kritischen Fragen, von denen man allerdings nur aus seinen Berichten weiß: Vor den Bunkerinsassen des Weltkriegs gefiel sich der Diktator in der Rolle des aufgeklärten »Freidenkers«, der schon als Schüler die Lügenmärchen einer bigotten Kirche durchschaut habe. Besonders die Diskrepanz von Darwinismus und christlicher Schöpfungsgeschichte sei ihm aufgefallen: »Ich habe als Schuljunge den Widerspruch empfunden und mich darin verbohrt und habe dem Professor der zweiten Stunde vorgehalten, was der der ersten Stunde gesagt hat, so daß die Lehrer in Verzweiflung gerieten!«[455] Die jüngst vorgetragene These, Hitlers religiöse Anschauungen seien bereits in Linz entscheidend durch Ludwig Wittgenstein geprägt worden, beruht hingegen auf allzu kühner Spekulation.[456]

Nur unwillig ließ Hitler die Firmung im Linzer Dom über sich ergehen. Sein Firmpate Emanuel Lugert und dessen Frau berichteten später von einem »mürrischen und verstockten« Firmling, dem weder die Zeremonie noch das teure Firmgeschenk etwas zu bedeuten schien;[457] in das Reich der Legende gehört freilich der angebliche, an anderer Stelle bereits erwähnte »Hostienfrevel« Hitlers.[458] Auch der Jugendfreund Kubizek porträtierte einen Hitler, dem alles Kirchliche fremd war. An einen Gottesdienstbesuch Hitlers konnte er sich nicht erinnern, allerdings ebensowenig an antiklerikale Polemik. Hitler versuchte nie, den Freund vom Kirchbesuch abzuhalten, wenngleich er aus seinem Unverständnis kein Hehl machte: Seine eigene Mutter sei auch eine fromme Frau, »trotzdem lasse er sich von ihr nicht zur Kirche nötigen«.[459] Niemals jedoch, so berichtet Kubizek, habe Hitler »über diesen sonntäglichen Kirchgang abfällig gesprochen«, nicht einmal eine Streitfrage daraus gemacht. Lediglich Hexenverbrennungen und Inquisition früherer Zeiten empörten Hitler – wie später im Weltkrieg – schon in Linz.[460] Zu einer Berührung mit kirchlichem Zeremoniell kam es lediglich bei der Beerdigung der Mutter.[461] Im ganzen läßt sich an Hitlers religiöser Sozialisation nichts Ungewöhnliches feststellen: Als Sohn eines »freisinnigen« Vaters, geprägt durch das alldeutsche Denken einiger Klassenkameraden, erscheint die Lösung vom Katholizismus nicht ungewöhnlich. Eine Totalerklärung Hitlers aus einer österreichisch-katholischen Mentalität, wie Friedrich Heer sie vorschlägt, kann aus den vorliegenden Quellen der Jugendzeit jedenfalls nicht abgeleitet werden.[462] Der Diktator Hitler neigte zum Ritual, zu gottesdienstähnlichen Inszenierungen, er bewunderte die jahrtausendealte Tradition der Kirche, suchte aus ihrer Struktur für seine politischen Unternehmungen zu lernen – ansonsten haßte er sie. In seinen Reden knüpfte Hitler zwar an Sprachformen des Christentums an und übernahm von dort einzelne Denkfiguren wie »Heilsgeschichte«[463] und »Vorsehung«,[464] verknüpfte sie aber mit Inhalten, die allen christlichen Traditionen widersprechen: Der christliche Gott und Hitlers Gott haben nur den Namen gemeinsam.

2. RICHARD WAGNER

Bereits in Linz, wo er seit 1905 lebte, begegnete Hitler dem Werk Richard Wagners. Der Jugendfreund August Kubizek – nicht immer ein zuverlässiger, doch für die frühen Jahre der einzige Zeuge – hat in seinem zweiten Erinnerungsbuch beschrieben, wie aus der »Phase einer ekstatischen Begeisterung«[465] eine lebenslang andauernde Wagner-Verehrung erwuchs. Regelmäßig geriet Hitler, wie Kubizek pathetisch berichtet, »in jenes Sichselbstvergessen, jenes in ein mystisches Traumland Entschweben, dessen er bedurfte, um die ungeheuren Spannungen seines eruptiven Wesens zu ertragen«.[466] Die religiösen Anklänge dieser blumigen Beschreibung werfen Fragen auf: Bedeutete Wagners Musik für den jugendlichen Hitler nur einen »Rausch, eine Ekstase«,[467] konsumierte er sie als Droge, die ihm ein Entgrenzungserlebnis ermöglichte – oder erwählte sich Hitler den Komponisten zum weltanschaulichen Lehrmeister, dem er nicht nur musikalische Verzückung, sondern mehr noch geistiges Rüstzeug zu verdanken hatte?

Kubizeks Schilderungen geben den Anschein, als habe man mit Wagner Hitlers Gott gefunden, als sei dessen germanisch-mittelalterliche Bilderwelt im Klanggewand der musikalischen Romantik die Privatreligion Adolf Hitlers gewesen. Glaubt man Kubizek, eignete sich Hitler »die Persönlichkeit Richard Wagners an, ja, erwarb ihn so vollkommen für sich, als könnte dieser ein Teil seines eigenen Wesens werden«. Nach Auskunft des Jugendfreundes verschaffte sich der Jung Wagnerianer »biographische Literatur über Richard Wagner, las seine Aufzeichnungen, Briefe, Tagebücher, seine Selbstdarstellung, seine Bekenntnisse«.[468]

Die Leidenschaft für Wagners Musikdramen habe sich, so Kubizek, mit einer durch Gustav Schwab angeregten Begeisterung für die deutsche Heldensage verknüpft, der sich Hitler »in geradezu frommer Gläubigkeit« widmete.[469] In der Frühgeschichte siedelte Hitler auch seine eigenen dramatischen Entwürfe an. Kubizek will sich an ein Stück erinnern, das »in den bayrischen Voralpen spielen sollte und zwar zur Zeit der Christianisierung. Die Männer, die um den Heiligen Berg wohnten, waren nicht gewillt, sich zum neuen Glauben bekehren zu lassen«; detailliert beschreibt Kubizek das von Hitler geplante Bühnenbild mit Opferstein, Priester und Eichen.[470] Unter seiner Mitwirkung, so der Konservatoriumsstudent Kubizek, versuchte sich Hitler schließlich auch an der Komposition einer Oper und konzipierte in Anknüpfung an Wagner einen »Wieland«, geprägt von »der Edda, einem Buche, das ihm heilig war«.[471] Auf Kubizeks Erinnerungen geht schließlich auch jene oft bemühte »Vision« Hitlers auf dem Linzer Freinberg zurück, die ein Besuch des »Rienzi« ausgelöst haben soll: »Adolf stand vor mir«, berichtet Kubizek im Stil zeitgenössischer Kolportageromane. »Und nun ergriff er meine beiden Hände [...] Seine Augen fieberten vor Erregung. Die Worte kamen nicht wie sonst gewandt aus seinem Munde, sondern brachen rauh und heiser aus ihm hervor.« Es war »ein ekstatischer Zustand, ein Zustand völliger Entrückung«, in dem Hitler »ein Höheres« vor dem staunenden Kubizek entwickelt haben soll, »einen Auftrag, den er einst vom Volk empfangen würde, um es aus der Knechtschaft emporzuführen zu den Höhen der Freiheit«.[472] Hitler selbst erinnerte sich, wenn man Kubizek glauben darf, an diesen Moment noch Jahrzehnte später. »In jener Stunde begann es«[473] – so soll er, als sie gemeinsam die Familie Wagner besuchten, das Ereignis kommentiert haben.

Muß man also in Wagner den Gott des Diktators, im Bayreuther Festspielhaus seinen Tempel, in der Opernaufführung seinen Gottesdienst sehen? Dieser Meinung ist Joachim Köhler, der von »Wagners Hitler« spricht und ihn als »Vollstrecker« des unheimlichen »Propheten« deutet.[474] Hitler habe, so behauptet Köhler, seine Biographie bis ins Detail am Vorbild des Komponisten ausgerichtet und die Libretti der Wagnerschen Musikdramen als Leitschnur seiner Lebensplanung herangezogen. Selbst in Einzelheiten möchte Köhler das Vorbild erkennen: »Weil Wagner sich mit Hunden umgab – noch sein Grab war von kleinen Hundegedenksteinen umrahmt –, erwählte sich auch sein Nachahmer die Vierbeiner zu seinen liebsten Lebensgefährten.«[475] Die Imitation privater Gebräuche bedeute freilich nur die Außenseite dieser Wagner-Religion: Hitler ist in Köhlers Darstellung die »Erlöserfigur eines esoterischen Kultes«,[476] in den er durch Houston Stewart Chamberlain, Wagners Schwiegersohn, regelrecht »eingeweiht« worden sei.[477] Ausschließlich mit der völkisch angehauchten Esoterik des Bayreuther Kreises wird hier das religiöse Denken Hitlers erklärt: »Er hätte auch ›Wagner‹ sagen können, doch niemand hätte es verstanden – so sagte er ›Vorsehung‹, und man glaubte wenigstens zu verstehen.«[478] Der ganze Nationalsozialismus basiert so auf Wagners Lehren, die der kranke Chamberlain als düsterer Hierophant dem Initianden Hitler »im Haus Wahnfriedstraße Nummer eins, inmitten von Wagner-Memorabilien und Arzneifläschchen« anvertraut habe.[479] Den jahrzehntelangen Forscherstreit um Hitlers Pläne und um seine Stellung im Herrschaftssystem löst Köhler souverän: »Was geschehen würde, war programmiert«; »was am Nationalsozialismus Religion war, folgte größtenteils der Bayreuther ›Parsifal‹-Dramaturgie«.[480]

Die Forschung begegnete Köhlers Totalerklärung der NS-Diktatur mit Ablehnung.[481] Zwei Voraussetzungen müßten erfüllt sein, um Hitler als »Vollstrecker« des Komponisten begreifen zu können: Zunächst wäre eine Art »Testament« Wagners erforderlich, eine Grundlegung seiner Ideologie, verknüpft mit dem Auftrag der Judenvernichtung; diesen Befehl hätte Hitler außerdem zur Kenntnis nehmen müssen. Gäbe es ein solches Vermächtnis nicht, könnte man immerhin überprüfen, ob Hitler irrtümlich – geprägt vielleicht durch Chamberlains Auslegungsmonopol in Bayreuth – von einer solchen Anweisung ausging und darum zwar nicht der »Vollstrecker« Wagners, wohl aber des Bayreuther Kreises war.

In der Musik- und Literaturwissenschaft wird heftig darüber gestritten, inwiefern Wagners »Bühnenweihfestspiel« »Parsifal« als das antisemitische Vermächtnis Wagners aufgefaßt werden muß. Im Mittelpunkt dieser Diskussion steht der Schlußchor des »Parsifal« mit seiner vieldeutigen Schlußformel »Erlösung dem Erlöser«. Man kann – wie es eine »jüngere Schule« der Wagner-Interpretation, in Deutschland angeleitet von Hartmut Zelinsky, vorschlägt – in diesen Worten eine »Geheimformel« sehen, einen Hinweis darauf, daß Wagner mit der »nur Eingeweihten verständliche[n] Heilsgestalt des arischen Jesus die Stiftung einer antisemitischen Religion verband«.[482] Demgegenüber behauptet die »ältere Schule«, es gehe im »Parsifal« nicht »um ›Rassisches‹ oder Rassistisches, um den Gegensatz von Judentum und Christentum, sondern um den Gegensatz von (heidnischer) Sinnlichkeit und christlicher Askese, von Sexualität und Triebverzicht, Egoismus und

Mitleid, Eros und Agape«.[483] Die »Erlösung« des Schlußchors bezöge sich dann auf die endlich erreichte Reinheit, die den Feinden des Grals und ihren Verführungskünsten abgetrotzt werden mußte.

Im Streit um die richtige »Parsifal«-Interpretation gipfelt eine Debatte, die in der deutschen und internationalen Wagnerforschung seit nunmehr einem Vierteljahrhundert mit zunehmender Heftigkeit geführt wird. In der Frage, ob den Musikdramen Wagners ein antisemitischer Gehalt innewohnt, ob sie gar eine Aufforderung zur Judenvernichtung enthalten, treffen zwei völlig gegensätzliche methodische Ansätze aufeinander. Die »ältere Schule« – sie sei so genannt, um die häufig gebrauchte, aber pejorative Bezeichnung als »apologetische Richtung« zu vermeiden – konzentriert sich auf den Text der Libretti, die sie werkimmanent interpretiert. Ihre Anhänger verweisen darauf, daß in Wagners musikdramatischem Werk keine Juden – vergleichbar etwa dem Shylock in Shakespeares »Kaufmann von Venedig« – auftreten und keine Formulierungen mit antisemitischem Gehalt nachweisbar sind. Auch die Auslegungen der Dramen durch den Komponisten selbst bieten keine Hinweise, daß Wagner sie antisemitisch interpretiert wissen wollte. Dieses Bild verändert sich, wenn man, wie es die »jüngere Schule« der Wagner-Forschung vorschlägt, nicht nur den *Text* der Werke berücksichtigt, sondern auch den *Kontext* des künstlerischen Schaffens einbezieht – die nicht-poetischen Schriften Wagners, seine Briefe, seine überlieferten mündlichen Äußerungen. Die Zulässigkeit dieses Verfahrens wird von der »älteren Schule« bestritten: Sie weigert sich, aus den antisemitischen Äußerungen Wagners eine lebenslang bindende Weltanschauung zu konstruieren; zudem möchte sie zwischen künstlerischem Werk und politisch-weltanschaulichen Betrachtungen eine Grenze ziehen.[484] Die aktuellen Arbeiten der »jüngeren Schule« nutzen gerade das völlige Fehlen eindeutig antisemitischer Äußerungen in den Libretti als Argument für ihre Sache: Wagner, so argumentiert etwa Marc A. Weiner, schöpfte »seine Überzeugung von der physischen Andersartigkeit des Juden aus dem Quell einer in Deutschland weitverbreiteten kulturellen Tradition«, die auch der Opernbesucher des 19. Jahrhunderts verinnerlicht habe. Insofern hätten sich Wagner und sein Publikum ohne Worte verstanden und – zum Beispiel – unangenehme Gerüche mit Juden, süßliche, aromatische Gerüche dagegen mit Germanen assoziiert; folglich findet Weiner, wenn es bei Wagner unangenehm riecht, Antisemitismus.[485] Beantwortet sich so die Frage, ob Hitler dem Werk Wagners einen religiös begründeten Vernichtungsauftrag entnommen haben könnte? Daß verschwommene, emotionsgetragene antisemitische Ressentiments als *Subtext* transportiert werden können, steht außer Frage – ob dies auch für komplexe ideologische Denkmodelle oder gar für konkrete Handlungsaufträge gilt, muß bezweifelt werden. Man kommt also an Texten nicht vorbei. Erzwingen – nachdem die Libretti und die Selbstkommentare keine Hinweise enthalten – zumindest die Briefe und Essays, die Tagebücher und mündlichen Äußerungen des Komponisten eine antisemitische Interpretation der Musikdramen, vornehmlich des »Parsifal«?

Die Frage kann wohl nicht beantwortet werden. Andere Lesarten sind möglich: Wagners spannungsvolles Verhältnis zur Sexualität – um nur ein Beispiel zu nennen –, das sich in der Keuschheitsproblematik des »Parsifal« abzeichnet, kann ebenso im Schrifttum Wagners aufgefunden werden wie im Verständnishorizont des Fin-de-siècle-Publikums.

Auch die Aufführungsgeschichte zeugt vom Pluralismus der Deutungsansätze: Vor dem Hintergrund politischer, religiöser, psychologischer und vieler weiterer Fragestellungen hat man Wagner inszeniert, selbstverständlich auch – eben im »Dritten Reich« – aus einer rassistischen Perspektive. Eine Dominanz gerade des Antisemitismus, dem sich andere Aspekte – Politik und Gesellschaft, Religion und Mythos, Geschlecht und Eros – untergeordnet hätten, zeichnet sich im Denken Wagners, gekennzeichnet von Brüchen und Widersprüchen, nur dann ab, wenn es mit großem philologischem Aufwand in diese Richtung interpretiert wird, keineswegs erschließt sich seine Judenfeindschaft unmittelbar als zentrale Denkfigur. Aus diesem Grund fällt es schwer, gerade die antisemitische Lesart der Musikdramen, eine unter vielen möglichen, zur allein gültigen, mindestens aber der naheliegendsten zu erklären. Der Vernichtungsauftrag Wagners, den Hitler empfangen haben soll, kann tatsächlich – dies haben die Vertreter der »jüngeren Schule« deutlich gemacht – im Werk Wagners gefunden werden. Dieses Finden beruht jedoch auf Interpretation: Textbelege müssen verknüpft, Metaphern aufgelöst, Symbole gedeutet, poetisches und nicht-poetisches Werk gleichgesetzt werden. Vielleicht haben Bewohner und Erforscher »Wahnfrieds« in der Villa des Meisters ein Geheimfach, eine Tapetentür übersehen, vielleicht findet sich einmal ein Dokument, in dem Wagner einen Schlüssel liefert zu seinem Denken, der zwingend die antisemitischen Äußerungen Wagners zu einem geschlossenen System vernetzt, auf die Musikdramen bezieht und vielleicht gar eine antisemitische Erlösungs-Theologie entfaltet. Bis dahin wird man mit der Vielfalt der Deutungsangebote leben müssen. Die »jüngere Schule« darf einstweilen nur das Verdienst für sich verbuchen, auf den lange verdrängten Antisemitismus im nicht-poetischen Werk Wagners aufmerksam gemacht und damit eine schlüssige – aber eben keine zwingende – Interpretation auch des poetischen Werkes ermöglicht zu haben. Einer Beantwortung der Frage, ob Hitler als religiös motivierter »Vollstrecker« Wagners zu sehen sei, ist man mit diesen Erwägungen nicht nähergekommen: Ein klarer Vernichtungsbefehl, wie ihn Köhler voraussetzt, kann nur spekulativ erschlossen werden.

Es bleibt zu klären, ob Hitler – in richtiger oder falscher Auslegung Wagnerscher Weltanschauung – dessen Werk als Auftrag zum Massenmord verstanden hat, vielleicht in Anlehnung an den »Bayreuther Kreis«, der seit dem Tode Wagners ein völkisch geprägtes, also rassistisches und antisemitisches Wagner-Bild popularisierte.[486] Unbestritten pflegte Hitler sein Leben lang ein schwärmerisches Verhältnis zu Wagners Musik, gut dokumentiert sind auch die Besuche der Festspiele, die Kontakte zur Familie des Komponisten[487] und die große Bedeutung Wagners in den Selbstinszenierungen des Regimes. Trotz dieses Näheverhältnisses bleibt freilich offen, ob Hitler die theoretischen Schriften Wagners so umfassend rezipiert hat, wie Kubizek behauptet. Was dieser über Hitlers Lektüre – angeblich las er Goethe, Schiller, Dante, Herder, Ibsen, Schopenhauer und Nietzsche – berichtet, ist kaum ernst zu nehmen;[488] daß er bereits in Wien zu eher abgelegener Spezialliteratur über Wagner Zugang hatte, erscheint zumindest fraglich. Die Verfechter einer religiösen Wagner-Verehrung Hitlers betonen freilich weniger die Lesefrüchte der Linzer und Wiener Jahre, sondern vielmehr die Kontakte mit den Repräsentanten Bayreuths. War Chamberlain der Lehrmeister Hitlers, der seinem Adepten ein religiös unterlegtes Wagner-Bild vermittelte?

Eine umfassende Chamberlain-Rezeption, auf die Köhlers Spekulation über eine Art »Einweihung« durch den Schwiegersohn Wagners abzielt, läßt sich im Denken und in den Äußerungen Hitlers nicht nachweisen. Fraglos zählt Chamberlain zu den Kronzeugen Hitlers für die angebliche Schädlichkeit des Judentums. In »Mein Kampf« kritisiert Hitler, »die offiziellen Stellen der Regierung gingen an den Erkenntnissen eines Houston Stewart Chamberlain genau so gleichgültig vorüber, wie es heute noch geschieht«; dazu paßt die Behauptung seiner Anhänger Ernst Hanfstaengl und Hans Frank, er habe Bücher Chamberlains besessen[489] und in der Haft gelesen.[490] Schließlich könnten auch die persönlichen Begegnungen in Bayreuth zu einer Auseinandersetzung Hitlers mit dem Chamberlainschen Weltbild geführt haben.[491] Parallelen, die hier behandelten religiösen Fragestellungen betreffend, finden sich ebenso wie Unterschiede. Hitler bestritt jede Verbindung Jesu mit einer jüdischen Rasse oder Denkweise, Chamberlain differenzierte dagegen bei Jesus zwischen religiösem und rassischem Judentum: »Der Religion und der Erziehung nach war er es unzweifelhaft; der Rasse nach – im engeren und eigentlichen Sinne des Wortes ›Jude‹ – höchst wahrscheinlich nicht.«[492] Für Hitler nur ein kampfkräftiger Arier, dem er keine besondere Aufmerksamkeit schenkte, war Jesus für Chamberlain Mittelpunkt seiner Weltanschauung, die Geburt Jesu »das wichtigste Datum der gesamten Geschichte der Menschheit«.[493] In ihrem Verhältnis zum Christentum bestehen somit die deutlichsten Differenzen: Während Hitler langfristig die Abschaffung des Christentums plante, hoffte Chamberlain auf seine Reform unter völkischen Vorzeichen.[494] Im Krieg formulierte der Diktator unmißverständlich, warum er die Weltanschauung seines angeblichen

Lehrers ablehnte: »H. St. Chamberlains Fehler war, an das Christentum als eine geistige Welt zu glauben.«[495]

Von einem religiös motivierten Vernichtungsauftrag, wie ihn Chamberlain nach Köhlers romanhafter Darstellung am 30. 9. 1923 erteilt haben soll, findet sich in den Quellen jedenfalls keine Spur. Köhlers Phantasien basieren auf einer Verschwörungstheorie, die von den Vertretern der »jüngeren Schule« der Wagner-Interpretation entwickelt und vertreten wurde. Zelinsky und andere, die in Chamberlain den »spiritus rector« des Diktators sehen wollen, beziehen sich auf einen Brief des Briten vom 7. 10. 1923 und ein Flugblatt zum Neujahrstag 1924. Beide Texte bezeugen, daß Chamberlain in Hitler den lang ersehnten Retter der Nation sah, in dem »eine Gewalt am Werke« sei, »deren Wesen es ist, Kosmos zu gestalten« – eine Meinung, der Hitler als Apostel der Vorsehung sicherlich zugestimmt hätte.[496] Chamberlain betont in seinem Brief vom 7. 10. seine körperliche Hinfälligkeit, an der er aber seit der Begegnung mit Hitler weniger leide: »Ich durfte billig einschlafen und hätte auch nicht nötig gehabt, wieder zu erwachen. Gottes Schutz sei mit Ihnen!« Diesen Text kann, wer mag, auf Wagners »Parsifal« beziehen: Dort erlöst der Held den siechen Gralskönig von seinem Leiden. Auf eine Parallelsetzung von Chamberlain und Amfortas, Hitler und Parsifal verweist zwar kein eindeutiges Textsignal, doch ist sie immerhin – Absender wie Empfänger waren Wagnerianer – nicht vollkommen abwegig. Auf dieser Interpretation gründet jene Verschwörungstheorie, die eine Verbindungslinie von Bayreuth nach Auschwitz ziehen will: Bei der Begegnung sei es »zur Ernennung zum neuen Parsifal und künftigen Retter Deutschlands« gekommen, glaubt etwa Heinz Rudolf Vaget.[497] Der Brief Chamberlains läßt jedoch keine Aussage darüber zu, ob der greise Gelehrte an Hitler ein »Geheimnis«, eine »Lehre« Wagners – eben jenen ominösen Vernichtungsauftrag – weitergegeben habe. Auf die Huldigungen des Briten reagiert der Parteiführer nicht eben feurig. Erst ein halbes Jahr danach bittet er Siegfried Wagner, Chamberlain seinen »Dank für dessen wundervolle gütige Briefe« abzustatten. Offenbar ist Hitler bewußt, daß man sein langes Schweigen als Unhöflichkeit deuten könnte – jedenfalls entschuldigt er sich mit der etwas gewundenen Erklärung, er habe auf eine Gelegenheit zu persönlichem Dank gehofft, sei aber durch die Festungshaft nach dem gescheiterten Putsch daran gehindert worden. Ein günstiges Wahlergebnis in Bayreuth veranlaßt nun den Häftling, dem Haus Wahnfried für dessen Hilfe zu danken: »Stolze Freude faßte mich, als ich den völkischen Sieg gerade in der Stadt sah, in der, erst durch den Meister und dann durch Chamberlain, das geistige Schwert geschmiedet wurde, mit dem wir heute fechten.«[498] Die Metapher vom »geistigen Schwert« dürfte sich auf die fraglos hohe Bedeutung beziehen, die Chamberlain und der Bayreuther Kreis für die Völkischen hatten, adelten sie doch die rechten Strömungen mit einem Näheverhältnis zur deutschen Hochkultur. Der Kontext der Äußerung – die Freude über Wahlergebnisse – zeigt deutlich, daß Hitler sich von Chamberlain und dem Wagner-Clan offene Propaganda, nicht geheime Einweihung erhoffte. Ein weiteres Indiz für die angebliche Lehrerfunktion Chamberlains sehen manche in den Memoiren Karl Alexander von Müllers. Dieser berichtet – wobei seine Formulierung bereits von Zweifeln zeugt – über die Entstehung von »Mein Kampf«: »Houston Stewart Chamberlain und seine Frau Eva Wagner sollen die Druckfahnen korrigierend mitgelesen haben – einige Strekken auch die greise Cosima.« Gesetzt den Fall, von Müller ist keinem Gerücht aufgesessen – was beweist diese Episode? Wohl nur, daß Hitler Anerkennung und praktische Hilfe suchte, keinesfalls jedoch eine Bayreuther Ahnherrnschaft der NS-Ideologie.[499]

Von Wagner selbst sprach Hitler häufig – niemals aber im Zusammenhang mit seinem Antisemitismus. Dieser Befund überrascht: Gerade die Judenvernichtung sollte ja, folgt man Köhler und einigen Vertretern der »jüngeren Schule«, den Kern der Wagnerschen, von Hitler übernommenen Religion bilden. Mehrere Erklärungen dieses Schweigens sind denkbar. Saul Friedländer vermutet, Hitler habe »in seinen Gesprächen über den ›größten deutschen Künstler‹ dessen Einstellung zu den Juden übergangen, weil er sonst die ideologischen Kompromisse auf Seiten Wagners oder seine Schwäche in seinen persönlichen und künstlerischen Beziehungen zu den Juden hätte eingestehen müssen«.[500] Wagners zu lauer Antisemitismus wäre dem weit radikaleren und konsequenteren Hitler demnach schlicht peinlich gewesen. Ganz anders argumentiert die »jüngere Schule«. Sie vermutet, Hitler habe die besondere »Leitrolle des ›Parsifal‹ für sich« bewußt »verschwiegen und verdeckt oder den ›Ahnungsvollen‹ als sein ›Geheimnis‹ nur angedeutet«.[501] So hat der Wagner-Forscher Paul Lawrence Rose beim Anhören einer Rede zur Einweihung des Wagner-Nationaldenkmals am 6. März 1934 in Leipzig wahrgenommen, Hitler sei dort »ehrlich bewegt« gewesen, »andächtig, frei von schauspielerischer Pose und Berechnung. Ich meine, daß die ideologische Zurückhaltung und die echte emotionale Betroffenheit davon herrühren, daß Hitler mit geradezu religiöser Inbrunst an Wagners Botschaft glaubte. Hitler hatte verstanden, daß

Wagner seine wahren Gedanken nicht unumwunden aussprechen konnte, genausowenig, wie er es konnte.«[502] Hier begegnen sich zwei Grundthesen der »jüngeren Schule«: Sie schließt aus der Nicht-Existenz antisemitischer Äußerungen in Wagners Werk und der Nicht-Existenz eines wagnerbezogenen Antisemitismus bei Hitler gerade auf die Existenz dieser angeblich verschwiegenen Ideologeme. Roses Argumentation ist, zumindest in diesem Fall, fragwürdig: Die Simulation oder Selbstvortäuschung emotionaler Betroffenheit bereitete dem Diktator niemals Schwierigkeiten – wer daraus auf die Ehrlichkeit Hitlers rückschließen wollte, müßte auch seinen Friedensbeteuerungen in den Reden der dreißiger Jahre Glauben schenken. Daß Hitler sich nie auf den Komponisten berief, obschon er dessen »Vollstrecker« sein soll, kann man also mit Köhler und seinen Mitstreitern als »sektiererischen Brauch« deuten, »alles Geheimwissen gegenüber Außenstehenden zu verschlüsseln«.[503] Ebenso zulässig und weit einsichtiger scheint jedoch der Schluß, daß Wagners und Hitlers Weltbild einander ähnelten, ohne voneinander abhängig zu sein.

Bevorzugtes Beweisstück aller, die Hitler nahezu ausschließlich aus Wagner erklären wollen, sind jene »Gespräche«, die Hermann Rauschning angeblich mit Hitler geführt haben will. Nach heutigem Wissensstand müssen sie als erfunden gelten – was von den Vertretern der »jüngeren Schule« jedoch nicht akzeptiert wird. Vor allem Paul Lawrence Rose will von Rauschning nicht lassen, nimmt allerdings von den quellenkritischen Überlegungen zu Rauschning nur diejenigen Theodor Schieders zur Kenntnis und sieht deshalb in dem fiktiven Text »das wohl interessanteste und deutlichste Zeugnis dafür, daß Hitler in Wagner einen antisemitischen Rassisten gesehen hat«.[504]

Zumindest äußerst fragwürdig sind die Aufzeichnungen Otto Wageners, aus denen die »jüngere Schule« ebenfalls weitreichende Schlüsse zieht. Die »zentrale Bedeutung der Blutideologie des ›Parsifal‹ für Hitler«[505] kann aus diesen angeblichen Gesprächsaufzeichnungen jedenfalls nicht abgeleitet werden.

Weitere Hinweise auf Hitlers Wagner-Rezeption bietet das Erinnerungsschrifttum der Anhänger und Mitarbeiter Hitlers. Aus quellenkritischen Erwägungen wird man diesen Zeugnissen mit Vorsicht begegnen. So berichtet Hans Frank über eine nächtliche Zugfahrt nach der erfolgreichen Rheinlandbesetzung 1936 und gibt – aus über zehnjährigem Abstand – absatzlange Hitler-Äußerungen in wörtlicher Rede wieder: »Aus Parsifal baue ich mir meine Religion, Gottesdienst in feierlicher Form ohne theologisches Parteiengezänk. Mit einem brüderlichen Grundton der echten Liebe ohne Demutstheater und leeres Formelgeplapper. Ohne diese ekelhaften Kutten und Weiberröcke. Im Heldengewand allein kann man Gott dienen.«[506] Diese Äußerungen, wenn sie denn gefallen sein sollten, bezeugen weit eher Hitlers bekannte Abneigung gegen die Kirchen als eine in Wagners Kunstphilosophie gründende Privatreligion. Auch die wenigen anderen – quellenkritisch ebenso fragwürdigen – Zeugnisse zeigen zwar, daß Hitler die Klangwelten Wagners als »Gottesdienst«[507], »Religion«[508] und »göttliche Offenbarung«[509] erlebte, doch läßt solch emphatisches Wagner-Lob kaum auf ein religiöses »Programm« schließen, das Hitler realisiert haben könnte. Es scheint vielmehr, als habe Hitler durchaus zwischen Kunst und Politik differenziert: »Was Richard Wagner dem deutschen Volke für die Kunst der Zukunft gab, das geben wir als Reich der Kraft und Macht der Zukunft«,[510] formulierte er 1929. Ohne Zweifel hatte seine Wagner-Schwärmerei Züge religiöser Begeisterung, sie lebte von rauschhaften Entrückungserlebnissen und einer nahezu anbetenden Verehrung des Bayreuthers, in dessen Musik Hitler die »Rhythmen der Vorwelt« erlauscht haben will. Damit spielte Hitler freilich nicht auf »Vorwelten« à la Wagner an, bevölkert von Göttern, Riesen und Heroen, sondern vermutete vielmehr, »daß die Wissenschaft in den Verhältnissen der physikalisch wahrnehmbaren Schwingungen einer Rheingold-Musik eines Tages Maße der Schöpfung findet«.[511] Hitlers Religionsbegriff, in dem sich Gottesglaube und Wissenschaftsgläubigkeit eigentümlich mischen, fließt somit auch in sein Verständnis Wagnerscher Musik ein: Im »Rheingold« und ebenso in den Naturgesetzen erkennt er das Wirken der Vorsehung. Konsequent mißfiel dem Diktator an Wagners Musikdramen alles, was ihn an Kirchliches erinnerte, das – so gibt Renate Schostack einen Brief Wolfgang Wagners wieder – »religiös Mystische«. Dafür wünschte er sich etwas, »was dem Undefinierbaren und Unbestimmten näherkomme«.[512] Diese Aufführungsanweisungen beziehen sich auf eine Weihefeier, die nach dem gewonnenen Krieg stattfinden und mit einer »Parsifal«-Aufführung gekrönt werden sollte. Eine inhaltliche Präzisierung, bezogen auf die antisemitische Vernichtungslehre, welche Hitler angeblich von Wagner übernommen haben soll, enthalten diese Angaben nicht, wohl aber jene Ablehnung christlicher Religiosität, die sich auch in anderen Quellen abzeichnet.

Was also bleibt von den Spekulationen Köhlers und der »jüngeren Schule«? Es steht außer Frage, daß die Hinterlassenschaften des Komponisten – Musik und Schrifttum, Festspiele und Familie – für Selbstverständnis und Selbstdarstellung des Regimes erhebliche Bedeutung hatten. Wagners antisemitische Äußerungen, bei passender Gelegenheit zitiert, verschafften der judenfeindlichen Politik des »Dritten Reiches« scheinbar die Absegnung durch einen Repräsentanten deutscher Hochkultur. Die Bayreuther Festspiele boten zu Friedenszeiten eine wirkungsvolle, gerade im Ausland stark wahrgenommene Kulisse für Auftritte Hitlers, im Krieg dienten sie, massenhaft besucht von Soldaten, der Wehrkraftertüchtigung. Der Diktator selbst fühlte sich durch die Freundschaft mit der Familie bestärkt und nutzte die Musik Wagners nicht nur zu privater Erbauung, sondern auch zur öffentlichen Umrahmung wichtiger Parteifeste. Bezog er aber auch seine weltanschaulichen und religiösen Überzeugungen aus Bayreuth? Niemand wird bezweifeln, daß Wagner und Hitler Antisemiten waren – doch nirgends läßt sich beweisen, daß Hitler Juden haßte, weil er Wagner liebte. Hitlers antisemitische Erlösungs- und Vernichtungstheologie bleibt ein Phantom, das durch die Quellenbestände spukt: Viele glauben seine Anwesenheit zu spüren, doch gesehen hat es bisher niemand.

3. ALLDEUTSCHE UND OKKULTISTEN

Im Herbst 1907 zog Hitler, achtzehnjährig, nach Wien. Das wahrhaft »multikulturelle« Gepräge der Hauptstadt erzeugte gegen Ende des 19. Jahrhunderts Überfremdungsängste, ausgelöst vor allem durch den Zustrom geflohener »Ostjuden« seit den achtziger Jahren. Mit einer doppelten Abgrenzung reagierten starke Gruppierungen – gerade auch in Hitlers Milieu, der deutschsprachigen Unterschicht – auf alles, was die eigene Identität im Vielvölkerstaat zu erschüttern drohte: Andere Nationen erlebte man als äußere Feinde und suchte gleichzeitig, die »Rassendegeneration« im Inneren durch »Zuchtwahl« der Blonden und Kräftigen zu bekämpfen; die deutschnationale, auf eine Vereinigung Österreichs mit dem Deutschen Reich abzielende »alldeutsche« Bewegung empfand das Haus Habsburg nicht mehr als Schutzherrin einer buntgemischten Völkerfamilie, sondern als Bedrohung deutschnationaler Interessen. Diese Spannungen hatten auch eine religiöse Dimension: Zahlreiche Anhänger der alldeutschen Idee bekämpften im Zeichen der »Los-von-Rom«-Bewegung neben Habsburg auch die katholische Konfession, die der stark klerikal ausgerichteten Monarchie ihre geistige Legitimation verlieh. Alternativen zum Katholizismus gab es in Wien durchaus, so propagierten etwa völkische Sektierer eine Mischung aus germanischen Mythologemen, mißverstandenen naturwissenschaftlichen Erkenntnissen und einem Christentum abseits aller kirchlichen Traditionen.

Es fällt nicht leicht, Hitlers Einstellung zu religiösen Fragen in dieser obskuren weltanschaulichen Gemengelage zu bestimmen. In »Mein Kampf« schrieb Hitler ausführlich, allerdings nicht immer wahrheitsgetreu über seine Wiener Jahre. Alldeutsche und »Los-von-Rom«-Bewegung unterzog er einer kritischen Musterung und berührte auch deren Haltung zum Katholizismus; eigene Glaubensvorstellungen dieser Zeit erwähnte Hitler nicht. Nur wenige Quellen präzisieren die fragwürdigen Selbstauskünfte. Glaubt man dem Bericht August Kubizeks, arbeitete Hitler an jenem schon erwähnten Drama, in dem germanisierendes und antiklerikales Gedankengut deutlichen Widerhall fand. Zur Zeit der Völkerwanderung, so gibt Kubizek die Handlung wieder, kämpfen die germanischen Bewohner des bayerischen Voralpenlandes gegen den neuen Glauben und töten die christlichen Missionare. Kubizek will sich an eine Szene genau erinnern: »Heiliger Berg im Hintergrund, davor der mächtige Opferstein, von riesigen Eichen überschattet. Zwei gewaltige Recken halten den schwarzen Stier, der geopfert werden soll, an den Hörnern fest«. Atmosphäre und Personal dieser Szene – neben Recken und Stier tritt ein Priester mit »Schlachtschwert« auf, desgleichen »bärtige Männer, auf ihre Schilde gestützt« – erinnern an völkisches Ideengut, könnten aber genausogut von Wagners Musikdramen beeinflußt sein.[513]

In einem ersten, im Auftrag der Partei entstandenen Manuskript erinnert sich Kubizek an harte Kirchenkritik seines Freundes. Die »Weltkirchen«, soll dieser erklärt haben, »sind auf alle Fälle der Seele des Volkes fremd, auch der Kult der Kirche ist artfremd, ja sogar die kirchliche Sprache versteht das Volk nicht, alles ist erfüllt von einer fremden Mystik.« Hitler wetterte, folgt man Kubizek, gegen den Einfluß der Kirchen auf die Politik – es müßte »von Gnaden der Kirche«, nicht »von Gottes Gnaden« heißen –, unterstellte den Kirchen Weltherrschaftspläne und proklamierte, die Befreiung des deutschen Volkes aus diesem »Joch« gehöre »mit zu den Kulturaufgaben der Zukunft«.[514]

Aus der Zeit von 1909 bis 1913 – Hitler hatte den Kontakt mit Kubizek abgebrochen – liegen mehrere Berichte vor.[515] Auf bloßer Profilierungssucht beruhen zweifellos die Angaben Josef Greiners, der vorgab, mit Hitler 1907 und 1908, als dieser zunächst noch in Linz und später mit Kubizek in Wien lebte, im Männerheim gewohnt zu haben. Eine Fülle falscher Informationen über Hitlers Wiener Zeit macht eine persönliche Bekanntschaft unwahrscheinlich; zudem versuchte Greiner wiederholt in plumper Weise, aus seinem angeblichen Wissen Profit zu schlagen. So diente er sich in den dreißiger Jahren dem Nationalsozialismus mit einem Loblied auf den »Führer« an, nach dem Krieg hingegen verfaßte er sein bekanntes Buch, dessen frei erfundenen Berichten die Forschung lange aufgesessen ist.[516] In der wenig bekannten ersten Schrift pries er Hitler als »Messias« und schrieb ihm genaue Kenntnisse der Weltreligionen zu: »Bei religiösen Diskussionen zeigte er tiefstes Wissen, nicht nur um Abraham, Moses, Jesus, sondern auch um Konfuzius, Rama, Krischna, Buddha usw.«; besonders habe er sich für die »Reformationsbestrebungen von Savonarola, Huß, Luther, Zwingli und Kalvin« interessiert.[517] Dieser Bericht dürfte ebenso falsch sein wie die Angaben seines späteren Buches, in dem er Hitler – der Dämonisierungstendenz der Nachkriegszeit folgend – als sadistisch-perversen Unmenschen schilderte, der sich mit Okkultismus befaßt habe.[518] Diesen Punkt aufgreifend, suchte Wilfried Daim bei seinen Recherchen zur Frühzeit Hitlers den noch lebenden Greiner auf und interviewte ihn. Das Gedächtnisprotokoll fügte er seinem Buch bei; Greiner behauptete hier, Hitler habe im Männerwohnheim in intensivem Austausch mit einem abgefallenen römisch-katholischen Priester östlicher Herkunft gestanden, mit dem er über rassische und religiöse Fragen diskutiert habe. Zum Beweis überreichte Greiner drei »Belehrungen« dieser »Grill« genannten Persönlichkeit. Daim druckte diese Texte ab: Es handelt sich um typisch sektiererische Traktate, die zudem inhaltlich von Hitlers späteren Positionen deutlich abweichen; so predigt Grill dort eine Religion der Nächstenliebe, von der Hitler niemals etwas wissen wollte. Daß ein Mann dieses Namens tatsächlich lebte, derartiges Schrifttum verfaßte und an Greiner weitergab, wäre dennoch möglich – den Bezug zu Hitler allerdings dürfte Greiner erfunden haben.[519]

Verläßlichere Quellen aus der Männerwohnheim-Zeit berichten von heftigen Ausfällen Hitlers gegen Christentum und Katholizismus. Hitler polemisierte gegen die angebliche »Deutschfeindlichkeit« der katholischen Kirche, wies auf historische Verbrechen hin und erklärte, die Deutschen hätten auf Grundlage der germanischen Mythologie ein höheres Zivilisationsniveau erreichen können.[520] Die Kirche mochte er nur als Feindin der Sozialdemokratie gelten lassen.[521] Christliche Demut habe »ihren Ursprung in der orientalischen Faulenzerei«, verkündete Hitler nach einer weiteren Quelle von 1912 und griff das populäre Klischee vom »Sachsenschlächter« Karl dem Großen auf, der kein Streiter für das Christentum, sondern ein Verhinderer germanischer Kultur gewesen sei.[522] Die »Roten und die Jesuiten« griff Hitler an,[523] während er den Protestantismus als »germanische« Alternative feierte: Luther habe das deutsche Volk »von Rom zurück zum echten Germanentum geführt«[524] und sei deshalb »das größte deutsche Genie«.[525]

Hitlers Einstellung zu religiösen Fragen kann also aus den spärlichen Zeugnissen der Wiener Zeit nicht mit letzter Sicherheit geklärt werden. Dieser unklaren Quellenlage zum Trotz hat man häufig versucht, seine Weltanschauung auf einzelne »Vordenker« des Wiener Milieus zurückzuführen. Antikatholizismus und Lobpreis germanischer Lebensart gemahnen an Georg von Schönerer, der als herausragender Führer der »Alldeutschen« noch um 1900 die rechte Szene dominierte.[526] Seine Ausstrahlung reichte bis in die Provinzen der Monarchie – Hitler dürfte den Namen Schönerer längst gekannt haben, bevor er 1907 Wiener Boden betrat. Zu diesem Zeitpunkt war Schönerers Stern längst gesunken; dennoch sympathisierte der Neuankömmling mit dieser Kultfigur der alldeutschen Bewegung und beschäftigte sich noch in »Mein Kampf« ausführlich mit dem einstigen Idol. Schönerer stand für Antisemitismus, Bismarck-Verehrung und einen Germanenkult, der gelegentlich skurrile Blüten trieb: So schaffte der alldeutsche Populist den christlichen Kalender ab und zählte die Jahre nicht mehr ab Christi Geburt, sondern – in Bezugnahme auf den ersten »germanischen« Sieg über die Römer 113 v. Chr. – »nach Noreia«, »n. N.«. Neben dem Judentum, das er als Rasse begriff, bezog sich Schönerers Haß vor allem auf die katholische Kirche. Seine »Los-von-Rom«-Bewegung, die zur Konversion zum Protestantismus, der »deutschen Religion«, aufforderte, erwies sich allerdings als Fehlschlag. Durch antiklerikale Hetztiraden, die dem Denken der »Völkischen«, nicht aber der Wählermehrheit behagten, schwächte er seine Gruppe entscheidend. Nach der Spaltung einer erst 1901 gegründeten Partei geriet Schönerers Flügel – unterstützt nur noch vom alldeutschen Arbeiterführer Franz Stein – schnell in die Defensive. Erfolgreicher operierte Karl Hermann Wolf als Anführer der Separatisten. Seine »Freialldeutsche« oder »Deutschradikale Partei«, in der Bevölkerung »Wolfianer« genannt, verhielt sich loyal zur Habsburgermonarchie und plädierte für eine Trennung von Kirche und Staat, ohne sich Schönerers Hetzparolen gegen die katholische Kirche zu bedienen.[527]

Wiederum eine andere Haltung zur religiösen Frage nahm Karl Lueger ein, der sich als Wiener Bürgermeister von 1897 bis 1910 größter Popularität erfreute. Als eine Art »Volkstribun« stand er, obwohl der »Christlich-sozialen Partei« zugehörig, im Bewußtsein der Hauptstadtbewohner über den Parteien. Lueger kooperierte mit der katholischen Kirche, die für seine Politik von den Kanzeln herab warb und ihm öffentlichkeitswirksame Kulissen bot: Bei Auftritten begleiteten den Bürgermeister stets Priester und Nonnen. Auch Lueger verbreitete antisemitische Parolen, doch verstand er, anders als die »Alldeutschen«, das Judentum nicht als Rasse, sondern als Religion – der konvertierte Jude galt ihm daher als salonfähig.

Mit Schönerer und Lueger befaßte sich Hitler in »Mein Kampf« ausführlich. »Als ich nach Wien kam, standen meine Sympathien voll und ganz auf der Seite der alldeutschen Richtung«, bekannte er dort.[528] Schönerers politische Haltung entsprach genau den späteren Anschauungen Hitlers: Rassenantisemitismus, Nationalismus und der Glaube an das deutsche Volk verbinden die »Alldeutschen« mit dem Nationalsozialismus. Gerade in ihrer Haltung zu Christentum und Kirche unterscheiden sich beide Entwürfe jedoch deutlich: Während Schönerer einen vergeblichen Kampf gegen den Katholizismus führte, achtete Hitler streng darauf, in der Öffentlichkeit keine Konfession zu verärgern und religiöse Fragen mit dem Hinweis auf das »positive«, überkonfessionelle Christentum der NSDAP zu bagatellisieren.[529] An Schönerers Feldzug gegen die katholische Kirche übte er folglich Kritik und lobte in »Mein Kampf« die Taktik Luegers, die Kirche für seine Zwecke zu instrumentalisieren: Die »Christlich-soziale Partei« »vermied jeden Kampf gegen eine religiöse Einrichtung und sicherte sich dadurch die Unterstützung einer so mächtigen Organisation, wie sie die Kirche nun einmal darstellt«.[530] Allerdings schreckten ihn, so berichtet Kubizek, Luegers »Bindungen an den Klerus, der in die Politik dauernd eingriff«, so sehr ab, daß er sich zum Beitritt nicht entschließen konnte.[531]

Während sich Hitler zu den führenden Politikern der Wiener Zeit noch Jahre später bekannte, äußerte er sich niemals anerkennend zu völkischen Sektierern wie Guido von List und Lanz von Liebenfels, die nach Meinung vieler sein Denken nachhaltig beeinflußt haben sollen.[532] Lists dualistisches Weltbild, auf einer Differenzierung von Ariern und Untermenschen – den »Tschandalen« – basierend, wies die typische Haltung völkischer Gruppen zu religiösen Fragen auf: Man kämpfte gegen die »Internationale« aus katholischer Kirche, Judentum und Freimaurerei, popularisierte germanische Mythologien und verwendete angeblich »arische« Symbole wie das Hakenkreuz. Da die Schriften Lists in den Gruppen und Zeitschriften des Milieus eine große Rolle spielten und auch nach dem Ersten Weltkrieg zur weltanschaulichen Schulung gerne herangezogen wurden, könnte Hitler in der Tat mit seinen Ansichten vertraut gewesen sein. Zwei Indizien erlauben es, über eine herausgehobene Bedeutung Lists zu spekulieren: In der unvollständig erhaltenen Bibliothek Hitlers befindet sich ein Buch Rabindranath Tagores, das Hitler 1921 von Babette Steininger, einem frühen Parteimitglied, zum Geburtstag erhielt. Es trägt die Widmung: »Herrn Adolf Hitler, meinem lieben Armanenbruder«. Der Begriff »Armane« verweist auf die Gedankenwelt Guido von Lists, wenngleich offen bleiben muß, ob jene »Bruderschaft« auf die gemeinsame Mitgliedschaft in einer Institution verweist oder lediglich die Zugehörigkeit zur germanischen Rassenelite hervorhebt.[533] Umstritten ist die Glaubwürdigkeit Else Schmidt-Falks, einer begeisterten Anhängerin Lists, die sich nach dem Zweiten Weltkrieg als enge Vertraute Hitlers ausgab und behauptete, der Parteiführer habe sie mit genealogischen Forschungen beauftragt und häufig mit ihr über das Werk Lists diskutiert.[534]

Mit Blick auf Hitlers Gottesbild wäre zu klären, ob einzelne Aspekte dieser religiösen Vorstellungswelt von List übernommen wurden. Manches spricht dagegen: In Hitlers rationalisierten Glaubensvorstellungen hatten Mystik und Germanenkult, wie man sie bei List reichlich findet, wenig Raum – jedenfalls nicht mehr ab den zwanziger Jahren, in seiner Zeit als Politiker. Besondere Bedeutung mißt Brigitte Hamann den Hinweisen der List-Jüngerin Schmidt-Falk bei, Hitler habe sein Sendungsbewußtsein durch die Lektüre von Lists Buch »Der Unbesiegbare« entscheidend gestärkt.[535] List behandelt hier angeblich germanische Prophezeiungen über das bevorstehende Auftreten eines neuen Helden, der sich die Welt unterwerfen werde. Parallelen zu Hitlers Weltbild sind offensichtlich: »Gott liebt und schützt fleißige, muthige, Treue und Recht haltende Völker, und belohnt sie mit Gut und Freiheit«, schreibt List – ein Gedanke, der sich in Hitlers Gottesbild wiederfindet.[536] Diese Parallele freilich beweist noch keine List-Rezeption Hitlers. Dessen »berüchtigte Starrheit«, so Hamann, »nie einen Fehler einzusehen, seine Überzeugung, unfehlbar zu sein, könnte auf diesen Glauben [an einen arischen Heldenmenschen, M. R.] zurückzuführen sein«.[537] Durch typische Äußerungen des Diktators über die Vorsehung möchte sie die Parallele von Lists »Der Unbesiegbare« und Hitlerschem Glauben an die eigene Mission stärken, indes: Die Hoffnung auf das Kommen des »Übermenschen« war keine Spezialität Guido von Lists, sondern gehörte zum Zeitgeist bis in die dreißiger Jahre, als sich diese Sehnsucht auf Hitler fokussierte und in ihm ihre Erfüllung zu finden schien. Daß Hitler in Wien solche Bedürfnisse zur Kenntnis nahm und sie, wie Rassismus, Antisemitismus und anderes, allmählich seinem Gedankengebäude einverleibte, kann vermutet werden. Ob ihm aber gerade Lists »Der Unbesiegbare« zu solchen Einsichten verhalf, muß wohl doch offen bleiben.

Als »Mann, der Hitler die Ideen gab«, gilt manchen die nicht minder obskure Gestalt des Jörg Lanz von Liebenfels, der mit bürgerlichem Namen Joseph Adolf Lanz hieß.[538] Der 1874 geborene Zisterziensermönch verließ 1899 sein Kloster, änderte später seinen Namen – wobei er sich Adelsprädikat und Doktortitel zulegte – und gründete den »Ordo Novis Templis« (O.N.T.), den »Neutemplerorden«, der sich um eine Wiederbelebung der mittelalterlichen Rittergemeinschaft bemühte. Die Öffentlichkeit kannte ihn als Herausgeber und Autor der rassistischen Heftchen-Reihe »Ostara«, in der er typische Standpunkte der völkischen Gruppen ausbreitete und erweiterte; so verband er Rassismus mit Frauenfeindlichkeit, östlicher Mystik und pseudophysikalischen Theorien über elektrische Strahlungen. Seine Haltung zu religiösen Fragen blieb zeitlebens indifferent: Als begeisterter Anhänger Schönerers betrieb er antiklerikale, vor allem jesuitenfeindliche Polemik, trat aber nie – wie es Schönerer forderte und vorlebte – zum Protestantismus über. Seine Ordensgründung, die sich natürlich außerhalb der katholischen Kirche vollzog, tendierte nicht zum Neuheidentum, sondern verband Elemente katholischen Mönchtums mit populärer Gralsmystik und anderen Zutaten.

Daß Lanz von Liebenfels nachhaltigen Einfluß auf Hitler ausübte, glaubt und propagiert seit Jahrzehnten Wilfried Daim. Zwei Fragen werden in diesem Zusammenhang von der Hitler-Forschung durchaus kontrovers diskutiert: zunächst, ob Lanz tatsächlich – wie er selbst behauptet – vom jungen Hitler aufgesucht wurde; zum anderen, ob Hitler – wenn schon die persönliche Begegnung nicht stattfand – die von Lanz publizierten rassistischen »Ostara«-Heftchen gelesen hat. Während am Besuch Hitlers bei Lanz gewisse Zweifel bestehen,[539] wäre eine »Ostara«-Rezeption zumindest nicht unwahrscheinlich: Hitler erwähnt selbst, daß er in Wien antisemitische Broschüren gelesen habe – warum also nicht die Reihe des Lanz von Liebenfels, der im völkisch-alldeutschen Milieu dieser Jahre einen guten Namen hatte?[540] Inhaltlich kann man, wie bei List, Überschneidungen beider Weltanschauungen feststellen, die aber von weitaus größeren Differenzen – vor allem den Bereich Mystik betreffend – überdeckt werden. Eine starke Abhängigkeit Hitlers von Lanz erscheint, summiert man alle Beobachtungen, eher unwahrscheinlich. Zutreffen dürfte vielmehr, was der Lanz-Forscher Ekkehard Hieronimus zu Hitlers möglicher Lanz-Rezeption feststellte: »Daß Lanz in geschickter Weise Gedanken verarbeitet hat, die zu seiner Zeit ›in der Luft lagen‹, kann nicht bestritten werden. Aber dieses ›in der Luft liegen‹ hat wahrscheinlich auf die Denkstrukturen und die Psyche der Hauptführer des Nationalsozialismus stärker eingewirkt als eine Beeinflussung durch Lanz oder seinen O.N.T.«[541]

Okkultistische Neigungen waren Hitler, folgt man den verläßlichen Quellen, bereits in seinen Wiener Jahren eher fremd. Sicherlich mutet vieles, was Hitler zu Geschichte und Religion vortrug, den heutigen Leser obskur an – doch nicht alles Obskure ist okkultistisch. Hitler dachte nach eigenem Befinden nicht in mystisch-esoterischen, sondern in rationalen Kategorien; Welteislehre und »germanozentrisches« Weltbild galten ihm als wissenschaftlich abgesicherte Lehren.[542] Es scheint also, als habe Hitler durchaus nicht alle Angebote des völkischen Milieus in sein Weltbild integriert, sondern nur jene, die mit dem Anspruch der Wissenschaftlichkeit auftraten. Die Lehren solcher, die ihre Weisheit als Seher und Eingeweihte verkündeten, ignorierte er – jedenfalls finden sich in seinen späteren Äußerungen keinerlei Restbestände. Spuren alldeutschen Denkens zeichnen sich in Hitlers Äußerungen durchaus ab; mit Schönerer und seiner Anhängerschaft hatte sich Hitler auch nach eigenem Bekenntnis auseinandergesetzt. Vor allem die feindliche Haltung zum Katholizismus, die sich im Hitlerschen Denken der Wiener Jahre belegen läßt, lebte in späteren Jahren wieder auf – sie mag nie erloschen sein, ist aber vorher mangels privater Zeugnisse kaum greifbar – und erweiterte sich zu einer generellen Ablehnung aller christlichen Kirchen, die nun, im Gegensatz zu Schönerer, den Protestantismus einschloß. Will man also die zweifellos vorhandene Prägung durch das Wiener Milieu unbedingt an einzelnen Namen festmachen, müssen weitaus eher Georg von Schönerer und Karl Lueger genannt werden als Guido von List und Lanz von Liebenfels. Zudem könnten, wenngleich die Quellen hierüber schweigen, die Ergebnisse der zeitgenössischen Naturwissenschaft Hitlers Auflehnung gegen überlieferte Glaubensvorstellungen verstärkt haben. Freilich prägten solche Erkenntnisse nur in einer vulgarisierten, noch nicht einmal populärwissenschaftlich zu nennenden Form die Mentalität der kaum gebildeten Unterschichten, in denen Hitler sich bewegte. Es bleibt deshalb Spekulation, ob Hitler – so die These Georg Mays – entscheidende Anregungen aus der zeitgenössischen Monisten-Bewegung empfangen und Ernst Haeckels »Welträthsel« als persönliche »Bibel« betrachtet hat.[543] Fraglos trugen aber die Monisten – wie zahlreiche andere Bewegungen um 1900 – zu jener Zersetzung der christlichen Lehren bei, von der auch Hitlers Religiosität zeugt. Auch hier gilt jedoch, daß weniger einzelne Persönlichkeiten als eine zeittypische Mentalität der prägende Faktor gewesen sein dürfte.[544]

4. VÖLKISCHES MÜNCHEN

Aus den Kriegsjahren existieren keine Zeugnisse, die eine religiöse Einstellung Hitlers erkennen lassen. Fromme Landser-Lyrik, wie sie an den Fronten des Ersten Weltkrieges massenhaft produziert wurde, liegt auch in Hitlers Handschrift vor, doch handelt es sich dabei um Fälschungen; die gängigen Redewendungen einiger Briefe haben wenig Aussagekraft.[545] In den Schützengräben scheint er somit niemandem begegnet zu sein, der seine Religiosität geprägt haben könnte; nach dem Krieg allerdings bewegte sich Hitler im völkischen Milieu Münchens, das sich nicht nur aus antisemitischen und nationalen Eiferern, sondern – wie schon in Wien – auch aus Okkultisten zusammensetzte.[546]

Nicht wenige vermuten, daß Hitler hier entscheidende Anregungen empfing. Als wichtigster Vermittler gilt regelmäßig eine ominöse Gestalt, die den Namen Rudolf von Sebottendorff führte und zweifellos ein starkes Interesse für Astrologie, Rosenkreuzerei und andere Spielarten esoterischen Wissens hegte. Die bewegten Monate der Münchner Revolution sahen Sebottendorff als Führer jener Thule-Gesellschaft, in deren weiterem Umfeld 1919 die spätere NSDAP, zunächst als Deutsche Arbeiterpartei (DAP), gegründet wurde. Solchen Zusammenhängen gilt es nachzuspüren: Möglich wäre eine Okkultismus-Rezeption Hitlers im Rahmen der Thule, möglich sogar eine »Geburt« der späteren NSDAP aus dem völkischen Okkultismus der Zwischenkriegsjahre. Mehrere Voraussetzungen müßten freilich erfüllt sein, um Sebottendorffs Thule-Gesellschaft als eine Art »Mutter« des Nationalsozialismus zu begreifen.

Zunächst wäre eine okkultistische Prägung Hitlers und seiner »Bewegung« durch die Thule nur denkbar, wenn es sich bei dieser tatsächlich um eine primär esoterische Vereinigung handelte; Germanen-Mythologie und Runenzauber müßten dann größeren Stellenwert eingenommen haben als nur den, die politischen Aktivitäten mit völkisch-okkultem Beiwerk zu dekorieren. Zudem sollte, um begründet von einer Übernahme okkultistischer Ideen durch die spätere NSDAP ausgehen zu können, eine inhaltliche, organisatorische und personelle Kontinuität zwischen beiden Gruppierungen nachweisbar sein. Beide Voraussetzungen, dies sei schon jetzt festgestellt, sind nicht erfüllt.

Der Urheber aller Vermutungen, Hitler und die NSDAP könnten durch Sebottendorff und die Thule-Gesellschaft geprägt worden sein, ist Sebottendorff selbst: In seinem Erinnerungsbuch »Bevor Hitler kam« behauptet er, der spätere Parteiführer habe als »Gast der Thule« in deren Räumen verkehrt.[547] Kann der Freiherr, dessen autobiographische Schrift eines der wenigen Dokumente aus der quellenarmen Frühgeschichte der NSDAP bildet, als zuverlässiger Zeuge gelten? Zweifel an seinen Darstellungen wurden in der Forschung schon früh geäußert. Sebottendorff hieß eigentlich Adam Alfred Rudolf Glauer und gelangte auf verschlungenen Wegen in den Besitz des Adelsprädikats.[548] Er verbrachte längere Zeit im Nahen Osten, wo er – folgt man seinen autobiographischen Romanen – in Kontakt zu Rosenkreuzern und Freimaurern kam; später verfaßte er Bücher über Astrologie. Nach seiner Rückkehr nach Deutschland engagierte er sich, mittlerweile vermögend, in den völkisch-nationalistischen Kreisen Münchens und baute jene zwischen Loge und Freikorps changierende, zunächst »Germanenorden« und später »Thule-Gesellschaft« genannte Vereinigung auf, deren Leitung er für einige Zeit innehatte. Als Verlierer eines Machtkampfes um die Führung der Thule mußte Sebottendorff München verlassen, wo er, nach kaum rekonstruierbaren Wegen, erst 1933 wieder auftauchte. Hier konnte er sich, bis die Bayerische Politische Polizei einschritt, als Geburtshelfer des Nationalsozialismus profilieren; von diesem kurzen Gastspiel im jungen »Dritten Reich« zeugt die bereits erwähnte autobiographische Schrift »Bevor Hitler kam«. Danach verließ Sebottendorff Deutschland, seine Spur verliert sich im dunkeln – wahrscheinlich beging er 1945, völlig verarmt, in Istanbul Selbstmord.

Der exzentrische und begabte, aber auch zur Hochstapelei neigende Sebottendorff kann im weitesten Sinn als Okkultist bezeichnet werden. Die von ihm initiierte Thule-Gesellschaft hingegen verstand sich eher als politische, dem gegenrevolutionären Kampf verpflichtete Organisation denn als Geheimorden.[549] In der Gründungsphase scheint eine gewisse Offenheit zu völkischer Esoterik bestanden zu haben, so hielt etwa das frühe Mitglied Johannes Hering 1918 einen Vortrag über germanische Mythologie.[550] Derselbe Hering vermerkte allerdings in seinen 1939 abgefaßten Aufzeichnungen, ihm sei die »Verflechtung mit okkulten Dingen lebenslang zuwider« gewesen, auch wenn sie der Thule-Gesellschaft »dann und wann« einige »fragwürdige Mitglieder« eingebracht hätten.[551] Zwischen Germanentümelei und okkulten Praktiken differenzierte man also, letztere scheinen die Ausnahme und die Thule in ihren Anfängen somit eher ein Verein zur germanischen Brauchtumspflege im völkischen Sinne gewesen zu sein. Auch Sebottendorffs Aufzeichnungen verwenden zwar gelegentlich germanisierendes Vokabular, bieten aber keine Hinweise auf Aktivitäten, die eine okkultistische Ausrichtung der Thule nahelegen.[552] Vielmehr wandte sich die Gesellschaft im aufgeheizten politischen Klima der Münchner Revolution zunehmend tagespolitischen Aktivitäten zu, die »theoretische Arbeit« trat in dieser Zeit, so das Thule-Mitglied Hanns Georg Müller, in den Hintergrund und wurde auch nach der Revolution nicht mehr aufgenommen.[553] Im noblen Münchner Hotel »Vier Jahreszeiten« residierend, engagierte sich die Thule mit einigem Erfolg in der Gegenrevolution. Großes Aufsehen erregte die Erschießung einiger ihrer Mitglieder am 30. April 1919 im Münchner Luitpoldgymnasium; die Ermordeten wurden zu Märtyrern stilisiert, der Vorfall verlieh der gegenrevolutionären Bewegung weiteren Aufschwung und beschleunigte so das Ende der kommunistischen Herrschaft in München. Damit entfiel freilich auch die politische Existenzgrundlage der Thule, sie verlor mit dem Abflauen der Auseinandersetzungen an Einfluß und zerrieb sich in inneren Machtkämpfen. Blickt man auf diese Entwicklung, wird man die Gesellschaft weniger als okkultistischen Geheimbund wahrnehmen, sondern, wie Detlev Rose resümiert, »in der Position eines temporären Kristallisationszentrums für [...] die völkisch-nationalistische ›Szene‹ Münchens und eines Teils von Bayern«;[554] ebenso urteilt Hermann Gilbhard – Verfasser der zweiten neueren Monographie über die Thule –, wenn er sie als »Zentrum der gegenrevolutionären Kräfte Münchens [...] in ihrem Kampf gegen die Räteherrschaft« bezeichnet.[555] Die politische Mission, obschon hervorgegangen aus »okkultistischem Mummenschanz«,[556] verdrängte das völkische Sektierertum der Anfänge. Der Märtyrerkult um die erschossenen Mitglieder lebte in der völkischen Szene freilich weiter. Hitler selbst erinnerte in einer Rede am 12. Februar 1936 in Schwerin an die »elf Volksgenossen, zehn Männer und eine Frau, die ganz bewußt eine neue Idee vertreten haben, die niemals irgendeinem Gegner etwas zuleid taten, die nur ein Ideal kannten, das Ideal einer neuen und gereinigten besseren Volksgemeinschaft: die Mitglieder der Thule-Gesellschaft. Sie wurden in München als Geiseln barbarisch hingeschlachtet.«[557] Diese Erwähnung der Thule zeigt deutlich, wie die Gesellschaft im Bewußtsein der Öffentlichkeit präsent war: als weithin bekannte, also keineswegs okkulte Vorkämpferin für die nationale Erneuerung.

Eine Verbindung von Sebottendorff und Thule zur NSDAP Adolf Hitlers läßt sich nur über große Umwege herstellen. Sebottendorff behauptet in seinem Erinnerungsbuch, er habe »Bruder Karl Harrer ausgewählt, um einen Arbeiter-Ring zu bilden«. Dieser Auftrag müßte – da Sebottendorff kurz danach eine anschließende Reise vor Weihnachten 1918 erwähnt – noch im Jahr der Niederlage ergangen sein. Am 18. Januar 1919 sei dann, so Sebottendorff, »in den Räumen der Thule Gesellschaft der nationalsozialistische Deutsche Arbeiterverein« als Mutter der späteren Deutschen Arbeiterpartei (DAP) gegründet worden.[558] Vor allem aus dem Hauptarchiv der NSDAP sind einige Quellen erhalten, die eine Überprüfung dieser Behauptungen erlauben.[559] Als sich die Partei in den dreißiger Jahren um eine Rekonstruktion ihrer Geschichte bemühte, trat sie in Kontakt mit Anton Drexler und Michael Lotter. Was beide zur Gründung des angeblichen »Arbeitervereins« berichten, weicht im Detail voneinander ab, doch stimmen ihre Darstellungen darin überein, daß sie völlig andere Daten und Namen nennen als Sebottendorff. Denn der »Arbeiterverein« hieß tatsächlich »Arbeiterzirkel« oder »politischer Arbeiterzirkel«, zudem bezeugen alle Quellen seine Existenz bereits im Jahre 1918 – also deutlich vor dem von Sebottendorff angegebenen Gründungstermin. In den erhaltenen Sitzungsprotokollen wird jener 18. Januar 1919, den Sebottendorff als Datum der Vereinsgründung nennt, gar nicht aufgeführt; gut dokumentiert ist vielmehr, daß die »Deutsche Arbeiterpartei« (DAP) bereits am 5. Januar 1919 in der Gaststätte »Fürstenfelder Hof« konstituiert wurde. Die Widersprüche zwischen den Darstellungen Sebottendorffs und allen anderen Quellen sind offensichtlich und erschweren es, in Sebottendorff und dem Führungszirkel der Thule die entscheidenden Antriebskräfte der Parteigründung zu sehen.[560] Ein Näheverhältnis zwischen Thule einerseits und der »DAP« und dem »politischen Arbeiterzirkel« andererseits mag dennoch bestanden haben – so kam es zu Treffen »in kleinen Gasthöfen, Cafés, bei der Thule-Gesellschaft oder auch in Privatwohnungen«.[561] Eine Steuerung und Kontrolle des Gründungsprozesses durch die Thule scheint aber unwahrscheinlich, zumal die Gesellschaft ab Sommer in eine Krise geriet und bereits im Herbst eher mit internen Machtkämpfen als mit politischen Aktivitäten befaßt war.[562]

Auch inhaltlich besteht zwischen Thule und der späteren NSDAP nur geringe Übereinstimmung. Gegnerschaft zum Kommunismus und antisemitische Grundhaltung verbinden sie, doch mit dem elitär-aristokratischen Gehabe der Thule hatte das »sozialistische«, auf die Arbeiterschaft bezogene Selbstverständnis der DAP nichts gemein. Noch stärker unterscheidet sich die völkische Thule-Ideologie vom Denken Hitlers, unter dessen Führung die DAP eine inhaltliche und strategische Neuausrichtung erfuhr. Er betrachtete als »Wortklauberei und Spiegelfechterei«, was »irgend ein bezopfter völkischer Theoretiker« zur nationalen Lage sagen konnte: »Wenn irgend etwas unvölkisch ist, dann ist es dieses Herumwerfen mit besonders altgermanischen Ausdrücken, die weder in die heutige Zeit passen noch etwas Bestimmtes vorstellen«,[563] in der Thule aber nicht unüblich waren. Für die Behauptung Sebottendorffs, Hitler habe die Räume der Thule betreten, gibt es keinen Beweis.[564] Die Verwendung der »Swastika«, des Hakenkreuzes, durch die junge Partei kann den Kenner der rechten Szene dieser Jahre nicht überraschen: Das Zeichen war weit verbreitet, wurde keineswegs nur in der Thule gebraucht und deutet somit nicht auf eine inhaltliche Kontinuität.[565] Immerhin könnte es aber personelle Verbindungen gegeben haben, die auch eine Weitervermittlung von Inhalten ermöglicht hätten. Dietrich Eckart und Alfred Rosenberg waren zwar nicht, wie gelegentlich irrtümlich behauptet, Mitglieder der Thule, wohl aber – folgt man mit dem nötigen Mißtrauen Sebottendorff – deren Gäste.[566] Es wäre also zu prüfen, ob einer der genannten, geprägt vom Thule-Milieu oder auch unabhängig von diesem, Adolf Hitlers Weltanschauung wesentlich prägen konnte.

Sein früher Tod 1923 machte den Schriftsteller Dietrich Eckart postum zur Symbolfigur der jungen Partei. Als Praktiker im politischen Alltagsgeschäft ohne Talent, hätte er sich im »Dritten Reich« wohl eher mit Repräsentationsposten begnügen müssen. Wie Alfred Rosenberg hing er mystischen Träumereien nach, die sich mit heftigem Antisemitismus verbanden.[567] Sein weltanschaulicher Einfluß auf Hitler sollte aber nicht überschätzt werden; »Männer wie Feder und Eckart, die man als seine ›Lehrer‹ bezeichnet hat, konnten Hitlers Antisemitismus nur um einige Varianten bereichern.«[568] Fraglos lassen sich aber Parallelen zwischen Hitlers und Eckarts Auffassungen feststellen, die allerdings nicht immer auf eine Urheberschaft Eckarts hinweisen müssen. So korrespondierte etwa das dualistische Weltbild Hitlers, der die Welt in ständigem Kampf von Gut und Böse, Ordnung und Chaos wähnte, mit entsprechenden Ansichten Eckarts.[569] Beide sahen im »Juden« das negative Prinzip verkörpert und verstanden ihn als Parasit. Allerdings vertrat Hitler einen rassischen Antisemitismus, während Eckart metaphysisch argumentierte: Der Deutsche stehe über anderen Völkern nicht aufgrund rassischer Qualitäten, sondern wegen der Überlegenheit seiner »Volksseele«. Dieses Gebilde, über das jede Nation verfüge, dachte sich Eckart als eine Lichtwolke, in der sämtliche Angehörige eines Volkes als Lichtpunkte aufscheinen. Die deutsche Überlegenheit erweise sich durch den Umstand, daß die deutsche Wolke am hellsten strahle – könne sie doch mit Goethe, Kant und Schopenhauer drei Leuchtpunkte von alles überstrahlender Lichtstärke aufweisen.[570] Solche Kuriositäten markieren deutlich die Grenze zwischen beiden Weltbildern. Eckart erblickte – durchaus in Übereinstimmung mit dem Parteiprogramm der NSDAP – in Christentum und Sozialismus die Grundpfeiler gesellschaftlicher Ordnung und betonte das »überkonfessionelle Christentum« des Parteiprogramms. Christlich sein bedeutete für ihn, »Seele« zu fühlen. Weil die Deutschen dazu am besten in der Lage seien, müsse man das Christentum letztlich als deutsche Angelegenheit verstehen, weshalb Eckart – der katholischen Kirche zugehörig – auch Luther als großen Deutschen würdigte.[571] Entsprechend sah er im Judentum nicht nur eine Religion oder, wie Hitler, eine Rasse, sondern eine Art geistige Krankheit, von der auch Deutsche befallen sein konnten.[572] Der Parteiführer selbst schien von derartigem »metaphysischem« Antisemitismus allerdings nur wenig zu halten: Zwar forderte das Parteiprogramm der NSDAP, daß man »den jüdisch-materialistischen Geist in und außer uns« bekämpfen solle, und spielt damit auf die Möglichkeit »jüdischen Geistes« auch im »Arier« oder »Deutschen« an, doch im ganzen »scheinen Hitler die metaphysischen Untertöne seines Lehrers nicht berührt zu haben«.[573]

Dennoch wollte sich Eckart als »Mentor« Hitlers verstanden wissen. Diesem Zweck diente eine Schrift, die 1923 – wenige Monate nach Eckarts Tod – unter dem Titel »Der Bolschewismus von Moses bis Lenin. Zwiegespräch zwischen Adolf Hitler und mir« erschien. Eine authentische Wiedergabe tatsächlich stattgefundener Gespräche vermutete Ernst Nolte, der zuerst auf diesen Text aufmerksam machte, in dem »Zwiegespräch«.[574] Margarete Plewnia widersprach dieser Einschätzung mit guten Gründen: Erhaltene Briefwechsel dokumentieren, daß sich Eckart über Hitlers Reaktion sehr unsicher war; zudem erweisen stilistische Analysen, daß auch angebliche Äußerungen des Parteiführers die sprachlichen Eigenarten Eckarts aufweisen.[575] Man darf also annehmen, daß Eckart hier einen »weltanschaulichen Alleingang«[576] unternommen hatte, den Hitler wohl nicht goutierte – in der zweiten Auflage fiel der Untertitel mit Hitlers Namen weg, weitere Auflagen wurden offenbar verhindert. Gerade in dieser Schrift finden sich allerdings Ideen, die Hitler ebenso in den Tischgesprächen der vierziger Jahre formulierte: Die »Verjudung« des Christentums bei Paulus, die Identität von Christentum und Bolschewismus, die antisemitische Einstellung Jesu. Schon Nolte bemerkte, daß Übereinstimmungen zwischen den Hitler-Äußerungen der »Zwiegespräche« und den gesicherten Bemerkungen Hitlers in späteren Jahren vor allem auf dem Feld der Religion zu verzeichnen sind.[577] Nolte interpretierte diese Parallelen als Beweis für die Authentizität der »Zwiegespräche«. Zutreffender wird man diesen Text als Produkt Eckarts auffassen, der auf dem Gebiet des historischen Christentums ähnliche Ansichten vertrat wie Hitler.

Der zweite profilierte Ideologe im Umkreis des Parteiführers war Alfred Rosenberg, dessen Denken um eine »Metaphysik der Rasse« kreiste.[578] Zwar erstrahlen in seinem Entwurf keine »Lichtpünktchen« wie bei Eckart, doch gibt es auch hier eine »Rassenseele« – verwandt der »Volksseele« Eckarts –, an deren Beschaffenheit sich das geistige Niveau der ihr zugehörigen Menschen ablesen läßt. Was religiöse Aspekte in beider Weltanschauung betrifft, lassen sich kaum Übereinstimmungen ausmachen: Wo Rosenberg eine »rassenseelische« Verwandtschaft zwischen Griechentum und Germanentum behauptete, verwies Hitler auf angebliche »rassische«, also rein biologische Abstammungslinien.[579] Hitler nahm eine religiöse Umwälzung nur als ferne Vision ins Auge – Rosenberg engagierte sich schon früh für eine neuzuschaffende »Deutsche Nationalkirche«.[580] Christus galt beiden als Vorbildfigur, allerdings stand Hitler der Bibel insgesamt skeptisch gegenüber, während Rosenberg ihre »Entmythologisierung« für möglich hielt.[581] Den deutlichsten Unterschied markiert schließlich die heftige Feindschaft, mit der Rosenberg dem Katholizismus entgegentrat. Hitlers Polemiken in den Weltkriegsnächten zielten zwar in dieselbe Richtung, doch hütete er sich, solche Überlegungen laut werden zu lassen.[582] Dem Sendungsbewußtsein Hitlers stand Rosenberg – jedenfalls nach dem Ende des »Dritten Reiches« – skeptisch gegenüber: »Inmitten dieser Vorsehung erblickte er [Hitler, M. R.] sich in steigendem Maße selbst mit einer Mission betraut. Das war spürbar, als er 1925 aus Landsberg zurückkehrte, und steigerte sich dann nach der Machtübernahme, bis dieser Glaube dann am Schluß des Krieges geradezu peinliche Züge anzunehmen begann.«[583] Umgekehrt konnte Hitler – wie dargestellt – mit den mystischen Schwärmereien und dem öffentlich vorgetragenen Antikatholizismus Rosenbergs nichts anfangen.

Die Lehren Eckarts und Rosenbergs – unabhängig davon, wie stark beide von der Thule beeinflußt wurden – wirkten sich, soweit sie religiöse und »metaphysische« Fragen betrafen, in Hitlers Denken kaum aus. Auch außerhalb der Thule läßt sich keine Prägung Hitlers durch das Münchner Milieu nachweisen. Gelegentlich wollte man in Alfred Schuler, einem exzentrischen Esoteriker der Schwabinger Boheme, den geistigen Ziehvater eines angeblichen Hitlerschen Okkultismus erblicken: »Nach dem Krieg verkehrte Schuler bis Ende 1922 weiter im Salon Bruckmann, wo ihm angeblich auch Adolf Hitler andächtig gelauscht haben soll« – so bemerkte jüngst, ohne Quellenangabe, Eduard Gugenberger;[584] er dürfte sich dabei auf einen Irrtum Robert Boehringers in seiner Monographie über Stefan George beziehen, den dieser in einer späteren Auflage selbst berichtigte. Eine Rezeption des völkischen Okkultismus durch Hitler erscheint also unwahrscheinlich, seine öffentlichen Äußerungen bezeugen vielmehr eine Ablehnung allen weltfremden Sektierertums. Woher rührt dann aber die Hartnäckigkeit, mit der sich solche Irrtümer im historischen Bewußtsein halten?

EXKURS: NATIONALSOZIALISMUS UND OKKULTISMUS

Seit den sechziger Jahren erschienen zahlreiche Bücher, in denen Hitler als Marionette oder Handlanger geheimnisvoller Hintermänner dargestellt wurde, als ein Medium überirdischer Mächte, als Besessener oder gar Inkarnation des Leibhaftigen. Die andauernde Popularität dieser Publikationen dürfte viele Ursachen haben. In den fünfziger und sechziger Jahren neigte man in Deutschland zur Dämonisierung Hitlers und suchte damit, bewußt oder unbewußt, die eigene Mitverantwortung zu relativieren: Von einem finsteren Zauberer verhext, konnten sich die Deutschen frei fühlen von jeglicher Schuld; der eben noch bejubelte »Führer« galt nun als wahnsinniger Tyrann oder zynischer Machtmensch, der sich mit dem Bösen verschworen hatte, um ein unschuldiges Volk zu knechten. Dazu kam – in Deutschland wie im Ausland – eine verbreitete Lust an Sensation und Gruselei, die von geschäftstüchtigen Autoren und Verlegern bereitwillig bedient wurde. Die Neigung zur Dämonisierung Hitlers prägte aber auch Kreise, denen es kaum um Aufsehen und hohe Auflagen zu tun war. Tief erschrocken über die Monstrosität der Verbrechen, sahen christlich-konservative Denker in der Zerstörung Europas den Beginn des Jüngsten Gerichts und vermuteten in Hitler den Antichrist oder das apokalyptische »Tier aus dem Abgrund«. Nach dem Bruch mit der Hitler-Dämonisierung in den siebziger Jahren fanden sich bald neue Interessenten an vermeintlichen Hintergründen des Nationalsozialismus: Rechtsextremistische Kreise deuteten Hitlers Niederlage als retardierendes Moment einer auf lange Sicht siegreichen, von überirdischer Seite gewollten Kulturrevolution;

esoterische Gruppierungen erblickten in Hitler teils einen besiegten Schwarz- oder aber einen mißverstandenen Weißmagier.

Historisches Erkenntnisstreben leitete diese Autoren kaum. Allzu viele, die sich bisher mit dem Problemfeld »Nationalsozialismus und Okkultismus« befaßten, schufen aus Wahrheit, Gerücht und Erfindung ein Bild des »Dritten Reiches«, das mit den Darstellungen der Fachwissenschaft nur wenig gemein hat. Okkultisten, so behaupten diese »Kryptohistoriker«[585] aus Deutschland,[586] Frankreich,[587] dem englischen Sprachraum,[588] Italien[589] und anderen Ländern, inspirierten, unterstützten und steuerten die nationalsozialistischen Machthaber. Als Rechtsradikale und manche Apostel des »New Age« solche kryptohistorischen Lehren aufgriffen, kam es in den achtziger Jahren zu einer Gegenbewegung. Seitdem sind mehrere Bücher erschienen, die sich um eine nüchterne Betrachtung der Okkultismus-Rezeption im »Dritten Reich« und ihrer Auswüchse nach 1945 bemühen. Meist behandeln sie drei Themenbereiche: Sie informieren – auf sehr unterschiedlichem Niveau – über tatsächliche okkultistische Strömungen im Nationalsozialismus, sie hinterfragen – mit sehr unterschiedlichem Erfolg – kryptohistorische Legenden und bemühen sich vor allem – ausgehend von jeweils sehr unterschiedlichen weltanschaulichen Grundlagen –, die gegenwärtigen Verflechtungen von Esoterik und neo-völkischer Ideologie aufzuzeigen.

Ein kurzer Überblick soll zunächst verdeutlichen, was bisher auf dem Feld der kritischen Auseinandersetzung mit den Kryptohistorikern publiziert wurde. Ein erster, noch nicht völlig gelungener Versuch, über tatsächliche und vermeintliche okkultistische Hintergründe des Nationalsozialismus aufzuklären, stammt von Peter Orzechowski.[590] Aus protestantischer Sicht warnt Friedrich-Wilhelm Haack vor »Wotans Wiederkehr« unter neuheidnischen Vorzeichen, berücksichtigt bei seiner Darstellung allerdings problematische Quellen.[591] »Die mythische NS-Staatsreligion war für die Elite des Dritten Reiches heiliges Dogma«, glauben Eduard Gugenberger und Roman Schweidlenka und neigen damit, trotz der Materialfülle ihrer Arbeiten, etwas zur Überzeichnung des Phänomens.[592] Entstehung, vor allem aber Fortleben völkischer und neuheidnischer Ideen bis in die Gegenwart beleuchten Karlheinz Weißmann[593] und Stefanie von Schnurbein,[594] die jeweils auch den Nationalsozialismus berühren; einen kurzen Überblick, fußend vor allem auf den letztgenannten Autoren, bieten Insa Eschebach und Elke Thye.[595] Aus dezidiert linker Perspektive analysiert Peter Kratz verschiedene Strömungen der gegenwärtigen Esoterik. Er geht davon aus, daß »New Age und Faschismus in wesentlichen ideologischen Komponenten identisch sind und beide in ihren gleichartigen objektiven praktischen Folgen den Kapitalinteressen dienen«. Ein sehr weit gefaßter Faschismus-Begriff ermöglicht die Begründung dieser These, Hitler und seine Umgebung kommen freilich kaum zur Sprache – Kratz konzentriert sich weitgehend auf die Analyse der aktuellen rechten Szene. Sein Buch zeigt, daß die Kritik an der Kryptohistorie häufig von weltanschaulichen Differenzen geprägt ist: Der Linke Kratz will mit Gugenberger und Schweidlenka nichts zu schaffen haben, die beide dem esoterischen Spektrum nahestehen.[596] Die schon mehrfach zitierte Geschichte der Thule-Gesellschaft von Detlev Rose überzeugt durch Sachlichkeit und zutreffendes Urteil, obschon sie im Tübinger Grabert-Verlag veröffentlicht wurde, der am äußeren rechten Rand der deutschen Verlagslandschaft anzusiedeln ist. Ein umfangreiches Kapitel widmet er den Legendenbildungen der Kryptohistorie, die an der Thule-Gesellschaft stets besonderes Gefallen fand.[597] Um kritischen Umgang mit kryptohistorischen Publikationen bemüht sich, verbunden mit Angriffen gegen das »New Age« der gegenwärtigen Esoterik-Welle, René Freund;[598] in ähnlicher Absicht schreibt – im historischen Teil allerdings nicht immer klar differenzierend – Andreas Speit seinen Handbuch-Artikel über »Esoterik und Neuheidentum«.[599] Die bislang gründlichste Untersuchung der kryptohistorischen Legendenbildungen leistete H. T. Hakl.[600] Klaus Bellmund und Kaarel Siniveer wollen – so der Untertitel ihres Buches – »Esoterik als Mittel rechtsradikaler Propaganda« entlarven, setzen aber tatsächlich Esoterik und Rechtsradikalismus gleich, indem sie komplexe ideengeschichtliche Zusammenhänge simplifizieren.[601] In Reportageform widmet sich Franziska Hundseder dem Fortbestehen völkischer Esoterik im gegenwärtigen Rechtsradikalismus.[602] Als sicherlich gutgemeinte Aufklärungsarbeit, im analytischen Zugriff und der sprachlichen Darbietung aber völlig mißlungen, präsentiert sich der Versuch der Brüder Grandt, eine ideengeschichtliche Verbindungslinie von Blavatskys Theosophie bis zu Hubbards Scientology zu ziehen und in diesem Rahmen auch Hitler zu behandeln.[603] Das schon genannte Autorenduo Gugenberger und Schweidlenka, erweitert um Franko Petri, untersucht die Entstehung, vor allem aber die aktuelle Relevanz rechtsextremer Verschwörungstheorien;[604] mit einem festen Bestandteil dieser Szenarien, den Mythen um die Thule-Gesellschaft, befassen sich ebenso seriös Friedrich Paul Heller und Anton Maegerle.[605] Einem Kritiker des New Age mißfällt sicherlich auch das vielbeachtete Buch Rüdiger Sünners, der für einen neuen Umgang mit germanischen Mythen plädiert, die »unsere Sinne für archaische Schichten unseres Unbewußten« schärfen und »schlummernde Fähigkeiten von Magie und Intuition sowie Ahnungen von Bereichen jenseits der Todesschwelle« hervorrufen könnten.[606] Um die germanische Mythologie von allen braunen Einfärbungen reinzuwaschen, untersucht er – so der Untertitel seines Buches – »Entfesselung und Mißbrauch der Mythen in Nationalsozialismus und rechter Esoterik« von den völkischen Ursprüngen bis zur Gegenwart. Sieht man von seinen Ausführungen zu »Hitlers ›Arier‹-Glauben« ab, in denen Hitler vereinfachend als Okkultismus-Rezipient gezeichnet wird,[607] bietet er eine umfassende Einführung in die Materie. Zehn biographische Skizzen präsentierte jüngst Eduard Gugenberger unter dem irreführenden Titel »Hitlers Visionäre«. Nur einer der dort Porträtierten, Dietrich Eckart, hatte tatsächlich engen Kontakt zu Hitler und kann mit Einschränkung als sein »Visionär« verstanden werden.[608] Der im folgenden gebotene Überblick, ergänzt um die vorigen Kapitel über »Alldeutsche und Okkultisten« sowie das »Völkische München«,[609] versteht sich als knappe Zusammenfassung der bisherigen Aufklärungsarbeit; aus der kaum mehr zu überblickenden Fülle kryptohistorischer Literatur werden nur einige Werke behandelt, zumal das Internet den einschlägigen Textbestand täglich vermehrt.[610]

Die universitäre Forschung – zumal in Deutschland – mied die Rezeptionsgeschichte des Okkultismus im »Dritten Reich«. Allerdings sollte auch die Fachwissenschaft an diesem Problemfeld nicht achtlos vorübergehen – setzt sie sich doch so dem Verdacht aus, die Thesen unliebsamer

Außenseiter aus Neid oder Arroganz zu ignorieren. Die Goldhagen-Debatte 1996 hat gezeigt, wie gerne die Öffentlichkeit den kritischen Einwänden deutscher Professoren mit Ablehnung begegnet und dem Außenseiter, der schillernde Thesen vertritt, mehr Kompetenz zutraut.[611] Gerade in Zeiten, die eine Legitimationskrise der Geisteswissenschaften erleben, muß die universitäre Forschung auf simplifizierende Geschichtsdeutungen reagieren und sich als Korrektivorgan populärer Legenden verstehen. Dies leistet vorzüglich eine britische Arbeit: Nicholas Goodrick-Clarkes Standardwerk über okkultistische Strömungen in Österreich und Deutschland liefert die quellengesättigte und im Urteil differenzierte Grundlage für alle künftigen ideengeschichtlichen Forschungen in diesem Bereich.[612]

1. KLASSIKER DER KRYPTOHISTORIE

Aus der Fülle kryptohistorischer Publikationen haben einige – weil sie älter sind, häufiger zitiert werden und für viele Legendenbildungen die Urheberschaft beanspruchen können – Klassiker-Status erreicht und seien deshalb, zunächst ohne kritische Analyse, kurz vorgestellt. Eine Vielzahl esoterischer Gesellschaften bringen Louis Pauwels und Jaques Bergier, die wohl einflußreichsten Kryptohistoriker, mit dem Entstehen des Nationalsozialismus in Verbindung: Die Londoner Vereinigung »Golden Dawn« zählt ebenso dazu wie eine Berliner »Loge der Brüder vom Licht«, auch »Vril-Gesellschaft« genannt. Diese geheimen Vereinigungen standen, folgt man Pauwels und Bergier, wiederum in Kontakt mit der Theosophischen Gesellschaft Madame Blavatskys.[613] Vor allem beschäftigen sich die Autoren mit der Rezeption pseudowissenschaftlicher Theorien im Nationalsozialismus,[614] mit schwarzmagischen Vorgängen im Umkreis der Thule-Gesellschaft[615] und den okkultistischen Strömungen in der SS.[616] Dietrich Eckart, so behaupten sie, habe kurz vor seinem Tod ein geheimnisvolles Manuskript an seinen Freund Karl Haushofer geschickt, vor einem schwarzen Meteoriten – seiner »Kaaba« – gebetet[617] und die bedeutungsschweren Worte gesagt: »Folgt Hitler! Er wird tanzen, aber die Musik zu seinem Tanz habe ich komponiert. Wir haben ihm die Mittel gegeben, mit IHNEN in Verbindung zu treten ... Beklagt mich nicht: ich werde mehr Einfluß auf die Geschichte gehabt haben als jeder andere Deutsche«.[618] Auch Karl Haushofer gehört bei Pauwels und Bergier zu den okkultistisch geschulten Vätern des Nationalsozialismus. Auf zahlreichen Reisen nach Ostasien sei er in Japan, vielleicht auch in Tibet »eingeweiht« worden, habe von dort sagenhafte Berichte über eine untergegangene Kultur in der Wüste Gobi nach München gebracht[619] und, ausgerüstet mit östlichem Geheimwissen, in der »Loge der Brüder vom Licht« und dann auch in der Thule-Gesellschaft eine Schlüsselposition eingenommen. Über seinen Schüler Rudolf Heß beeinflußte er, glaubt man Pauwels und Bergier, Hitler.[620]

Als erster deutschsprachiger Text bietet ein Kapitel in Dietrich Bronders ideengeschichtlicher Studie »Bevor Hitler kam« einige Hinweise auf eine angebliche »okkulte« Geschichte des Nationalsozialismus. Bronder verweist zunächst auf Guido von List und Jörg Lanz von Liebenfels, bevor er auf Rudolf von Sebottendorff zu sprechen kommt, dem viele Kryptohistoriker eine Schlüsselrolle im okkulten Hintergrund des Nationalsozialismus zuweisen. Nach Darstellung Bronders bildete die Thule-Gesellschaft allerdings nur die »exoterische« Seite eines noch geheimeren »esoterischen« Thule-Ordens, dessen Mitglieder Bronder auflistet: Neben Sebottendorff gehörten der Gruppe demnach von List und Lanz von Liebenfels an, ebenso Adolf Hitler, Rudolf Heß, Hermann Göring, Heinrich Himmler, Alfred Rosenberg, Hans Frank, Julius Streicher, Karl Haushofer, Gottfried Feder, Dietrich Eckart, Bernhard Stempfle, Theodor Morell und Otto Engelbrecht. Auch bei Bronder zählt der Geograph Karl Haushofer zu den Okkultisten im Hintergrund. Auf mehreren Auslandsreisen – Bronder nennt Tibetreisen 1903, 1905/1908, weiterhin eine Japanreise 1907/1910 – traf Haushofer demnach mit dem »Magier« Gurdjieff zusammen und brachte sein so erworbenes Wissen in den Thule-Orden ein, wo es vor allem Theodor Morell, der spätere Arzt Hitlers, weiterpflegte.[621] Als erster

Kryptohistoriker führt Bronder ein Gedicht Albrecht Haushofers an, das viele seiner kryptohistorischen Epigonen als Beweis für die angebliche Führungsrolle Karl Haushofers zitieren. Der 1945 ermordete Sohn des Professors für Geopolitik widmete eines seiner »Moabiter Sonette« dem Vater. Dort heißt es:

»Für meinen Vater war das Los gesprochen.
Es lag einmal in seiner Willenskraft,
den Dämon heimzustoßen in die Haft.

Mein Vater hat das Siegel aufgebrochen.
Den Hauch des Bösen hat er nicht gesehn.
Den Dämon ließ er in die Welt entwehn ...«[622]

Die skurrilste Darstellung der okkulten Hintergründe des Nationalsozialismus findet sich bei Trevor Ravenscroft. Der Brite beruft sich auf mündliche Mitteilungen des Anthroposophen Walter Johannes Stein, in dessen Haus er zehn Jahre verbracht haben will. Stein plante, so Ravenscroft, seine Erkenntnisse über Hitler zu veröffentlichen, sei aber durch seinen Tod 1957 an der Publikation gehindert worden. Ravenscroft versteht sich nun als eine Art Testamentsvollstrecker Steins,[623] kleidet seine angeblichen Informationen allerdings in ein mehr romanhaftes als historiographisches Gewand.

Die »Handlung« dieses Esoterik-Thrillers beginnt im Wien der Vorkriegszeit, wo der Student Stein den jungen Hitler trifft. Dieser betreibt, angeregt von einem Antiquar namens Ernst Pretzsche, okkultistische Studien und berauscht sich ebenso an Wagners »Parsifal« wie am Anblick der Reichskleinodien in der Wiener Hofburg. Wer die »Heilige Lanze« besitze – so die angebliche Überzeugung Hitlers, um die sich Ravenscrofts Buch rankt –, könne die Weltherrschaft an sich reißen. Durch Experimente mit Meskalin angeregt, öffnet sich Hitler den Zugang zu übersinnlichen Sphären. Jahre später, in München, trifft er auf seinen nächsten okkultistischen Lehrer: Dietrich Eckart, den Ravenscroft als perversen Hexenmeister schildert, praktiziert sexualmagische Riten[624] und erfährt dabei Hitlers Bestimmung, als Instrument des Bösen zu dienen. Er führt Hitler soweit in okkulte Geheimnisse ein, daß dieser fortan in der Lage ist, durch Öffnung der »Zentren des Astralleibes [...] Einblick in den Makrokosmos zu gewinnen und mit den dunklen Mächten zu kommunizieren«.[625] Die Thule-Gesellschaft, bei Ravenscroft eine Gründung im Auftrag der Reichswehr,[626] fungiert als schwarzmagisches Zentrum aller Aktivitäten, die Hitler nun entfaltet. Trotz Pretzsche und Eckart fehlen dem Jünger dunkler Mächte aber noch letzte Weihen, die er von Karl Haushofer erhält, der ihm seinen »ätherischen Leib« öffnet und Hitler die »okkulte Bedeutung des Blutes« offenbart.[627] Den Geograph beschreibt Ravenscroft als tibetisch beeinflußten Guru, der nach außen die Rolle eines seriösen Professors zu spielen weiß. Er gebietet über ein »magisches Wort«: Lebensraum.[628] Nach erfolgter Einweihung Hitlers auf der Festung Landsberg gründet Haushofer einen »exklusiven satanischen Kreis« namens »Vril« oder »Leuchtende Loge«,[629] beteiligt sich an den Verhandlungen des Dreimächtepakts und leistet vorbereitende Arbeit bei der Judenvernichtung.[630]

2. MERKMALE DER KRYPTOHISTORIE

Obwohl sich die Kryptohistoriker nach weltanschaulicher Herkunft, Methode und Erkenntnisziel unterscheiden, weisen ihre Publikationen doch eine Reihe gemeinsamer Merkmale auf; fünf dieser Charakteristika werden im folgenden angesprochen.[631] Zunächst neigen alle Autoren dieses Genres – die vorstehenden Inhaltsangaben dürften dies verdeutlicht haben – zu einer verzerrten Sicht auf historische Fakten. Geleitet von der Annahme, Politik werde nicht durch Politiker gestaltet, sondern von mysteriösen Kräften im Unter- und Hintergrund bestimmt, findet in das Geschichtsbild der Kryptohistoriker nur Eingang, was auf solche Steuerung durch geheimnisvolle Machthaber zu verweisen scheint. Nun richtet sicherlich jeder Historiker – nicht nur der Kryptohistoriker – den Gang seiner Untersuchung nach einer Hypothese aus und nimmt während seiner Forschungen befriedigt jedes Indiz zur Kenntnis, das sie bestätigt. Doch ebenso muß er akzeptieren, was seiner Annahme widerspricht, und schließlich, in einer nüchternen Abwägung von Pro und Contra, auch die Falsifikation der ursprünglichen Meinung zulassen. Die Grenze zur Ideologie wird überschritten, wenn diese Abwägung nicht mehr stattfindet, periphere Ereignisse zum Mittelpunktgeschehen erklärt und Fakten, die nicht in das eigene Geschichtsbild passen, schlicht ignoriert werden. Diese schiefe Wahrnehmung der Vergangenheit seitens der Kryptohistoriker hat ihre Ursache durchaus nicht im Gegenstand selbst: Über die Okkultismus-Rezeption des Nationalsozialismus läßt sich, wie etwa Goodrick-Clarke gezeigt hat, ein ernst zu nehmendes Buch schreiben.[632] Den Kryptohistoriker hingegen leitet ein Erkenntnisstreben, das eine wissenschaftliche Bedeutung seiner Ergebnisse von vornherein ausschließt. Was auch nur entfernt auf eine okkultistische Prägung des Nationalsozialismus oder auf geheimnisvolle Hintermänner Hitlers hindeuten könnte, gilt bereits als sicherer Beleg, die Gewichtung solcher Anzeichen, ihre Einordnung in den historischen Kontext unterbleibt.

So verhält es sich etwa mit der Thule-Gesellschaft. Sie bildet in den drei kryptohistorischen Klassikern den »magischen Mittelpunkt des Nationalsozialismus«[633], wobei Bronder auch in dieser Vereinigung nur die Fassade eines noch geheimeren »Thule-Ordens« erblicken mag und Ravenscroft einer ominösen Vril-Gesellschaft noch mehr Einfluß zuerkennt. Die historische Wirklichkeit zeigt sich weit weniger spektakulär: Wie bereits dargestellt, war die Thule vor allem eine Vereinigung reaktionärer Bürger während der Münchner Gegenrevolution. Die Kryptohistoriker sehen es anders: Sebottendorffs Interesse für Okkultismus und die nie bewiesene Annahme, Hitler könnte in der Thule verkehrt haben, genügt ihnen bereits, um die Gesellschaft einzuspannen in das angebliche Netz einer geheimen, von esoterischem Gedankengut geleiteten Verschwörung, deren exoterische Seite der Nationalsozialismus gewesen sein soll. Einmal in Umlauf gebracht, findet sich die Thule-Legende in zahlreichen Titeln des Genres[634] und selbst in seriösen Publikationen.[635]

Zur verzerrten Wahrnehmung historischer Tatbestände kommt als zweites Merkmal kryptohistorischer Publikationen der hier gepflegte unseriöse Umgang mit wissenschaftlicher, ja selbst noch pseudo-wissenschaftlicher Literatur. Werke der Fachhistorie finden sich in den Literaturverzeichnissen dieser Autoren nur selten – sie stützen sich, um ihr schiefes Bild vom »Dritten Reich« nicht zu gefährden, vor allem auf Werke ihres Zirkels. Der universitären Wissenschaft stehen die Kryptohistoriker mit prinzipiellem Mißtrauen gegenüber. Ein »normaler Historiker«, so führte E. R. Carmin aus, »müßte schon weit über den eigenen Schatten springen, um sich mit den eigentlichen Grundlagen des Dritten Reiches auseinanderzusetzen: einer Geheimwissenschaft, einer in die Praxis umgesetzten Magie«. Weil dem »analytischen, wissenschaftlichen Verstand« des Historikers alles Magische widerstrebe, begnüge sich die NS-Forschung mit der »äußeren Form«, den »sogenannten harten, verständlichen Fakten«.[636] Was der Geschichtsschreibung sonst zur Ehre gereicht – die Konzentration auf Tatsachen –, erscheint Carmin als Makel. Diese Sichtweise hindert ihn nicht, einige wenige seriöse Werke unter Ausblendung aller Tatsachen, die der eigenen Argumentation zuwiderlaufen, als Steinbruch für seine Theoriegebäude zu nutzen.[637] Das Mißtrauen Carmins gegenüber der Fachhistorie zeugt von erheblichem Verfolgungswahn: Die Debatte um Hermann Rauschnings »Gespräche mit Hitler« ziele, so Carmin, in Wirklichkeit auf ihn – die Geschichtswissenschaft, offenbar im Bunde mit den okkultistischen Weltverschwörern, wolle seine Enthüllungen verhindern.[638]

Der unseriöse Umgang mit Literatur seitens der Kryptohistorie zeigt sich auch darin, daß zweifelhafte Wanderlegenden unkritisch von älteren Werken abgeschrieben werden und deshalb in nahezu allen Titeln des Genres verbreitet sind. Noch ohne Erwähnung Sebottendorffs findet sich beispielsweise der Thule-Mythos zuerst bei Pauwels und Bergier.[639] Bronder wiederum stützte sich einerseits auf die Erinnerungen Sebottendorffs, andererseits auf ein älteres Buch Louis Pauwels' über den »Magier« Gurdjieff.[640] Von dieser Arbeit ließ er sich offenbar zu einer Mitgliederliste des Thule-Ordens inspirieren, deren Vorlage schon von Pauwels weitgehend frei erfunden sein dürfte.[641] Aus dem frühen Buch Louis Pauwels' stammt auch, was nahezu alle Kryptohistoriker über die Bekanntschaft Karl Haushofers mit Gurdjieff zu berichten wissen. Mit der historischen Realität haben ihre Angaben nichts zu tun: Der Gelehrte reiste nie nach Tibet und hegte keinerlei Interesse für Okkultismus. Zutreffende Angaben über seine Person hätten jüngere Kryptohistoriker leicht auffinden können. Die seriöse Biographie Hans-Adolf Jacobsens, der sich von solchen Legenden ausdrücklich distanziert,[642] dient Carmin statt dessen – ohne Seitennachweis – als Beleg für die These vom Okkultisten Haushofer.[643] Auf dem Fundament Pauwels/Bergier gründet Ravenscrofts unsinniger Versuch, die von Haushofer konzipierte Geopolitik als eine Art Magie zu verstehen.[644] Tatsächlich enthalten seine Schriften keinerlei Hinweise auf okkultistische Interessen, auch der Familie des Wissenschaftlers sind solche Neigungen unbekannt: Der Sohn Heinz betonte, daß er und sein Bruder Albrecht »von solchen Zusammenhängen etwas gehört oder gesehen haben müßten«, was aber nicht der Fall gewesen sei.[645] Albrecht Haushofers oben zitiertes Sonett bezieht sich – so der Biograph Jacobsen – nicht auf schwarzmagische Machenschaften des Geographen, sondern bezeugt bei Albrecht »eine unverkennbare Überschätzung der Rolle seines Vaters im Dritten Reich«.[646]

Durch beständiges Wiederholen nie bewiesener Gerüchte verbreitete sich auch die kryptohistorische Behauptung, zu den geistigen Vätern des Nationalsozialismus müsse man Aleister Crowley rechnen, der als bekennender Satanist sexualmagische Riten popularisierte und durch seine Klostergründung »Thelema« im sizilianischen Cefalù zu institutionalisieren suchte. Die vorhandenen Quellen im Londoner Warburg-Institut, so die Schlußfolgerung des seriösen italienischen Wissenschaftlers Marco Pasi, bieten keine Hinweise auf einen tatsächlichen Einfluß Crowleys, der allerdings selbst glaubte, der Diktator sei durch seine Lehren geprägt. Zu dieser Vermutung veranlaßten ihn Rauschnings »Gespräche mit Hitler«, die Lieblingsquelle aller Kryptohistoriker, der man nach heutigem Forschungsstand kaum mehr glauben darf.[647] Eine Mittlerrolle zwischen Hitler und dem Satanisten schrieb man auch Martha Küntzel zu, die zwar mit Crowley, doch sicherlich nicht mit Hitler in Kontakt stand, obwohl sie eine fanatische Nationalsozialistin war und Crowley selbst den Diktator als »magisches Kind« Küntzels betrachtete.[648]

Obgleich die kryptohistorische Weltsicht nur aus einem Konglomerat von Mythen besteht, die beständig abgeschrieben und dabei neu variiert werden, verstehen sich die Kryptohistoriker als Geschichtswissenschaftler und bemühen sich, die Formen ernsthafter Forschung nachzuahmen. E. R. Carmins 890-seitiges Werk verfügt über einen Anmerkungsapparat von über 170 Seiten, dem ein umfangreiches Stichwort- sowie ein Literaturverzeichnis folgen. Auch »Forschungskontroversen« begegnen dem Leser solcher Werke. So mokiert sich etwa Trevor Ravenscroft über »Pauwels und Bergier, die nicht zwischen der Propaganda für den Massengebrauch und dem tieferen, verborgenen Wissen des inneren Kerns der Thulegesellschaft zu unterscheiden wußten«[649] – was ihn freilich nicht hindert, einen Großteil ihrer Legenden ungeprüft abzuschreiben.

Ein eigentümlicher Wissenschaftsbegriff – ein drittes

Merkmal der Kryptohistorie – verbindet nahezu alle Autoren des Genres. Mit dem Vorwurf, ihre Thesen basierten nicht auf gründlichem Quellenstudium, sondern entsprängen ihrer blühenden Phantasie, könnte man Pauwels und Bergier kaum treffen. Sie bekennen frei, daß ihre »Absicht romanhaft« sei und ihre Arbeit der »stellenweise legendenhaft ausgeschmückte [...] Bericht über eine Reise in bisher kaum erforschte Bereiche des Wissens«, in dem sich »Märchen und Wahrheit, kühne Spekulation und exakte Beobachtung« vermischen würden: »›In dem Schmöker von Pauwels und Bergier steht eine Menge Unsinn‹, wird man sagen. Doch wenn dieser Schmöker andere dazu angeregt hat, sich selbst auf den Weg zu machen und gründlicher nachzuforschen, haben wir unseren Zweck erreicht.«[650] Die Autoren fühlen sich einem »Phantastischen Realismus« verpflichtet, der »da, wo man im allgemeinen nur mit rationalen Begriffen zu arbeiten gewohnt ist, den Begriff des Magischen einführt«.[651] In der Tat wirkten die dort kolportierten Phantasien – wie Pauwels und Bergier gehofft hatten – anregend, nur veranlaßten sie leider nicht die angeblich intendierten »Nachforschungen«, sondern noch kühnere Spekulation. Das Geschichtsverständnis von Pauwels und Bergier wurde jedenfalls zum Leitprinzip zahlreicher Epigonen: »Der Historiker mag sachlich und vernünftig sein, die Geschichte hingegen ist es nicht«[652] – und deshalb, so folgert offenbar die Kryptohistorie, sollte auch der Historiker besser unsachlich und unvernünftig sein.

Dieser Auffassung schließt sich offenbar auch Miguel Serrano an, der sein Buch über »Esoterischen Hitlerismus« als »Gesang eines Minnesängers, eines kämpferischen Troubadours« charakterisiert.[653] Hitler, so der Grundgedanke des Werkes, überlebte und zog sich in ein unterirdisches

Reich im Inneren der Erde zurück, das über verborgene Öffnungen in der Antarktis-Region erreicht werden kann. Dort wartet er, unsterblich, auf die finale Auseinandersetzung mit den Kräften des Bösen.[654] Wie Pauwels und Bergier entwickelt auch Serrano ein theoretisches Modell. Mit dem »phantastischen Realismus« der Franzosen korrespondiert in seinem Werk eine »Archetypenlehre«: Hohlwelttheorie, ein noch lebender Hitler, UFOs und anderes mehr entstammen, so führt Serrano kryptisch aus, »einem Geiste hoher Symbolik, aus der unvermeidbaren Zweiheit verdünnter Luft der archetypischen Sphäre«.[655] Soweit er sich auf wissenschaftliche, etwa historische Erkenntnisse berufe, müsse man ihn daher nicht ganz ernst nehmen. Solche Beweise seiner Theorien sind nach seinem Bekunden »ohne wesentliche Bedeutung, wenn es auch ganz interessant ist, sie hier als Kuriosa oder Extravaganzen bekanntzugeben«.[656] So gerechtfertigt, entwirft Serrano seinen »esoterischen Hitlerismus«, in dem sich Elemente verschiedener spiritueller Traditionen wiederfinden, durchzogen von einem primitiven Antisemitismus. Zusammen mit den Büchern von Pauwels und Bergier, Ravenscroft und einigen anderen Werken der Kryptohistorie bildet Serranos »Goldenes Band« eine Gattung, die mit dem Anspruch der Wissenschaftlichkeit nur spielt und im Schnittpunkt von Historienroman, phantastischem Roman und Grusel-Thriller verortet werden kann. Zu den bekanntesten Vertretern dieses Genres zählt Wilhelm Landig, der – ein früherer Nationalsozialist und prominenter österreichischer Rechtsextremist – auf eine kryptohistorische Einkleidung seiner Ideen verzichtet und sie statt dessen in Form einer Romantrilogie aufbereitet, in welcher er, versetzt mit UFO-Phantasien und Hohlwelttheorien, am Mythos einer edlen SS strickt.[657]

Nichts gemein mit solch unerfreulichen Produkten des internationalen Rechtsextremismus hat das Weltbild der Anthroposophie, in dem sich menschliches Handeln und die Aktivitäten übersinnlicher Mächte wechselseitig beeinflussen. Einige Beiträge aus dieser Richtung entfernen sich so weit von aller irdischen, historisch nachvollziehbaren Geschichte, daß sie kaum der kryptohistorischen Literatur zugerechnet werden können: Es handelt sich um ausschließlich esoterisches, vom Geschichtswissenschaftler nicht überprüfbares Schrifttum, welches – beispielsweise – die übersinnlichen Begleitumstände des Nationalsozialismus,[658] das »nachtodliche« Schicksal Hitlers[659] und esoterische Zusammenhänge des Nationalsozialismus mit der Stauferzeit untersucht.[660] Andere Publikationen aus dem Umkreis der Anthroposophie sind historischer Kritik zumindest eingeschränkt zugänglich, etwa die mehrfach erwähnten Phantasien Trevor Ravenscrofts. Freilich befaßt auch er sich mit Fragen, die dem Historiker eher fremd sind: Unter Berufung auf den Anthroposophen Walter Johannes Stein führt Ravenscroft aus, die Seele Hitlers habe bereits im römischen Cäsar Tiberius gelebt, ebenso in Landulf II. von Capua, der im 9. Jahrhundert über ausgedehnten Landbesitz im Süden Italiens verfügt haben soll, und schließlich im Grafen von Acerra, einer Gestalt des 12. Jahrhunderts, in der Ravenscroft den Klingsor der Parzival-Sage erblickt.[661] Die Parallele Klingsor/Hitler greift Johannes Tautz auf, ohne indes von einer »Inkarnationsfolge« zu sprechen.[662] Daß seine Schrift von Ravenscroft inspiriert wurde, darf man zumindest annehmen: Tautz zeichnet als Verfasser der einzigen Biographie über Walter Johannes Stein, den angeblichen Gewährsmann Ravenscrofts, wenngleich dessen »Historienroman« von Tautz nicht angesprochen wird.[663] Auffällig ist die Neigung der Anthroposophie, in ihrem Vordenker Rudolf Steiner den esoterischen Gegenspieler Hitlers zu sehen.[664] Auch für den Nicht-Anthroposophen nachvollziehbar und anregend sind die bereits 1945 verfaßten Studien Karl Heyers[665] und schließlich die Publikationen Christoph Lindenbergs, der sich sichtlich mühte, die weitere Verbreitung der Phantasien Trevor Ravenscrofts in seinen Kreisen zu verhindern.[666] Das ambivalente Verhältnis der deutschen Anthroposophen zum NS-Staat zwischen 1933 und 1945 klärt eine jüngst erschienene Monographie Uwe Werners.[667]

»Hitler ist in der Geschichte der Neuen Weltordnung lediglich ein Synonym für eine ganze Reihe von Hitlers, die [...] die Menschheit in eine bestimmte Zukunft ziehen, führen, locken, notfalls und nicht eben selten prügeln.«[668] Dieser Satz mag die Neigung vieler Kryptohistoriker zu global angelegten Verschwörungs-Szenarien – ein viertes Merkmal des Genres – illustrieren. Nahezu alle bekannten Okkultisten des 19. und frühen 20. Jahrhunderts haben in den Werken E. R. Carmins und anderer Teil an einem global angelegten Umsturzversuch, so etwa die Theosophin Helena Petrowna Blavatsky, der russische Okkultist und Geheimagent Georg Iwanowitsch Gurdjieff und der Sexual-Magier Aleister Crowley. Zum Ausgangspunkt und Zentrum der konspirativen Aktivitäten erklärt die Kryptohistorie gerne Logen wie den Wiener »Ordo Templis Orientis« (O.T.O.) und die Londoner Vereinigung »Golden Dawn«, deren Verbindungen zum Nationalsozialismus freilich durch nichts zu beweisen sind. Das Komplott reiche, so Carmin, bis in die Gegenwart: CIA, Vatikan und zahlreiche Staaten der westlichen Welt würden zum Netz einer Verschwörung gehören, in der man die eigentliche Ursache des

Zweiten Weltkrieges erblicken müsse. Um ihre neue Weltordnung zu realisieren, bauten die geheimnisvollen Hintermänner – so Carmin – Hitler auf und ließen ihn, als seine Aufgabe erfüllt war, wieder fallen.[669] Originell und neu sind solche Theorien nicht: Freimaurer, Rosenkreuzer, Katholiken, abendländische und fernöstliche Geheimbünde sowie jahrhundertelang intrigierende antideutsche Kreise agieren seit je in den Werken der Verschwörungstheoretiker als Drahtzieher der Weltpolitik. Hitler und seine Anhängerschaft glaubten selbst an solche Machenschaften und wähnten sie zu bekämpfen – in den Werken vieler Kryptohistoriker werden die Nationalsozialisten nun zu Mitverschwörern in jenem Komplott, von dessen Gefährlichkeit sie selbst zutiefst überzeugt waren.[670] Wer allerdings die geheimen Machthaber dieser Erde enttarnen will, stößt – davon ist der »Kryptohistoriker« überzeugt – auf Widerstand und gefährdet gar sein Leben. So erging es etwa Otto Rudolf Braun: »Bücher waren aus öffentlichen Bibliotheken plötzlich nicht erhältlich«, ein Freund starb kurz nach Veröffentlichung brisanten Materials, ein Manuskript verschwand auf geheimnisvollem Wege.[671]

Seit den neunziger Jahren greifen die Verschwörungsszenarien zunehmend in den Weltraum aus: Jan van Helsings indizierte, nur noch unter dem Ladentisch und per Versand erhältliche Bestseller, vor allem sein Erstling über »Geheimgesellschaften und ihre Macht im 20. Jahrhundert«, entfalten phantastische, mit primitivem Antisemitismus versetzte Spekulationen über eine weltweite Illuminaten-Verschwörung, deutsche UFO-Projekte und Kontakte der Thule-Gesellschaft zu fremden Sternensystemen.[672] Während sich E. R. Carmin noch um eine pseudo-wissenschaftliche Herleitung seiner Thesen bemüht, bewegt sich van Helsing

– und mit ihm eine verbreitete rechtsextreme »Ufologie« – im Reich der Phantastik, in welchem sich freilich zahlreiche Kryptohistoriker zu Hause fühlen. Van Helsings UFO-Phantasien basieren auf den Bemühungen der nationalsozialistischen Machthaber, mittels »Wunderwaffen« eine Kriegswende herbeizuführen. Dabei wurden – allerdings von Randfiguren, keineswegs vom Herrschaftszentrum um Hitler – auch futuristisch anmutende Technologien und okkulte Antriebskräfte wie die »Vril-Energie« in Erwägung gezogen, jedoch niemals so weit erforscht, daß man von einem realen Hintergrund der wild wuchernden UFO-Phantasien sprechen könnte.[673] Verknüpft mit dem Mythos der NS-UFOs, kann man gelegentlich vom Überleben Hitlers lesen, der mit vril-betriebenen Flugscheiben das brennende Berlin verlassen haben soll. Tatsächlich sind die genauen Todesumstände Hitlers bis heute umstritten, neu erschlossene Quellen aus ehemaligen sowjetischen Archiven haben die Diskussion auch innerhalb der seriösen Wissenschaft in den neunziger Jahren nochmals belebt. In einem Punkt allerdings stimmen sämtliche ernst zu nehmende Historiker, wenngleich sich ihre Theorien im Detail unterscheiden, ohne Vorbehalt überein: Adolf Hitler ist tot – als Haupt einer Weltverschwörung kommt er deshalb nicht mehr in Betracht.[674]

Schließlich verbindet – fünftens – alle Kryptohistoriker die Neigung, in der Führungsclique des »Dritten Reiches« eine weltanschauliche Einheit zu sehen und von den okkultistischen Neigungen einiger exponierter Nationalsozialisten auf ebensolche Interessen bei allen hochrangigen Kollegen in der Spitze des Regimes zu schließen. Die verbreitete Interpretation des Nationalsozialismus als einer okkultistisch geprägten Ideologie, in die politische Praxis umgesetzt von unheimlichen Esoterikern, dürfte auf eine Überschätzung der Rolle Heinrich Himmlers zurückgehen, der in der Tat auf völkische Okkultismen zurückgriff[675] und sie – anders als Heß oder Rosenberg – mittels seiner SS partiell verwirklichen konnte: Die Wewelsburg,[676] der Umbau des Braunschweiger Doms,[677] die Förderung ominöser Sektierer[678] und alle Versuche, die deutschen Natur- und Geisteswissenschaften mit esoterischem Gedankengut zu durchsetzen,[679] bezeugen dies. Hitler freilich, obschon er die SS als Herrschaftsinstrument schätzte, tolerierte Himmlers Weltbild nur, ohne es zu teilen. Das okkultistische Spintisieren einiger Mitstreiter bekämpfte er vielmehr und interessierte sich – um nur die gängigsten Legenden zu nennen – weder für Gralsmystik noch für tibetischen Buddhismus, ebensowenig für Astrologie.

In dem Kapitel »Hitler und der Heilige Gral« kann E. R. Carmin daher nicht mehr bieten als den Verweis auf Ravenscrofts »Speer des Schicksals« und die Mitteilungen Hermann Rauschnings über eine angebliche Gralsschwärmerei des Diktators.[680] Der »Heiligen Lanze«, zum Thronschatz des deutschen Kaisers gehörend und in einigen mittelalterlichen Überlieferungssträngen mit dem Gralsmythos verknüpft, soll Hitler, folgt man Ravenscroft, magische Kräfte zugesprochen haben. Diese Behauptung widerspricht dem historisch belegten Umgang mit den Reichskleinodien im »Dritten Reich«. Zwar wurden sie 1938 von Wien nach Nürnberg, in die »Stadt der Reichsparteitage«, verbracht, was für eine besondere Beziehung des »Führers« zu den Herrschaftsinsignien sprechen könnte, doch ging dieser Ortswechsel – wie die quellengesättigte Darstellung Ernst Kubins verdeutlicht – nicht auf einen Einfall Hitlers zurück, sondern auf Willy Liebel, den ehrgeizigen Oberbürgermeister der Stadt Nürnberg. Er antichambrierte bereits seit 1933 bei Hitler, um im Falle einer Verbindung von Deutschland und Österreich die Rückkehr der einst in Nürnberg befindlichen Gegenstände herbeizuführen. Hitler reagierte eher zögerlich auf Liebels beständiges Drängen, fürchtete man doch in seiner Berliner Umgebung die Verärgerung der österreichischen Bevölkerung.[681] Gegen einen Reliquienkult des Diktators spricht auch, daß Hitler das mittelalterliche Kaiserreich nicht eben zu seinen bevorzugten geschichtlichen Epochen zählte, weit mehr schätzte er das antike Rom.[682] Eine Auseinandersetzung mit dem Gralsmythos bezeugen ansonsten nur Hermann Rauschnings »Gespräche mit Hitler«, eine überaus fragwürdige Quelle. Ihr zufolge rief Hitler aus: »Das ewige Leben, das der Gral verleiht, gilt nur den wirklich Reinen, Adligen!«[683] Daß Himmler sich für Grals-Mystik interessierte, steht hingegen außer Frage: Die SS förderte Exkursionen ihres zeitweiligen Mitglieds Otto Rahn, der im Gebiet der Katharer nach dem Gral forschte.[684]

Angebliche Kontakte zwischen Tibet und dem »Dritten Reich« bilden ein weiteres Kapitel Hitler-Mythologie: Geheimnisvolle Funksprüche zwischen Berlin und dem Himalaja, Beratungen Hitlers mit einem tibetischen »Eingeweihten« und ein Massenselbstmord tibetischer Mönche in Berlin nach dem Tod Hitlers gehören zu den Bausteinen dieses Mythos.[685] Himmlers und nicht Hitlers Hobby waren im übrigen Astrologie und andere Formen der Zukunftsvorhersage. Weder mit dem Hellseher Hanussen[686] noch dem Astrologen- und Okkultisten-Zirkel um den SS-Chef hatte der Diktator zu tun,[687] ein Propaganda-Scherz ist sein angeblicher Glaube an eine magische Alraunenwurzel.[688] Überhaupt dürfte vielfach Kriegspropaganda die Wurzel kryptohistorischer Legendenbildung sein: Mit selbstgemachten Nostradamus-Prophezeiungen, die sich auf die Lage des Kriegsgegners bezogen, ebenso mit gefälschten Horoskopen führender Politiker der anderen Seite versuchten deutsche und alliierte Geheimdienste, die Kampfmoral des jeweiligen Feindes zu beeinträchtigen.[689]

3. QUELLEN DER KRYPTOHISTORIE

Geschichtswissenschaft stützt ihre Erkenntnisse auf Quellen. Diesen Grundsatz hat auch die Kryptohistorie verinnerlicht und strebt danach, die angebliche okkultistische Prägung Hitlers durch entsprechende Belege abzustützen – ein Unterfangen, das freilich scheitern muß: Den Okkultisten Hitler gab es nicht, in zeitgenössischen Zeugnissen findet man ihn nur dann, wenn ihre Verfasser – angetrieben von Profilierungssucht, dem Wunsch nach Rache oder finanziellen Nöten – einen Hitler schilderten, der den Erwartungen einer sensationsgierigen Leserschaft entsprach. Wo nicht einmal zweifelhafte Dokumente vorliegen, behilft man sich in der Kryptohistorie mit dem Verweis auf »Informationen noch lebender Personen, die nicht genannt werden wollen«.[690]

Immerhin beim Namen genannt ist Walter Johannes Stein, der angebliche Informant Ravenscrofts. Der Anthroposoph lebte zwar zeitgleich mit Hitler in Wien, kannte aber – folgt man einer ernst zu nehmenden Biographie – weder den nachmaligen »Führer« noch Winston Churchill, den er über Hitlers okkultistische Neigungen aufgeklärt haben soll.[691] Soweit man die Berichte Ravenscrofts nachprüfen kann, erweisen sie sich als frei erfunden. Wagners »Parsifal« beispielsweise, dem Hitler 1901 oder 1911 eine Art »Erweckungserlebnis« verdanken soll, wurde erstmals 1914 in Wien aufgeführt.[692] Ob Ravenscroft seinem angeblichen Gewährsmann überhaupt begegnete, erscheint fraglich. Der australische Journalist Ken Anderson befaßte sich in den neunziger Jahren mit dem britischen Schriftsteller und widerlegte wesentliche biographische Angaben auf dem

Schutzumschlag der amerikanischen Ausgabe des »Speer«, zudem interviewte er Ravenscrofts Bruder Bill und erhärtete dabei die Zweifel an jenen Kontakten, die angeblich zwischen dem Anthroposophen und seinem Schüler bestanden haben sollen. [693]

Lieblingsquelle aller Kryptohistoriker sind Hermann Rauschnings »Gespräche mit Hitler«.[694] Des Führers Meinung über Gott und die Welt, über kleine Marotten und große Pläne hatte Rauschning – wie er im Vorwort behauptete – »authentisch« wiedergegeben, häufig in »nahezu wörtliche[r] Wiedergabe« und »bis in alle Einzelheiten«.[695] Rauschning berichtet von »mystischen Gesprächen« im Umkreis des »Führers«, in denen »kluge Frauen« den Diktator vergeblich vor der Anwendung schwarzer Magie warnen: »Hitler lieferte sich Kräften aus, die ihn mit fortrissen« und verfiel einem Zauber, »den man wohl mit gutem Grunde und nicht bloß im bildhaften Vergleich als eine dämonische Magie bezeichnen konnte«.[696] Ein Kapitel über »Hitler privat« fehlt in der deutschen Ausgabe, ist den »Kryptohistorikern« aber wohlvertraut aus den fremdsprachigen Fassungen: Hier lernt man den verrückten Hitler kennen, an der Grenze zum Wahnsinn stehend, der schreit, tobt, sich auf dem Boden wälzt und an Wände trommelt.[697] Nachts bekommt er – so erfuhr Rauschning aus Hitlers Umgebung – unheimlichen Besuch: »Taumelnd habe er im Zimmer gestanden, irr um sich blickend. ›Er! Er! Er ist dagewesen‹, habe er gekeucht. Die Lippen seien blau gewesen. Der Schweiß habe nur so an ihm heruntergetropft. [...] Man habe ihn abgerieben, habe ihm etwas zu Trinken eingeflößt. Dann habe er plötzlich losgebrüllt: ›Da, da! in der Ecke! wer steht da?‹«[698] Wahnsinn, so fragt sich der Leser – oder ein Besuch des Leibhaftigen? Rauschning weiß es: »Medien. Meist sind es ungewöhnliche, unbedeutende Wesen; plötzlich aber wachsen ihnen Fähigkeiten zu, die sie weit über das Maß des Alltäglichen herausheben [...] So gehen unleugbar Kräfte durch Hitler durch; echt dämonische Kräfte, die den Menschen Hitler nur zum Werkzeug machen.«[699]

Solche »authentischen« Berichte sind Wasser auf den Mühlen der Kryptohistorie. So übersieht sie gerne, daß Rauschnings Hitler-Bild kaum zu den Erkenntnissen paßt, die aus anderen, seriösen Quellen zu gewinnen sind. Einige Beispiele aus dem Bereich »Religion« mögen dies belegen: Die Vorstellung, Jesus sei Arier, hielt Hitler keineswegs, wie Rauschning »überliefert«, für »Unsinn«.[700] Rauschnings Hitler lobt angebliche Pläne Darrés, den Nationalsozialismus mit einer Blut- und Boden-Religion zu verbinden – solche Vorhaben paßten jedoch nicht zu Hitlers tatsächlichem »rationalisierten« Glauben, der seine Erfüllung in astronomischen Observatorien findet.[701] In dem Kapitel »Geheimlehre« berichtet Rauschning über Pläne Hitlers – der den Nationalsozialismus gerade *nicht* als Kirche verstand –, einen Orden zu gründen.[702] Ob Hitler sich bereits »an der Schwelle« eines »magischen Wissens« fühlte und sich vor der Aufgabe sah, »die Wiedergeburt zu einer neuen Gestalt zu verkünden«, erscheint angesichts des oben gewonnenen Bildes fraglich,[703] ebenso die Ankündigung Hitlers, dereinst den »Opfertod« sterben zu wollen.[704]

Nur wenige Elemente in Rauschnings Bericht stimmen hingegen mit dem oben entwickelten Bild überein, etwa Hitlers Ankündigung, »mit Stumpf und Stiel, mit allen seinen Wurzeln und Fasern das Christentum in Deutschland auszurotten«, und seine Absicht, den Einfluß der Kirchen zurückzudrängen.[705] Hier stellt sich allerdings die Frage, ob

Hitler tatsächlich schon vor der »Machtergreifung« solche Pläne hegte und Rauschning davon erfuhr. Offen bleibt auch, woher Rauschning den Inhalt von Hitlers Testament kennen sollte: In diesem stünde angeblich »das Letzte, Höchste: die religiöse Verkündigung, die ersten stammelnden Sätze des neuen Heiligen Buches, das er der Welt schenken will, wenn er leben bleibt«.[706]

Theodor Schieder zufolge darf man von Rauschnings »Gesprächen« keine »wörtliche und protokollarische Überlieferung Hitlerscher Sätze und Sentenzen erwarten«, immerhin aber »ein Dokument von unzweifelbarem Quellenwert insofern, als sie Deutungen enthalten, die aus unmittelbarer Einsicht erwachsen sind«. Unter »unmittelbarer Einsicht« versteht Schieder einerseits den persönlichen Kontakt Rauschnings zu Hitler, andererseits das Ergebnis längeren Nachdenkens.[707] Diese im ganzen positive Würdigung mag aus dem persönlichen Kontakt zwischen Schieder und Rauschning zu erklären sein: Der Kölner Historiker fühlte sich, wie er im Vorwort betonte, Rauschning zu aufrichtigem Dank verpflichtet und ließ sich von ihm bei der Abfassung seiner kritischen Würdigung beraten.[708] Nirgends bezeichnet Schieder die »Gespräche« als das, was sie letztendlich sind: als Erfindungen. Denn die Bemerkung Rauschnings, seine Aufzeichnungen seien »authentisch«,[709] muß man nicht nur »mit einiger kritischer Vorsicht lesen«,[710] sondern zurückweisen. Zwei neuere Studien von Fritz Tobias und Wolfgang Hänel, unabhängig voneinander entstanden, erhärteten die schon immer bestehenden Zweifel an der Echtheit dieser angeblichen Gesprächsaufzeichnungen.[711] Die Forscher rekonstruierten die Entstehungsgeschichte des Buches, überprüften die möglichen Termine der angeblichen Vier-Augen-Gespräche, verglichen den Text mit Hitler-Reden und »Mein Kampf« und konnten so die schon von Schieder im Ansatz entwickelte These weiter erhärten, nach der Rauschning eine krude Mischung aus echten Hitler-Zitaten, Gerüchten, Mitteilungen Dritter und – möglicherweise – eigenen Erlebnissen ausbreitet; demgegenüber läßt sich nicht klären, ob Rauschning auch nur ein einziges Mal allein mit Hitler gesprochen hat. Daß Hänel und Tobias ihre Kritik mit polemischem Unterton formulieren und Rauschnings oppositionelle Grundhaltung, die sich in den »Gesprächen« ausdrückt, einseitig als Profilierungssucht deuten, hat ihnen berechtigte Kritik eingetragen.[712] Dennoch steht für die heutige Forschung fest, daß Rauschnings »Gesprächen«, mehr noch als anderer Memoirenliteratur aus dem Umkreis Hitlers, kein Quellenwert zuzubilligen ist.[713]

In vieler Hinsicht verwandt mit den »Gesprächen«, erweisen sich die Aufzeichnungen Otto Wageners als nicht minder problematische Quelle. Wegen des ähnlich gelagerten Problems sei sie hier erwähnt – obgleich die Kryptohistorie, trotz guter Ertragsaussichten, diesen Text bisher nicht entdeckt hat. Vor allem in seiner Münchner Zeit bis September 1932 pflegte Wagener tatsächlich häufigen Umgang mit Hitler, fertigte aber seine in direkter Rede abgefaßte Wiedergabe der Gespräche erst 1946 an. Der große zeitliche Abstand macht eine wortgetreue Aufzeichnung unwahrscheinlich. Gegen eine hohe Bedeutung als Quelle spricht zudem die Neigung Wageners, sich zum engsten Vertrauten in wirtschaftlichen Fragen, schließlich gar zum Mentor und Lehrer Hitlers zu stilisieren: »Wir haben in so vielen Nächten so vieles besprochen und ich habe Ihnen meine innersten Gedankengänge und Gedankengrundlagen aufgedeckt wie vielleicht keinem. Bewahren Sie dieses Wissen und seien Sie damit der Hüter des Grals, dessen tiefste Wahrheit nur wenigen aufgehen kann.«[714] Solche Formulierungen dürften weit eher auf die Profilneurose des Verfassers als auf eine tatsächlich stattgefundene, mystisch verbrämte Ernennung zum Gralsritter durch Hitler zurückzuführen sein. Auch seine spätere Einstellung zu Hitler läßt an Wageners Zuverlässigkeit zweifeln: Obwohl er nur bis Frühsommer 1933 bedeutende Parteiämter innehatte und zu diesem Zeitpunkt, wohl auf Betreiben Görings, gestürzt wurde, fühlte er sich dem »Führer« auch nach seiner Entmachtung verpflichtet und neigte dazu, die Schuld am Untergang des Regimes den Paladinen des Diktators zuzuschreiben.[715]

Was Wagener von den religiösen Auffassungen Hitlers zu berichten weiß, erscheint nicht ganz so abwegig wie die Phantasien Rauschnings. Wageners Hitler von 1929/1932 spricht bereits über Vorsehung und macht präzise Angaben über ihre Funktion: »Aber wenn wir dann mal was wollen, was dem Schicksal oder besser gesagt, der Vorsehung nicht paßt, dann stoßen wir auf Widerstände und kommen nicht zum Ziel.«[716] Das Gewissen eines politischen Führers, so erläutert er in der Darstellung Wageners, »ist ihm von Gott gegeben, das ist die göttliche Stimme in ihm«.[717] Die Meinung Hitlers zu Vorsehung und Schicksal konnte Wagener den öffentlichen Reden entnommen haben – nicht aber seine Auffassungen über Christentum und Kirche, und gerade hier zeigen sich dann auch erhebliche Unterschiede zu dem Hitler der authentischen »Tischgespräche«. Selbst wenn man die zeitliche Differenz von etwa zehn Jahren in Rechnung stellt, die zwischen den angeblichen Äußerungen gegenüber Wagener und den echten »Tischgesprächen« liegen, so erscheint es doch fraglich, ob Hitler um 1930 »die

Schätze des lebendigen Christus heben« und seinem Volk »die Erkenntnis jener Lehre wiederbringen« wollte.[718] Diese wahre Lehre Jesu sah er bei Wagener – hier in Übereinstimmung mit dem späten Hitler – durch jüdische Machenschaften verfälscht,[719] doch zeigt der von Wagener beschriebene Hitler eine derart ausgeprägte Sympathie für den Religionsstifter, daß bei Hitler mehrmals ein dramatischer Sinneswandel stattgefunden haben müßte – »liebet Euch untereinander, nehmt Rücksicht auf Eure Mitmenschen, denkt daran, daß nicht jeder einzelne von Euch allein ein Geschöpf Gottes ist, sondern Ihr seid allesamt Brüder«, predigt Hitler in Anlehnung an Jesus.[720] Ein weiteres Beispiel: »Liebe und Hoffnung kann uns nicht helfen, nur der Glaube; dieser erzeugt den Willen« – so formulierte Hitler 1922 tatsächlich.[721] Bei Wagener fordert er das Gegenteil: »Glaube, Liebe und Hoffnung zu erwecken, da haben Sie recht, das ist unsere erste Aufgabe«.[722] Eher schon stimmt mit Hitlers authentischem Gottesbild die Polemik gegen kirchliche Vorstellungen von Himmel, Hölle und Fegefeuer überein.[723] Daß der Parteiführer nach Wagener »weihrauchgeschwängerte Kirchen« ablehnte und der Jugend lieber in freier Natur »das gewaltige Getriebe der Schöpfung« zeigen wollte,[724] verwundert den Kenner der späteren »Tischgespräche« nicht. Trotz dieser wenigen Parallelen dürften Wageners Berichte, soweit sie religiöse Fragen betreffen, weitgehend ein Phantasieprodukt ihres Verfassers sein,[725] in dem die zeittypische Vorstellung eines »christlichen Sozialismus« mit dem völkischen Klischee des eher kämpferisch-revolutionären als göttlich-wundertätigen Jesus[726] vermengt und Hitler in den Mund gelegt wurde.

Die Kryptohistoriker – um nun den Exkurs zu Klassikern, Merkmalen und Quellen des Genres zusammenzufassen – unterbreiteten ihrer Leserschaft mehrere Angebote, wie der Nationalsozialismus in die Nähe okkultistischer Lehren und Organisationen zu rücken sei. Einige stellten Hitler selbst in den Mittelpunkt kühner Spekulationen und deuteten ihn als Medium oder schwarzmagischen Eingeweihten; andere glaubten an eine düstere, der nationalsozialistischen Ideologie einverwobene Geheimlehre, mit der sich die NS-Spitze identifiziert hätte; schließlich sahen manche Autoren das »Dritte Reich« als Werk einer okkultistisch inspirierten Weltverschwörung. Allen drei Hypothesen ist gemein, daß sie durch historische Quellen nicht erhärtet werden können.

Hitler selbst stand okkultistischen Bestrebungen ablehnend gegenüber und begriff den Nationalsozialismus als »kühle Wirklichkeitslehre schärfster wissenschaftlicher Erkenntnisse«.[727] Als »praktischen Okkultisten«, der tatsächlich über magische Fähigkeiten verfügte, werden ihn nur jene akzeptieren können, die an solche Veranlagungen glauben. Außerhalb der Kryptohistorie, im Rahmen universitärer Forschung, trifft dies bislang für den Freiburger Parapsychologen Ulrich Timm zu, der aus Hitlers bemerkenswerter Resistenz gegen Attentate schloß, der Diktator habe mittels »Präkognition« die drohende Gefahr im voraus erspürt.[728]

Es gab keine esoterische Lehre, in der sich die Führungsspitze des »Dritten Reiches« geschlossen wiedergefunden hätte, alle diesbezüglichen Spekulationen beruhen auf Überschätzung einzelner Repräsentanten, deren Weltanschauung fälschlich mit dem Denken aller Nationalsozialisten gleichgesetzt wird. Die NS-Ideologie vermochte es, völlig disparate geistesgeschichtliche Strömungen zu bündeln: Sozialistisch anmutendes Ideengut im Zeichen einer neu zu schaffenden »Volksgemeinschaft« gehörte ebenso dazu wie rechtskonservativer, vom Bürgertum getragener Nationalismus; die Verherrlichung des Bauernstandes, verdichtet in der »Blut und Boden«-Formel, begegnete im »Dritten Reich« militärtechnischen Neuerungen, die man zumindest insofern »modern« nennen könnte, als sie von ausgeprägter Innovationsfähigkeit im Bereich der Rüstungsindustrie zeugen. Einige Denkschulen, die vorübergehend oder längerfristig im großen Gebäude der nationalsozialistischen Ideologie Platz fanden, entwickelten große, andere geringe Wirkungskraft; manche verloren ihre Identität, blieben Außenseiter oder schieden nach zeitweiliger Annäherung wieder aus, viele wurden schließlich als Feind erkannt und verfolgt. Aufgrund dieses Ideenpluralismus kann es nie gelingen, die allein wegweisende Einflußgröße innerhalb des Nationalsozialismus auszumachen. Dies gilt auch für die »Völkische Bewegung«, in der sich bestimmte Programmpunkte der NSDAP schon seit der Jahrhundertwende abzeichneten. Im Rahmen der »Völkischen« bildeten Okkultisten, von ihren Mitstreitern oft mißtrauisch beäugt, eine kleine Gruppe, mit der allerdings einige wenige Vertreter der späteren NS-Elite sympathisierten. Heinrich Himmler, aber auch Rosenberg, Darré und Heß griffen die hier kursierenden kruden Vorstellungen auf; unter ihnen gelangte nur Himmler, der Reichsführer SS, zu herausragender politischer Bedeutung, doch scheint es fraglich, ob er diesen Status ausgerechnet seinen okkultistischen Ideen verdankte. Hitler, so darf man vermuten, schätzte die SS als Werkzeug seiner Politik und tolerierte deshalb das Spintisieren ihres obersten Befehlshabers, suchte aber solches Ideengut aus der nationalsozialistischen Weltanschauung fernzuhalten; selbst die SS-Offiziere teilten nicht alle skurrilen Einfälle ihres Chefs. Mit Himmlers Okkultismus dürfte man die Macht des »Schwarzen Korps« also kaum erklären. Wäre, so kann man fragen, der Holocaust entfallen, wenn statt Himmler, der sich mit Runenzauber, Astrologie und Reinkarnation befaßte, ein Technokrat wie Heydrich an der Spitze der SS gestanden hätte? Sicherlich nicht – wer die Judenvernichtung vor allem unter Verweis auf die makabren okkultistischen Schwärmereien des Reichsführers SS erklärt, übersieht komplexe politik-, sozial-, und mentalitätsgeschichtliche Prozesse, deren Zusammenwirken Auschwitz erst ermöglichte.

Weder Hitler selbst noch die NS-Ideologie können also mit dem Etikett »okkultistisch« versehen werden. Eine dritte Theorie der Kryptohistoriker deutete den Nationalsozialismus als Teil einer Weltverschwörung, die von global operierenden Vereinigungen mit okkultem Hintergrund ausgehen soll. Trotz vielfältiger Spekulationen liegen bis heute keine überzeugenden Belege für Hintermänner aus der esoterischen Szene des frühen zwanzigsten Jahrhunderts vor, die im Rahmen eines großangelegten Komplotts zentrale Personen und Institutionen des »Dritten Reiches« aus dem Verborgenen gesteuert haben könnten. Wer die Thule-Gesellschaft in diese Position rücken will, überschätzt – wie dargelegt – einerseits den Einfluß des esoterisch interessierten Sebottendorff auf die Thule, andererseits deren Einwirkungsmöglichkeit auf die junge DAP.

Weder Hitler, die NS Ideologie noch angebliche Weltverschwörer eignen sich also, um den Nationalsozialismus als Okkultismus zu begreifen. Die Kryptohistorie kann dies nur tun, weil sie – wie im obigen Merkmalskatalog ausgeführt – zu einem verzerrten Blick auf historische Fakten neigt (1.), einen unseriösen Umgang mit wissenschaftlicher Literatur pflegt, die Ergebnisse seriöser Wissenschaft zurückweist und fragwürdige Legendenbildungen unkritisch weitergibt (2.), weil sie häufig die Nähe zu fiktionaler Literatur des Fantasy-Genres sucht (3.), einem Verschwörungsmythos erlegen ist (4.) und schließlich die Ideen einiger Parteigrößen mit dem gesamten Herrschaftsapparat gleichsetzt (5.). Dies alles geschieht auf der Grundlage eines Quellenbestandes, der weitgehend erfunden ist. Man wird, wie es neuerdings von verschiedener Seite geschieht, die Werke der Kryptohistorie als fragwürdige, im Falle rechtsextremer Einfärbung auch als unappetitliche und gefährliche Erzeugnisse weitgehend wissenschaftsfremder Außenseiter zurückweisen müssen.

IV.
ANALYSEN

1. HITLERS GOTT: PROPAGANDA ODER GLAUBENSINHALT?

Warum, so wurde eingangs gefragt, muß auf den vielen Regalmetern Hitler-Literatur auch noch ein Buch seinen Platz finden, das sich mit des Diktators Gott befaßt? Rechtfertigt dessen Macht – in Hitlers Denken, im Herrschaftsalltag des »Dritten Reiches« – solches Interesse? Oder diente die Vorsehung nur der rhetorischen Veredelung Hitlerscher Reden, erschöpfte sich ihre Funktion darin, die dumpf-martialische Kraftmeierei des Diktators mystisch zu verbrämen, weshalb niemand ernsthaft an sie geglaubt hätte – der »Führer« nicht und auch nicht sein Volk? In diesem Fall wäre das hier Zusammengetragene kaum mehr als ein kurioser Beitrag zur Biographie eines Massenmörders: schillernd, doch ohne großen Erkenntniswert.

Was Hitler tat, geschah nie ohne Rücksicht auf mögliche Wirkungen in der Öffentlichkeit. Fraglos gilt dies auch für seine Rede von Gott: Hitler wußte, wie leicht religiös motivierter Fanatismus zum einigenden Band einer (Volks-)Gemeinschaft werden konnte. Daraus zwingend zu schließen, daß Hitler nur ein berechnender, auf Effekthascherei bedachter Populist gewesen sei, wäre jedoch verfehlt: Das eine, der Nutzwert propagandistischer Inanspruchnahme Gottes, muß das andere, den echten Glauben, nicht ausschließen. Für letzteren spricht, daß Hitler nicht nur der Masse, sondern auch dem privaten Umkreis von seinem Gott berichtete. Die Tafelrunden im Führerhauptquartier vernahmen dabei substantiell nichts anderes als das Millionenpublikum vor den »Volksempfängern«, allenfalls die Kirchenfeindschaft Hitlers blieb das Geheimnis weniger.

Doch auch diese Übereinstimmung von privatem und öffentlichem Gottesbekenntnis muß noch nichts bedeuten: Immerhin wäre es möglich, daß Hitler allen, der Volks- wie seiner Tischgemeinschaft, leere Worte predigte. Solche Überlegungen führen auf gefährliche Wege. Wenn Hitler nicht an seinen Gott glaubte – wie stand es dann um andere Grundpfeiler seiner Weltanschauung, um Antisemitismus, Rassismus, Lebensraumpolitik? Wer die Ideen des Diktators nicht mehr ernst nimmt und ihnen jede handlungsleitende Bedeutung abspricht, gelangt schließlich an den Punkt, von dem die Hitler-Forschung einst ausging: Man hätte es dann wiederum zu tun mit dem machiavellistischen Hitler, bar aller Prinzipien und Ideale, nur seinem Machttrieb gehorchend. Daß Hitler an die zentralen Inhalte seiner Ideologie selbst nicht geglaubt und darum über Jahrzehnte hinweg tagtäglich aus Gründen des Machterhalts gelogen hat, scheint unwahrscheinlich, obwohl der Diktator im Einzelfall oft zum Hilfsmittel der Lüge griff. Eher schon könnte es sein, daß seine Ideen nicht als konkrete, planhaft entworfene Handlungsanweisungen, sondern nur als »ideologische Metaphern«[729] zu verstehen sind. Hitler habe ihrer, so die These Martin Broszats, bedurft, um seiner Gefolgschaft eine »symbolische Endvorstellung für eine in Wahrheit auf unendlichen Progressus gerichtete Bewegung und Machtakkumulation« bieten zu können.[730] In der Tat: Die doppelte Heilsgeschichte des Nationalsozialismus, 1933, nach Erreichen des zunächst angestrebten Endzieles, noch einmal neu begonnen, diente genau diesem Zweck: Sie verschaffte der »Bewegung« neue Dynamik und sicherte somit die Machtbasis des Diktators. Das muß nun aber nicht bedeuten, daß Vorsehungs-Gott und Heilsgeschichte ausschließlich »ideologische Metaphern« waren. Es unterliegt keinem Zweifel, daß – um noch einmal Martin Broszat zu zitieren – bestimmte weltanschauliche Inhalte »für Hitler persönlich die Funktion letzter Glaubenswahrheiten«[731] hatten. Die enervierende Penetranz, mit der Hitler immer wieder von seinem Vorsehungs-Gott sprach, die Kongruenz von öffentlicher und privater Rede und schließlich die Geschlossenheit seiner religiösen Ideen über zwanzig Jahre hinweg sprechen eher dafür, ihn beim Wort zu nehmen. Hitlers Gott war keine propagandistisch vorgeschobene, sondern eine zum Zweck der Propaganda instrumentalisierte Größe.

Nimmt man Hitlers Gott ernst, ergeben sich interessante Perspektiven auf das Persönlichkeitsprofil des Diktators. Sicherlich dürfte es schwerfallen, aus diesem Gottesbegriff konkrete politische Entscheidungen abzuleiten. Unzweifelhaft verstärkte jedoch der Vorsehungs-Glaube die erstaunliche Dynamik, mit der Hitler gerade seine außenpolitischen Ziele umsetzte. Wer sich in den lenkenden Willen einer höheren Macht eingebunden glaubt und diese Überzeugung durch ungewöhnliche Erfolge bestätigt sieht, wird den einmal eingeschlagenen Weg mit um so größerer Konsequenz verfolgen. Die Unbeirrbarkeit, mit der Hitler Politik betrieb, läßt sich nicht nur auf seine Annahme zurückführen, daß deren *Ziele* – Rassenkrieg um Lebensraum – richtig seien, sondern liegt gerade auch in der Überzeugung begründet, daß der von ihm gewählte *Weg* im Verfolgen dieser Ziele mit dem Heilsplan der Vorsehung konvergiere.

Zudem könnte sich der Vorsehungs-Gott als hilfreich erweisen, die am Eingang dieser Arbeit skizzierte Vielfalt gängiger Hitler-Bilder zu verbinden. Wie ausführlich beschrieben, interpretierte Hitler seine außenpolitischen und militärischen Erfolge wiederholt als Belohnungen der Vorsehung; Mißerfolge hingegen, welche er als Prüfung wertete, verstärkten dann sogar seinen Drang, noch konsequenter zu sein bei der Realisierung der gottgewollten Ziele. Durch die Möglichkeit, ständig zwischen den Deutungsmustern »Belohnung« und »Prüfung« hin- und herzuschalten, war jegliche selbstkritische Prüfung von Konzeption und Zielutopie von vornherein ausgeschlossen. Es konnten aber im Einzelfall auch Maßnahmen, die vor dem Hintergrund der NS-Ideologie fragwürdig waren – etwa der Abschluß des Hitler-Stalin-Paktes –, nachträglich als Wunsch der Vorsehung legitimiert werden: Der Erfolg des Polenfeldzuges, den Hitler besonders euphorisch als Belohnung der Vorsehung feierte, bestätigte ja, daß Politik und Strategie von oben goutiert wurden. Unter Verweis auf Hitlers Gott lassen sich deshalb zwei gängige, aber bisher einander ausschließende Deutungen der Hitlerschen Persönlichkeit verknüpfen: Sieht man in Hitler »einen entscheidungsunwilligen, häufig unsicheren« und »in mancher Hinsicht schwachen Diktator«,[732] mag man im Einzelfall recht haben. Für die außenpolitischen Vabanquespiele der dreißiger Jahre etwa ist bezeugt, daß Hitler sich seiner Sache keineswegs immer sicher war. Gerade deshalb eignete sich jedoch die Einbindung der eigenen Person in einen religiösen Heilsplan so hervorragend, den eingeschlagenen Weg unter Inkaufnahme immer neuer Risiken weiterzugehen und die Ängstlichkeit, auf die das Interpretament vom »schwachen Diktator« abstellt, zu überwinden. Umgekehrt ist auch der hemmungslose, prinzipien- und letztlich konzeptionslose Machiavellismus, den man Hitler gleichfalls unterstellte, über den »Vorsehungs«-Begriff in das Gesamtsystem seiner Ideologie eingebunden.

Solange er das »Telos« der Geschichtsteleologie nicht aus den Augen verlor, war Hitler in der Wahl seiner Mittel flexibel und konnte sie im nachhinein immer rechtfertigen – durch die Bewertung des Ergebnisses als Belohnung oder Prüfung. Der Vorsehungs-Begriff erscheint somit als eine Art Scharnier, an dem einzelne Bestandteile der Weltanschauung flexibel herumgeschwenkt werden konnten.

2. HITLERS GOTT UND DIE GLÄUBIGEN

Hitlers Gott stand nicht isoliert in einer ansonsten areligiösen ideologischen Umgebung. Außer den ständigen Verweisen auf die Vorsehung können Zeitzeugen leicht weitere Beispiele für die religiöse Dimension des Nationalsozialismus anführen: Der »Lichtdom« auf den Nürnberger Reichsparteitagen und das HJ-Lied, in dem die Fahne den Hitler-Jungen in die Ewigkeit führen sollte, gehören zu den prägenden Erinnerungen vieler, die einst zur »Volksgemeinschaft« zählten. In solchen Mythen, Riten und Symbolen stellte sich das Regime zur Schau; sie seien, um den Kontext Hitlerscher Vorsehungs-Anrufung zu verstehen, hier knapp skizziert.[733]

Von den Mythen war bereits vielfach die Rede. Hitler predigte, wie ausführlich gezeigt, einen nationalsozialistischen Heilsplan und verlangte von den Deutschen unbedingten Glauben an Vaterland und »Bewegung«.[734] Für sich reservierte er die Rolle des Messias und schuf so, hierin nachhaltig unterstützt von Goebbels, den Führer-Kult des »Dritten Reiches«. Dessen Motive fanden sich ab 1933 schon im Schulalltag wieder. In der Grundschule schrieb man Diktate über »Jesus und Hitler«, die Hitler-Jugend sang Loblieder auf den »Führer«, Mädchen rezitierten Bearbeitungen des Vaterunsers, in denen Hitler die Stelle Gottes einnahm.[735] Zahlreiche Schulbücher enthielten Baldur von Schirachs bekanntes Hitler-Gedicht,[736] das Liedgut der Partei und ihrer Organisationen war durchsetzt mit religiösen Konnotationen. Die Motive entsprachen, wie in der Schule, so auch später im nationalsozialistisch organisierten Leben, präzise dem, was Hitler in seinen Reden vorgab: Glaube, Hoffnung auf nationale Erlösung, Stilisierung der Person des »Führers« zum Auserwählten Gottes – das bereits zitierte Gedicht aus den zwanziger Jahren zeigte schon, wie genau sich Hitlers Heilsgeschichte und die Erzeugnisse ihrer Rezeption deckten.[737] Lyrik, Lieder und Leitartikel boten insgesamt nichts Neues, sondern transportierten den von Hitler vorgegebenen Mythos weiter, häufig in noch kitschigerer, noch überzogenerer Form.

Mehr Aussagekraft als solche Feststellungen hat sicherlich ein Beispiel. Aus der Fülle einschlägiger Texte sei ein Gedicht gewählt, das einer weitverbreiteten Anthologie mit Versen österreichischer Hitlerjungen entstammt.[738]

»Vor dir, mein Führer

Und mögen tausend Menschen vor dir stehen,
so fühlt doch jeder deinen Blick allein
und denkt, es muß für ihn die Stunde sein,
und du willst tief in seine Seele sehn.

Denn in Minuten, wo du bei uns weilst,
erschließen wir dir gerne jedes Tor,
und die Gedanken heben wir empor,
daß du an ihnen besserst und sie feilst.

Du bist so gütig und du bist so groß,
du bist so stark und bist unendlich rein,
wir legen gerne ohne jeden Schein
vor dir die Einfalt unseres Herzens bloß.

Denn keiner ging noch unbeschenkt von dir,
traf ihn nur einmal deiner Augen Strahl,
wir wissen, du verkündest jedesmal:
ich bin bei euch – und ihr gehört zu mir!«

Seine Rituale zelebrierte das Regime vor allem an herausgehobenen Tagen, die dem Programm des NS-Feierjahrs folgten;[739] Vorsehung und göttliche Allmacht wurden in den Reden solcher Festtage besonders bemüht. Hitler stand nicht selbst im Mittelpunkt aller Feiern des nationalsozialistischen Kalenders, regelmäßig aber am Tag der »Machtergreifung« (30. Januar), der Verkündung des Parteiprogramms (24. Februar), dem Heldengedenktag (16. März), dem Geburtstag des »Führers« (20. April), dem Tag der Arbeit (1. Mai), dem Reichsparteitag (mehrere Tage im September), dem Erntedanktag (Anfang Oktober) und dem Gedenktag für die Gefallenen der Bewegung (9. November). Die kultartigen Handlungen besonders der Reichsparteitage zeichneten sich durch äußerste Pracht- und Machtentfaltung aus, »Führer« und Masse ergänzten einander im rituellen Spiel einer genau festgelegten, an Gottesdienste erinnernden Choreographie.[740] Die Rede Hitlers, sofern er selbst an der jeweiligen Veranstaltung teilnahm, bildete regelmäßig den Höhepunkt: Der Auserwählte bot sich dem Volk dar und verkündete ihm die Heilsbotschaft seines Gottes.[741]

Schließlich die Symbole: Als religiöse Zeichen des Nationalsozialismus kann man nicht nur Hakenkreuz und SS-Runen,[742] sondern zahlreiche Bauwerke im typischen Monumentalstil,[743] Denkmäler aller Art wie Ehrentempel und Mahnmale,[744] Fahnen und Standarten, letztlich auch das ikonenartige Hitler-Bild begreifen, welches – dem Kruzifix des Christentums vergleichbar – nicht nur den öffentlichen Raum, sondern auch die Privatsphäre beherrschte: Kein anderer Diktator »hat sich seinen Wählern derart körperlich aufgedrängt wie Hitler mit seiner immer virtuoser gehandhabten visuellen Propaganda, mit seiner Stimme, mit seinem Blick von Angesicht zu Angesicht«.[745]

Wie aber reagierte der »Volksgenosse« auf solche Begegnungen mit Hitlers Vorsehungs-Gott? Weil zuverlässige demoskopische Untersuchungen in totalitären Staaten nicht stattfinden, läßt sich diese Frage nur mit Mühe klären. Subjektiv gefärbte private Aufzeichnungen, vor allem aber Stimmungsberichte unterschiedlichster Provenienz bilden zentrale Quellengattungen, will man Fragen wie der eben gestellten auf den Grund gehen. Die Recherchen zur Seelenlage der Deutschen, vorgenommen von Angehörigen oppositioneller Gruppen oder staatlicher Sicherheitsdienste, konzentrierten sich freilich auf bestimmte, für ihre Auftraggeber bedeutsame Problemfelder, zudem wußten ihre Verfasser durchaus, was die Empfänger zu lesen wünschten, und zeichneten deshalb nicht immer ein annähernd objektives Bild. Die Rezeption religiöser Elemente des Nationalsozialismus in der Bevölkerung interessierte die meisten Berichterstatter kaum: Bedeutsamer erschienen ihnen Reaktionen auf tagespolitische Ereignisse, die Einschätzung der materiellen Lage durch die »Volksgenossen« und ähnliche, den Augenblick betreffende Haltungen. Indirekt dokumentieren sie allerdings den »Hitler-Mythos«, jenes sozialpsychologische Phänomen, in dem Ian Kershaw »das zentrale Triebwerk für die Integration, Mobilisierung und Legitimierung im NS-Herrschaftssystem« sah.[746]

Die Glorifizierung Hitlers blühte in der Gesamtbevölkerung nicht so plötzlich auf, wie sie gegen Ende des Krieges zerfiel. Ihr Keim dürfte der Führer-Kult innerhalb der Partei gewesen sein, der – vom Parteichef selbst behutsam mit Nahrung versorgt – schon seit Mitte der zwanziger Jahre prächtig gedieh und sich mit dem Glauben »an die sieghafte Kraft dieser Befreiungs-, dieser Erlösungslehre« verband.[747] Nicht nur in der NSDAP, sondern auch in anderen Gruppierungen des rechten Spektrums lebte in der Weimarer Republik die Sehnsucht nach einem »Führer«, dessen Idealbild Kurt Sontheimer als »völkischen Messias« beschrieb, der als »Werkzeug übersinnlicher Kräfte, sei es des Schicksals, Gottes oder einer anders benannten metaphysischen Geschichtsmacht« in die Politik eingreifen sollte.[748] Seine historische Sendung bestand nach dem Willen rechtskonservativer Kreise in der Erneuerung des geknechteten Vaterlandes durch die glanzvolle Wiederbegründung eines deutschen Reiches – Hitler konnte somit neben der Sehnsucht nach dem Führer noch ein zweites Ideologem des antidemokratischen Weimar, den »Reichsmythos«, für sich vereinnahmen.[749] Auf solche Wunschträume nahm Hitler Rücksicht bis in kleine Details seiner Auftritte: Schrieb die völkische Presse vom »Führer über Deutschland«, so bezog sie sich einerseits auf Hitlers vorbildlose Angewohnheit, seine Wahlkampfreisen mit dem Flugzeug zu absolvieren, stilisierte aber zugleich den Kanzlerkandidaten zum mythischen Mann über den Wolken.[750] Einmal in den Köpfen präsent, manifestierte sich der Hitler-Glauben nicht nur in frenetischem Jubel bei öffentlichen Kundgebungen, sondern auch in Briefen, von denen sich einige erhalten haben: »Aus unendlicher Liebe fühle ich mich gedrungen, unserem Schöpfer tagtäglich dafür zu danken, der uns durch seine Gnade [...] einen solch herrlichen Führer geschenkt« hat.[751] Auch die Deutschland-Berichte der Sozialdemokratischen Partei konstatierten im Mai 1939, daß Hitler »in der Stärke der Glaubensströme, die er erweckt hat, [. . .] erst- und einmalig« sei.[752]

In eher kritischen, konfessionell geprägten oder politisch links stehenden Kreisen setzte sich der Hitler-Mythos langsamer durch, Propaganda allein genügte hier nicht oder wirkte sogar kontraproduktiv. So glaubte man in katholischen Gebieten während des regenarmen Sommers 1934, daß die bedrohliche Trockenheit auf den neuen Gruß »Heil Hitler« zurückzuführen sei, der das althergebrachte »Grüß Gott« abzulösen begann.[753] Aber auch in diese Milieus drang der Glaube an den »Führer« allmählich vor – wobei die Ursache für diesen Prozeß freilich weniger in den propagandistischen als den außen- und sozialpolitischen Anstrengungen des Regimes zu suchen sein dürfte. Erfolge wie die Besetzung des Rheinlandes, der »Anschluß« Österreichs, die Beseitigung der Arbeitslosigkeit lieferten selbst kritische Köpfe dem Glauben an den gottgelenkten »Führer« aus. Wegen dieser Verknüpfung von Hitler-Verehrung und konkreten politischen Triumphen blieb der Hitler-Mythos jedoch labil – das Ausbleiben der Erfolge mußte ihn, wie sich wenige Jahre später zeigte, notwendig zerstören. Das Volk glaubte an Hitler, weil sich dessen Gott in vorweisbarem Fortschritt offenbarte – weniger, weil der Diktator beständig von der Vorsehung predigte und die Planer der Parteitage Lichtdome im Nürnberger Himmel errichteten. Solche Schauveranstaltungen und die hier entfaltete Rhetorik zapften »einen Strom pseudoreligiöser Gefühle ›säkularen Heils‹ an, die eine nicht unbedeutende Komponente der Volkspsyche bildeten«.[754] Freilich waren die Menschen auf ihre Ratio nur dann zu verzichten bereit, wenn neben religiösem Kult auch handfeste Siege geboten wurden. Als die Flaks nicht mehr Lichtdome in den Himmel warfen, sondern – häufig ohne Erfolg – auf feindliche Bomber zielten, erlosch der Glaube.

Zunächst vermochte jedoch nichts, den Hitler-Mythos zu erschüttern. Trotz der offensichtlichen Differenz von Propaganda und Lebenswirklichkeit schien Hitler als gerechter Lenker der Nation über den Sphären des Alltags zu schweben. Sofern die Bevölkerung unzufrieden war, gab sie die Schuld den »kleinen Hitlern« auf unteren Ebenen der Partei, dem »Bonzentum« der Gauleiter und Minister. »Wenn das der Führer wüßte« – so ein geflügeltes Wort der Zeit – würde er die Mißstände sofort beseitigen. Selbst Angriffe des nationalsozialistischen Staates auf die Kirchen vermochten die Verehrung Hitlers anfangs nicht zu beeinträchtigen, vielmehr strebten die Deutschen nach Verbindung der konkurrierenden Überzeugungen: »Bei mir war das so: Man dient zuerst Gott, wer Gott dient, der dient Deutschland. Und augenblicklich muß man, um Deutschland zu dienen, Adolf Hitler folgen.«[755] Man wollte beide verehren, Jesus wie den »Führer«, und duldete kein Konkurrenzverhältnis. Auf einer Versammlung in der Oberpfalz stellte ein Bürgermeister fest, »alle Anwesenden stünden uneingeschränkt zum Führer, aber den Glauben wollten sie sich nicht nehmen lassen«.[756] Wenn überhaupt, so klangen leise Zweifel an der Stilisierung Hitlers zum Erlöser im »Flüsterwitz« des Dritten Reiches an. Eines Tages, so erzählte man, mußte Göring seinen »Führer« weit aufs Meer hinausrudern. Als sie außer Sichtweite waren, versuchte Hitler, wie einstmals Jesus, auf dem Meer zu wandeln. Der Versuch scheiterte – Göring zog den Untergehenden ins Boot zurück, wo der verärgerte Diktator schnaubte: »Dann hat es der andere auch nicht gekonnt.«[757]

Bis zum Kriegsausbruch eroberte der Hitler-Mythos die Köpfe so weit, daß die Bevölkerung ihrem »Führer« zwar ohne Begeisterung, aber auch ohne Protest in die Schlacht folgte.[758] Die Propaganda forcierte den Glauben an Hitler weiter; durch Mythologisierung der Schlachten und Heroisierung ihrer Lenker, zuvorderst Hitlers, sollte die blutige Realität aus dem Bewußtsein der Deutschen verdrängt werden.[759] Der Attentatsversuch am 8. November 1939 im Münchner Bürgerbräukeller löste Entsetzen aus: »Die Berichte sprechen einheitlich von der großen Empörung der Bevölkerung und von dem tiefen Dank an die Vorsehung für die Rettung des Führers.«[760] Erst der Luftkrieg, die wirtschaftliche Notlage und das Ausbleiben eines Blitzkrieg-Erfolges in Rußland dämpften die religiöse Verehrung Hitlers. In Bayern verursachte im April 1941 eine Anordnung des Gauleiters, die Kreuze aus den Volksschulen zu entfernen, erhebliche Proteste, wenngleich viele darauf beharrten, daß Hitler von dieser Aktion nichts gewußt haben könnte.[761] Stalingrad markierte eine deutliche Zäsur: Der Heilsbringer verwandelte sich in den Totengräber. Bei »Akademikern und höher gestellten Kreisen«, so berichtet der Sicherheitsdienst (SD) über die Reaktion auf Hitlers Rede am 8. November 1943, seien die Ausführungen, »die das Walten und Mitwirken der Vorsehung hervorhoben, teilweise kopfschüttelnd aufgenommen worden«.[762] Ob die Intellektuellen vor der Kriegswende ihre Köpfe nicht oder nur heimlich geschüttelt hatten, sei dahingestellt, jedenfalls äußerte man seine Glaubenszweifel nach der Katastrophe vernehmlicher. Die Reaktionen auf den Attentatsversuch vom 20. Juli 1944 fielen widersprüchlich aus, emotionsloses Schweigen verzeichneten die Berichterstatter ebenso wie Wut über den Versuch, aber auch Verärgerung über den Fehlschlag. Ein Oberleutnant spürte deutlich: »Das ist die große Vorsehung, die unseren Glauben nur noch stärken kann«; ein Obergefreiter hingegen zeigte sich empört über ein Dankgebet des Pfarrers und »hätte ihm am liebsten den Mund zugestopft mit Heu. Unser Volk sieht nicht, wie es gehalten wird von satanischer Macht.«[763] Zorn und Erbitterung über die Attentäter dominierten jedoch – zumindest in den Stimmungsberichten des SD: »Mit der Person des Führers verbinden sehr zahlreiche Volksgenossen geradezu mythische, religiöse Vorstellungen«.[764] Bei der Jugend allerdings verlor der Hitler-Glaube im späten »Dritten Reich« deutlich an Boden. Der revolutionäre Schwung der zwanziger Jahre war längst verpufft, die Partei, wie Marlies Steinert ihre Analysen zusammenfaßt, »Inbegriff des ›Establishments‹ [...] Die Glaubensinhalte der Partei und der Führermythos wurden von vielen als ›abgestanden‹ oder, wie es hieß, ›als Krampf‹ empfunden und nur *non volens* ertragen.«[765]

Als der Zusammenbruch des Reiches unmittelbar bevorstand, verschwand der »Führer«-Mythos gänzlich. Die äußere Bedrohung verursachte nicht den Rückzug einer fanatischen Religionsgemeinschaft in die Katakomben, sondern machte die Propaganda – so ein poetischer SD-Rechercheur – zu »Wind in leerem Geäst«.[766] Der Deutsche glaubte dem Propheten der Vorsehung nicht mehr und begann, selbst nach Gottes Ratschluß zu forschen. Die volkstümliche Auslegung des göttlichen Willens unterschied sich beträchtlich von derjenigen Hitlers – der SD faßte die Stimmung der Volksgenossen im Frühjahr 1945 so zusammen: »Der Führer wurde uns von Gott gesandt, aber nicht, um Deutschland zu retten, sondern um Deutschland zu verderben. Die Vorsehung hat beschlossen, das deutsche

Volk zu vernichten, und Hitler ist der Vollstrecker dieses Willens.«[767]

Das Regime war sich uneins über seine Kirchenpolitik, doch nicht weniger uneins waren sich die Kirchen über ihre Politik gegenüber dem Regime: Weder gab es eine geschlossene Haltung beider Konfessionen, noch konnten sich diese in ihren jeweiligen Führungsspitzen über eine sinnvolle Vorgehensweise verständigen. Bei den evangelischen Kirchen erstreckte sich die Spanne möglicher Einstellungen von der »Bekennenden Kirche« bis zu den »Deutschen Christen«, auf katholischer Seite übte sich die Bischofskonferenz in vorsichtigem Taktieren, während einzelne – wie Clemens August von Galen – öffentlich Protest erhoben. Doch die Verehrung, welche der »kleine Mann« dem »Führer« zuteil werden ließ, erschwerte es den Kirchen, an seiner Politik sachliche Kritik zu üben. Außerdem: Wie sollte man als Christ einen Staatsmann angreifen, der ständig von Gott redete? Selbst die Trennung von Kirche und Staat, wie Hitler sie forderte, konnte schwerlich als Angriff auf die Grundlagen des christlichen Abendlandes verstanden werden.

Vor allem die »Deutschen Christen« bemühten sich, in Hitler nicht nur einen politischen »Führer«, sondern zugleich auch den Apostel eines neuen Christentums zu sehen. Auch auf katholischer Seite gab es vereinzelte Versuche, dem Nationalsozialismus eine goldene Brücke zur Verständigung mit den Kirchen zu bauen. Alois Hudal etwa – im Katholizismus dieser Jahre freilich nur ein Außenseiter – sah in der von Hitler proklamierten Trennung von Kirche und Staat die Basis friedlicher Koexistenz,[768] und selbst ein Regimegegner wie der später seliggesprochene Pater Rupert Mayer verfiel der Aura des Führer-Amtes und erklärte 1937, daß Hitler »eine gottbegnadete Person sei«.[769] Das Scheitern des Attentatsversuchs von 1939 zog Dankgottesdienste nach sich; wer sie unterließ, wurde von der Bevölkerung – nicht der Partei! – prompt bestraft. In Passau, so berichtet der SD, hatte »als Reaktion auf die passive Haltung der katholischen Geistlichkeit zum Münchener Attentat eine starke Kirchenaustrittsbewegung eingesetzt«. Die Erzdiözese Freiburg wiederum veröffentlichte im Bistumsblatt einen Artikel, der die angeblichen Hintermänner im Ausland verdammte und »Gottes Vorsehung« ob der wundersamen Rettung pries.[770]

Gelegentlich bemühten sich die Kirchen – unter expliziter Bezugnahme auf Hitlers Glauben –, den Diktator für die eigene Sache zu vereinnahmen. Diese Taktik hatte allerdings den Nachteil, daß der Hitler-Mythos indirekt bestärkt wurde: Der sakralen Aura Hitlers widerfuhr kirchliche Absegnung. Die Partei reagierte auf solche Annäherungsversuche mit Mißfallen, gefährdete doch eine scheinbare Versöhnung von Kirche und Parteiführung die nationalsozialistische Kirchenpolitik. Im Juli 1941 konstatierte ein Bericht des SD »Mißbrauch mit Namen und Äußerungen des Führers. Des Führers Erwähnung einer Vorsehung, eines Herrgottes usw. wird ständig in konfessionsfreundlichem Sinne gedeutet [...] Zitate des Führers werden konfessionellen Gebräuchen eingeflochten, so sind z. B. Gratulationskarten im Handel, auf denen in Goldprägung steht: ›Zur Konfirmation die besten Glückwünsche‹ und dazu in eine Ecke eingedruckt: ›Reinster Idealismus deckt sich unbewußt mit tiefer Erkenntnis, Adolf Hitler‹«. In mehreren Teilen des Reiches glaube die Bevölkerung, so monierte der Bericht weiter, daß Hitler täglich eine Kapelle aufsuche und für den Sieg bete.[771]

Die Unbestimmtheit und Inhaltsleere der Religion Hitlers erleichterte einerseits den Versuch, sie für kirchliche Zwecke zu instrumentalisieren, erschwerte aber auch eine wirklich umfassende Vereinnahmung. Auf Begriffe wie »Vorsehung« und »Allmächtiger« konnten sich Christen ebenso berufen[772] wie Parteistrategen, die mittels nationalsozialistischer »Lebensfeiern« die Bedeutung kirchlicher Feste zurückdrängen wollten: Sie empfahlen den Rednern die häufigere Verwendung solcher Ausdrücke, denn schließlich »spreche ja auch der Führer immer wieder von Gott dem Allmächtigen und der Vorsehung«.[773] Eine Taktik der Kirchen bestand auch darin, den Hitler-Kult gewissermaßen »umzuleiten« und das Vokabular Hitlers mit christlichen Inhalten zu verknüpfen. So bezeichnete man beispielsweise Jesus als einen »Führer«;[774] der Vorsehungs-Begriff wurde als ursprünglich christliche Idee neu entdeckt.[775] Kritik am Führer-Kult erfolgte höchstens indirekt: Durch Verweis auf Lenin in Rußland und den Tenno in Japan, »die ebenfalls als ›Götzen‹ dem Volke dargestellt werden«, versuchten Repräsentanten der Kirchen, die große Verehrung, die der Führer innerhalb des Volkes genoß, als übertriebenen Kult abzuwerten und zur Sünde zu erklären.[776] In der Enzyklika »Mit brennender Sorge« trat allerdings Papst Pius XI. am 14. März 1937 den religiösen Vorstellungen im Nationalsozialismus und hier gerade auch Hitlers Vorsehungs-Glauben entgegen: »Wer nach angeblich altgermanisch vorchristlicher Vorstellung das düstere unpersönliche Schicksal an die Stelle des persönlichen Gottes rückt, leugnet Gottes Weisheit und Vorsehung [...] Ein solcher kann nicht beanspruchen, zu den Gottgläubigen gerechnet zu werden.«[777]

3. HITLERS GOTT: MITTELPUNKT EINER POLITISCHEN RELIGION?

Vom »Religiösen« des Nationalsozialismus, von jenen Mythen, Riten und Symbolen des »Dritten Reiches«, die den Hintergrund aller öffentlichen Äußerungen des Diktators über religiöse Fragen bildeten, war schon die Rede. Die Forschung hat solche Phänomene zwar umfassend beschrieben, konnte sich aber nicht einig werden, wie sie zu bewerten seien – eine Frage, die nicht für einen fruchtlosen Streit um Definitionen steht, sondern an das Grundverständnis des Nationalsozialismus rührt. So hat man vorgeschlagen, das »Dritte Reich« und seine Ideologie als »politische Religion« zu bezeichnen. Diese Bezeichnung legt nahe, daß der Nationalsozialismus dem deutschen Volk nicht nur religiös anmutende Inszenierung, sondern transzendenten Sinn geboten hätte; sein religiöses Gepräge wäre nicht leere Hülle, sondern angemessenes Kleid für die ernstgemeinte Verehrung eines wie auch immer gearteten »Realissimum« gewesen. Andere widersprechen dieser Deutung und wollen in Fahnenweihen, Heldenkult und Vorsehungs-Glauben nicht mehr sehen als pseudo-religiöses Brimborium, mit dem notdürftig das wirkliche, das häßliche Gesicht des »Dritten Reiches« verborgen werden sollte.[778]

Die bislang angebotenen Deutungen der religiösen Erscheinungsformen des Nationalsozialismus unterscheiden sich zunächst in ihrer Reichweite: Manchen geht es lediglich um die Bedeutung und Funktion einzelner religiöser Elemente, die isoliert, ohne Rückschluß auf den Charakter des Herrschaftssystems, interpretiert werden. Andere betrachten die religiösen Elemente insgesamt oder versuchen, religiöse Wurzeln des Nationalsozialismus auszumachen, nehmen also den Nationalsozialismus als Ganzes in den Blick. Eine dritte Gruppe – wobei sich diese Deutungsansätze fraglos überschneiden – zielt auf ein Modell, das auch andere Gewaltregime des 20. Jahrhunderts erfassen und somit eingeführte Begriffe wie »Totalitarismus« ergänzen oder gar ersetzen kann. Den verschiedenen Ansätzen liegt ein je unterschiedlicher Religionsbegriff zugrunde – sollen beispielsweise auch die Mythen, Riten und Symbole des atheistischen Kommunismus als religiöse Phänomene erfaßt werden, darf man dem Aspekt der Transzendenz keine große Bedeutung einräumen. Um den Begriff »Religion« zu vermeiden, sprach man häufig von »Pseudo-« oder »Ersatzreligion«. Solche Termini ziehen eine Grenze zur »echten« Religion, doch muß, wie Hans Buchheim pointiert bemerkte, auch der Ersatzkaffee als Kaffee gelten, weshalb man – so sein Vorschlag – von »Religionsersatz«, nicht von »Ersatzreligion« sprechen sollte.[779]

Im deutschen und angloamerikanischen Raum stieß Eric Voegelin die Debatte um »politische Religionen« entscheidend an. Er plädierte für eine extreme Ausweitung des Religionsbegriffs: Selbst »Anhänger von Bewegungen, die religionsfeindlich und atheistisch sein wollen«, müßten trotz allen Sträubens einsehen, »daß auf dem Grund ihrer fanatischen Haltung religiöse Erlebnisse zu finden« seien, »nur anderes als heilig verehrend als die Religion, die sie bekämpfen«. Eine verehrende, anbetende Haltung macht nach Voegelin aus einer Weltanschauung eine Religion, nicht der Gegenstand dieser Anbetung, welcher durchaus rein irdischer Natur sein kann. Konsequent differenziert er deshalb: »Geistreligionen, die das Realissimum im Weltgrund finden, sollen für uns überweltliche Religionen heißen; alle anderen, die das Göttliche in Teilinhalten der Welt finden, sollen innerweltliche Religionen heißen.«[780] Dem Kriterium der verehrenden, anbetenden Haltung lassen sich weitere hinzufügen. So entwickelte Hans Maier einen Katalog religionsphänomenologischer Merkmale, die bei Religionen wie auch bei totalitären Regimen auftreten: die Möglichkeit, Schrecken zu erzeugen (»Tremendum et Fascinosum«), das Eindringen in die Privatsphäre, die Neigung zum Ritual, das »esoterische« Prinzip, Menschen in der Gemeinschaft aus- oder einzuschließen (Arier versus Jude), die Ausrichtung an Fiktionen, die Verheißung von Heil und die Verkündigung eines Heilsbringers, weiterhin Feste, neue Zeitrechnungen und schließlich die strukturelle Verwandtschaft mit Kirchen.[781]

Voegelins Entwurf – wie auch eine zweite, auf Raymond Aron zurückgehende Konzeption »politischer Religionen«[782] – erlebt seit den neunziger Jahren eine Renaissance. Der Nutzwert solcher Modelle bleibt allerdings umstritten: Wird nicht, so fragt Hans Maier, »die Religion in eine zweifelhafte Sphäre, in einen Bereich der Zweideutigkeiten und Ambivalenzen hineingezogen?« Anders formuliert: Bedeutet es nicht ein Sakrileg, den Begriff »Religion« auf politische Phänomene, zumal auf solch mörderische wie Nationalsozialismus und Kommunismus, anzuwenden?[783] Ein zweites, methodisches Problem hängt mit einem ewigen Streit zwischen Geschichts- und Politikwissenschaften zusammen. Letztere neigen zur Abstraktion, zur Modellbildung, zur Deduktion und stoßen damit häufig auf das Unverständnis des Historikers, der induktiv von einzelnen Quellen ausgeht. Eine Zusammenführung beider Ansätze scheint sinnvoll. Kann also, so muß gefragt werden, das politikwissenschaftliche Konzept der »politischen

Religion« mit historischen Quellen so untermauert werden, daß es trägt?[784] Es existiert bislang kein umfassender Versuch, den Nationalsozialismus insgesamt als »politische Religion« zu deuten.[785] Auch hier kann nur ein Teilaspekt untersucht werden: Wenn man von einer nationalsozialistischen »politischen Religion« sprechen will, müßte geklärt werden, ob Hitlers Gott ihren geistigen Mittel- und Bezugspunkt bildete. Zweierlei muß dabei bedacht werden: Die Bedeutung dieses Gottes im Herrschaftsverständnis Hitlers und in der Herrschaftswirklichkeit des »Dritten Reiches«.

Er wolle, so betonte Hitler am Beginn seiner politischen Karriere, Politiker sein und nicht Reformator. Zwanzig Jahre später zeigte er jedoch eine bemerkenswerte Neigung zum Religionsstiften, plante die entschlossene Bekämpfung der Kirchen, träumte von Sternwarten, die zu Pilgerstätten des neuen Glaubens werden sollten und kündigte Sinnsprüche für besondere Lebensaugenblicke anstelle kirchlicher Zeremonien an. Es scheint, als zielte Hitler, nachdem die erste, politische Aufgabe in seinen Augen zu Beginn der vierziger Jahre kurz vor der Vollendung stand, auf eine zweite Laufbahn: Die politische, die äußere Welt hatte er geordnet, nun galt es, der religiös-weltanschaulichen, der inneren Welt eine angemessene Gestalt zu geben.[786]

Nimmt man diese Äußerungen ernst, so stand Hitler eine Herrschaftsform vor Augen, die über Voegelins »politische Religion« und verwandte Konzepte weit hinausgeht. Wer beim Blick durch astronomische Fernrohre in frommer Demut vor der Allgewalt Gottes erschauert, findet das Göttliche nicht nur »in Teilinhalten der Welt« (Voegelin), sondern bekennt sich zu einer zwar nicht-christlichen, aber dennoch auf einen »Weltgrund« (Voegelin) ausgerichteten »echten«, mehr als nur »politischen« Religion.[787] Hitler als der Begründer dieses Bekenntnisses hätte dann die Rolle des politischen »Führers« mit derjenigen des Religionsstifters verknüpft; Herrschaft und religiöse Verkündigung wären zwar – denn die Partei verstand Hitler immer als diesseitige Institution – nicht verschmolzen, doch hätten sich beide auf das Denken derselben Person berufen und insofern eine Einheit gebildet, die man beinahe als Theokratie bezeichnen könnte.

Solche Gedankenspiele von einem Staat theokratischen Zuschnitts drangen allerdings nicht an die Öffentlichkeit. Hitler bemühte sich nie, seinen Gott als Staatsgott einzusetzen oder sich vor größerem Publikum als Religionsstifter zu profilieren. Mit großem Nachdruck betonte er einstweilen nur sein Sendungsbewußtsein, präsentierte sich als Messias und spann die nationalsozialistische Heilsgeschichte fort. Der »Führerglauben« sollte in jedem Deutschen tief verwurzelt sein und durch entsprechende Gesten der Verehrung – etwa Hitler-Gruß, Aufhängen eines Führerbildes in der Privatwohnung – bezeugt werden. Ideologie und Herrschaftssystem des »Dritten Reiches« propagierte Hitler nicht als Religion, sondern als rationale, auf den Ergebnissen moderner Wissenschaft fußende Gebilde. Ihre Existenz verdankten sie nach der Lehre des Diktators zwar einem Gott, der seine und seiner Gefolgschaft Anstrengungen belohnt, doch sollte dieser Umstand Weltanschauung, Selbstdarstellung und Alltagsleben des »Dritten Reiches« nur prägen, insofern Hitler sich als Gesandten der Vorsehung in nahezu religiösen Formen verehren ließ. Ansonsten weigerte er sich, seinen Gott als Staatsgott zu installieren[788] und Ideologie wie Herrschaftspraxis nach dem Vorbild einer Religion zu strukturieren.[789]

Gesetzt den Fall, er hätte dies versucht – erst bei bereitwilliger Aufnahme seiner Lehren durch Gefolgsleute und Untertanen könnte man das NS-System insgesamt als »politische Religion« bezeichnen. Für die Jahre zwischen 1933 und 1945 ließ sich, wie bereits festgestellt, in der Bevölkerung zwar eine gewisse Verehrung Hitlers, aber kein allgemeines Bekenntnis zu seinem Vorsehungs-Gott ausmachen. Zudem war die Glorifizierung des »Führers« gekoppelt an dessen Erfolge – der Deutsche bekannte sich nicht, dem alttestamentlichen Hiob vergleichbar, auch im Elend der Bombennächte unbeirrbar zu seiner Überzeugung. Die enge Umgebung Hitlers neigte weit eher zu solchem Fanatismus, doch läßt sich auch bei ihr kein Credo ausmachen, das sich mit Hitlers religiösen Vorstellungen deckt. Allenfalls bildeten Führer-Kult und Kritik am Christentum eine gemeinsame Basis, in anderen religiösen Fragen verhielten sich die Unterführer wie Jünger, die dem Heiland nicht folgen, wie Bischöfe, die anderes lehren als der Papst. Zwischen Himmlers Germanenkult und Rosenbergs metaphysischem Rassismus einerseits und dem rationalisierten Vorsehungs-Glauben Hitlers andererseits gab es nur wenig Gemeinsamkeiten.[790]

Weder das religiöse Denken Hitlers noch dessen Rezeption in der deutschen Bevölkerung lassen also den Schluß zu, daß der Nationalsozialismus als »politische Religion« gedeutet werden kann. Diese Feststellung spricht nicht grundsätzlich gegen weitere Gedankenexperimente mit der Formel »Religion«: Immerhin wäre es möglich, daß andere »Teilinhalte« im Sinne Voegelins als »Realissimum« fungierten, daß nicht Hitlers Gott, sondern andere »Götter« im Mittelpunkt der »politischen Religion« des Nationalsozialismus standen. Von einer »politischen Religion« kann man unproblematisch auch dann ausgehen, wenn der inhaltlichen Übereinstimmung religiöser Vorstellungen keine große Bedeutung eingeräumt und somit ignoriert wird, daß in den Köpfen Hitlers, seiner Vor- und Nebendenker und schließlich der Bevölkerung unterschiedliche religiöse Ideen präsent waren. So vertritt etwa Claus-Ekkehard Bärsch die Meinung, das »Nichtvorliegen einer systematisch ausgearbeiteten Theologie« sei »kein Hinderungsgrund, einem Wahrnehmungsmuster von Mensch, Gesellschaft, Geschichte oder Welt den Charakter einer politischen Religion abzusprechen«, entscheidend sei allein, daß »die führenden Vertreter der NSDAP [...] gemäß ihres Glaubens gehandelt haben«.[791] Auch Wahrnehmungsmuster oder handlungsleitende Glaubensvorstellungen kommen allerdings nicht ohne inhaltliche Festlegungen aus. Hitlers religiöse Anschauungen jedenfalls stellten kein »Wahrnehmungsmuster« bereit, das von allen oder auch nur der Mehrheit der Deutschen bereitwillig aufgegriffen wurde. Der »Führer« war anderen Glaubens als sein Volk – Hitler glaubte an sich, die Deutschen an seine Erfolge; er glaubte an die Vorsehung, die Deutschen mehrheitlich an den altbewährten christlichen Gott.

4. HITLERS GOTT IN DER GESCHICHTE

Das tiefe Erschrecken über die Verbrechen, deren das »Dritte Reich« fähig war, provozierte die letztlich unhistorische Frage, ob ein derart monströses Gebilde nicht eigentlich aus der Geschichte »herausfalle«. Der historische Ort des »Dritten Reiches« konnte bis heute nicht bestimmt werden; es bleibt umstritten, ob der Nationalsozialismus einen Bruch in den Kontinuitätslinien deutscher Geschichte markiert oder deren schreckliche, aber dennoch konsequente Zusammenführung bedeutet. Eine umfassende Würdigung dieses Problems muß die politische Geschichte ebenso einbeziehen wie die Kultur- und Sozialgeschichte, doch darf sie keinesfalls die Geschichte der Ideen und Mentalitäten unberücksichtigt lassen. Gerade hier fällt es jedoch schwer, große Zusammenhänge auszumachen: Im Reich der Gedanken hängt alles irgendwie zusammen, treten langverschüttete Denkfiguren nach Jahrzehnten, gar Jahrhunderten wieder auf und scheinen Ideenketten zu beweisen, wo nur zufällige Ähnlichkeit vorliegt. Solche Risiken schreckten die Deuter der deutschen Katastrophe freilich nie ab, gerade in der Sphäre der Ideen den Schlüssel des Verhängnisses zu suchen. Nicht alle derartigen Versuche interessieren an dieser Stelle, wohl aber solche, die den religiösen Ideen und Mentalitäten besondere Aufmerksamkeit schenken. So hat man etwa versucht, die nationalsozialistische Ideologie in die Tradition der Gnosis einzuordnen oder Auschwitz als religiös motivierte Opferhandlung zu erklären. Manche Anhänger dieser weit ausgreifenden Geschichtsdeutungen gehen, wie etwa Michael Ley, sowohl von einer NS-Gnosis als auch von einer Opferung des Judentums aus;[792] andere, etwa Eric Voegelin, Micha Brumlik und Harald Strohm, vertreten nur die Interpretation des Nationalsozialismus als Gnosis,[793] Claus-Ekkehard Bärsch wiederum beschränkt sich auf die Idee von einer Opferung der Juden, die hier zunächst diskutiert werden soll.

Die Rede von der »politischen Religion« des Nationalsozialismus überzeugt – wie dargelegt – nur dann, wenn sie sich nicht auf theoretische Überlegungen beschränkt, sondern auch auf Quellen abstützt. Dasselbe gilt, wenn die NS-Ideologie als religiöse, auf eine Opferung des Judentums abzielende Lehre gedeutet werden soll. Claus-Ekkehard Bärsch bezeichnet – in berechtigter Selbstbescheidung – seine diesbezüglichen Überlegungen als »These«, gibt es doch tatsächlich keine einzige Quelle, in der Hitler solche Motive nachgewiesen werden könnten. »Mit der Vernichtung der Juden wollte Hitler den Willen des Allmächtigen ausführen und seine Gunst bewirken«, behauptet Bärsch – ohne zu sagen, wo Hitlers Gott solchen Gunstbeweis einfordert.[794] Zur Begründung führt Bärsch religionssoziologische Überlegungen an: »Wird in der Konfiguration magischer Religiosität an einen Kausalnexus zwischen Völkern und überirdischen Kräften geglaubt, dann hat die Tötung des Feindes aus der Sicht des Täters den Charakter eines sakralen Rituals, objektiv gesehen handelt es sich um (Ritual-)Mord« – oder, einfacher gesagt: »Weil Hitler glaubte, in einer Spezialbeziehung zum allmächtigen Schöpfer und Herrn der Vorsehung zu stehen, hat die Vernichtung der Juden den Charakter eines Sakrifiziums, einer sakralen Handlung.«[795] Von einer »Spezialbeziehung« Hitlers zu seinem Gott könnte man mit Blick auf die Quellen sicherlich ausgehen – von Auschwitz als »Sakrifizium« freilich nur dann, wenn Hitlers Gott ein solches Opfer verlangt hätte. Dies tat er nicht: Aufgabe der Deutschen sei es, so formulierte Hitler 1943, daß sie vor »dem Schöpfer aller Welten nach dem von ihm gegebenen Gesetz des Kampfes um das Dasein zu bestehen vermögen«.[796] Hitlers sozialdarwinistisch eingestellter Gott hatte den Kampf der Rassen initiiert und überwachte nun als Schiedsrichter die Auseinandersetzungen. Man darf vermuten, daß er die gegenseitige Vernichtung von Rassen als legitime *Kampf*handlung akzeptiert hätte und ihr nicht entgegengetreten wäre, doch hat er sie niemals als ihm wohlgefällige *Opfer*handlung verlangt. Nur in wenigen, vornehmlich frühen und nur knappen Anmerkungen rückte Hitler seinen Judenhaß in einen religiösen Kontext, in den umfassenden Begründungen des nationalsozialistischen Antisemitismus verwies er dagegen auf die Schädlichkeit des Judentums, das sowohl politisch, in der Gestalt von Bolschewismus und Kapitalismus, aber auch rassisch, durch Verunreinigung des arischen Blutes, die herausragende Gefahr der deutschen Nation darstelle. Hitler begriff sich als Kriegsherr im Kampf gegen eine fremde Rasse, nicht als Priester in einem Gottesdienst; er verfolgte Juden nicht deshalb, weil sein Gott sie als Opfer einforderte, sondern vielmehr, weil er sie als Feind und Schädling identifiziert hatte. Daß er sich dabei im Einklang mit dem gottgegebenen Gesetz des ewigen Kampfes wähnte, macht aus seiner Politik noch kein religiös begründetes Handeln.[797]

Die Opfer-Theorie neigt, vom Mangel an Quellenbelegen abgesehen, zu einer monokausalen Deutung des Völkermordes: »Warum Auschwitz?« fragt Bärsch – und kann die Hintergründe dieses unfaßbaren Verbrechens, an dessen letztgültiger Aufklärung die Menschheit seit Jahrzehnten scheitert, in einer knappen Formel zusammenfassen: »Auschwitz ist kein Rätsel. Hitler hatte aufgrund seiner politischen Religion gar keine andere Wahl, als den Entschluß zu fassen, die Juden zu ermorden.«[798] Diese Interpretation ignoriert, daß am Holocaust weit mehr Menschen beteiligt waren als nur Hitler; sie vernachlässigt zudem die Prozeßhaftigkeit des Geschehens; vor allem aber übersieht sie, daß antisemitisches Handeln im »Dritten Reich« durchaus mehr Ursachen hatte als eine religiöse Überhöhung der arischen Rasse bei einigen Vertretern des Regimes.[799] Zum Problem der monokausal angelegten Totalerklärung tritt ein zweites: Bärsch verkennt die schon mehrfach angesprochene Inkohärenz jener Weltbilder, die unter dem Oberbegriff »NS-Ideologie« nur mühsam gebündelt werden können. »Das alle Nationalsozialisten vereinigende und verpflichtende Band ist ihre politische Religion«, glaubt Bärsch – womit er sich im Widerspruch zur vergleichenden ideengeschichtlichen Forschung der letzten Jahre befindet.[800]

Einige Autoren – darunter auch solche, die den Holocaust als Judenopfer begreifen – möchten im Nationalsozialismus gnostisches Denken erkennen. Unter »Gnosis« verstehen sie weniger den spätantiken Gnostizismus im engeren Sinne, sondern eher allgemein ein dualistisch strukturiertes Weltbild, in dem sich zwei wesenhaft verschiedene, einander bekämpfende Prinzipien so lange feindlich gegenüberstehen, bis die schlechte, verderbenbringende Seite in einer finalen apokalyptischen Auseinandersetzung vernichtet werden kann.[801] Diese Deutung des Nationalsozialismus als Gnosis wirft Fragen auf, die ähnlich schon bei der Diskussion um die »politischen Religionen« gestellt werden mußten. Zunächst sollte der Nutzwert solcher Klassifizierung geklärt werden: Dualismus und apokalyptische Endzeiterwartung – jüngere ideengeschichtliche Untersuchungen konnten dies überzeugend belegen – zeichnen sich in der Ideologie Hitlers deutlich ab.[802] Doch welchen Erkenntnisgewinn verspricht es, diese Denkfiguren als »gnostisch« zu apostrophieren? Faßt man den Gnosis-Begriff sehr weit, findet man – wie Harald Strohm – überall Gnosis: Bei Heidegger und Frau Holle, bei Karl Jaspers, Platon und dem Pietismus. In seinem ideengeschichtlichen Rundumschlag kann Strohm zeigen, daß immer schon und zu jeder Zeit in den Schemata von Freund und Feind, von Gut und Böse gedacht wurde, daß überall nach Erlösung gestrebt und dabei tatsächliche und vermeintliche Gegner dieses Heilsstrebens diskriminiert oder vernichtet wurden – ein selbstverständliches und darum nahezu banales Ergebnis. Faßt man den Gnosis-Begriff hingegen enger und bezieht ihn auf die Denkmuster des spätantiken Gnostizismus, scheitert – Claus-Ekkehard Bärsch weist darauf hin – die einfache Parallelsetzung mit dem Nationalsozialismus sehr schnell.[803] »Soll der Begriff des ›Gnostizismus‹ also nicht zu einer bloßen Leerformel verkommen, so bedarf es einer genauen Verständigung über seinen Sinn«, betont Michael Pauen, der gnostische Denkfiguren in der ästhetischen Moderne untersuchte. Die von ihm vorgenommenen Ab- und Eingrenzungen überzeugen weit mehr als die schwammige Begrifflichkeit, mit der im Umkreis der NS-Forschung bislang hantiert wurde.[804] Für manche seiner Anhänger hat das Gnosis-Modell dennoch erheblichen Nutzwert, bietet dieses Paradigma doch ein ideales Instrument, mißliebige geistige Strömungen der letzten Jahrhunderte als Vorläufer des Nationalsozialismus einzuordnen und damit zu diskreditieren: Man interpretiere, lautet das

Rezept, den Nationalsozialismus als Gnosis, verfahre ebenso mit anderen Denkgebäuden – und setze auf diese Weise beide gleich.

So erkannte etwa Eric Voegelin, der den Nationalsozialismus nicht nur als »politische Religion«, sondern eben auch als Gnosis verstand, bereits in einigen Denkschulen des spätmittelalterlichen Christentums einen Entwicklungsstrom, der schließlich im Nationalsozialismus aufgegangen sei. Während die Kirche ein Paradies erst am Ende der Zeiten prophezeit, den Menschen einstweilen mit der sakramental gespendeten Gnade vertröstet und irdische Reiche zugelassen habe, solange das Himmelsreich noch nicht angebrochen war, hätten die reformatorischen »Sekten« auf die Verwirklichung eines Heilszustandes im Hier und Jetzt gedrängt. Die Kirche habe also nach Erhaltung der bestehenden Ordnung gestrebt und zwischen religiösem Anspruch und gesellschaftlicher Wirklichkeit vermittelt, die »Sekten« hingegen auf radikale Umgestaltung des bestehenden Systems insistiert. Im Verlauf der frühen Neuzeit hätten diese Weltveränderer auf ihre ursprünglich christliche Legitimation verzichtet, nicht aber auf ihren religiösen Charakter.[805] Gemeinsam sei den religiösen Sektierern des Mittelalters wie auch ihren modernen Nachfahren ein Streben nach Erlösung ohne die Beteiligung göttlicher Gnade, mithin eine typisch gnostische Denkfigur. Unter den Terminus »Gnosis« subsumierte Voegelin »Bewegungen von der Art des Progressivismus, des Positivismus, des Marxismus, der Psychoanalyse, des Faschismus und des Nationalsozialismus«[806] – das eigentliche Ziel der Voegelinschen Gnosis-Deutung, eine Fundamentalkritik an der Moderne, zeichnet sich in dieser Auflistung deutlich ab. Zu ganz anderen gnostischen Vorläufern des

Nationalsozialismus gelangt, damit unfreiwillig die Beliebigkeit des ganzen Ansatzes beweisend, Michael Ley, der in weiten Teilen des Humanismus und der Aufklärung, der Romantik und des deutschen Idealismus gnostische Denkmuster erkennt;[807] differenzierter und begründeter argumentiert Micha Brumlik, der nicht fragwürdige ideengeschichtliche Herleitungen des Nationalsozialismus aufzeigen möchte, sondern allgemein die Auswirkungen dualistischer Denkmodelle in der politischen Praxis untersucht.[808] Nochmals sei auf Michael Pauen verwiesen, der ebenfalls »einzelne Motive« aufgreift, »die das gnostische Denken mit der platonischen Philosophie, der Mystik oder der Romantik teilt«. Gerade solche »partiellen Überschneidungen«, so Pauen, lassen jedoch »die Unterschiede im argumentativen Kontext und damit die Spezifik der gnostischen Denkfigur besonders klar hervortreten«.[809]

Voegelins wütender Angriff auf die Moderne regt, ganz unabhängig von der Debatte um eine NS-Gnosis, zu weitergehenden Betrachtungen an. In der neuzeitlichen Abkehr vom Christentum mittelalterlicher Prägung, das allein für ihn die ordnungsstiftende und sinngebende Macht im menschlichen Leben sein kann,[810] wollte Voegelin die Ursache allen Übels sehen; aus neuzeitlicher Neigung zur Weltverbesserei hätten sich jene Ideologien und Denkschulen entwickelt, die man für die Genozide des 20. Jahrhunderts verantwortlich machen müsse. Hitlers Religiosität scheint der Beweis für diese These zu sein: Eine Allianz von christlicher Religion und Staatsführung, auf mittelalterliche Traditionen zurückgehend, lehnte der Diktator ab, plante vielmehr die endgültige Vernichtung der Kirche und hoffte in naiver Fortschrittsgläubigkeit auf den Sieg der Vernunft im Zeitalter der Wissenschaft. Er versuchte also, weil ihm göttliche Gnade und das Heil im Jenseits nicht genügen mochten, im Diesseits sein irdisches Paradies zu errichten, freilich religiös überhöht durch christliche Denkmodelle wie »Heilsgeschichte« und »Vorsehung«. Das Ergebnis solcher Bemühungen waren Weltkrieg und Völkermord. Bestätigt also Hitlers Gottesbild die Geschichtsdeutung Voegelins?

Zweifellos spiegelt die eigentümliche Religiosität des Diktators den neuzeitlichen Prozeß der Säkularisierung wieder. Aufklärerischer Fortschrittsoptimismus und die Errungenschaften des technisch-naturwissenschaftlichen Zeitalters wirkten auf traditionelle religiöse Überzeugungen zersetzend, Schöpfungsgeschichte und Darwinismus ließen sich im Bewußtsein vieler Intellektueller, aber erst recht im Weltbild einer halbgebildeten Unterschicht, deren typischer Vertreter Hitler in seinem Denken war, schwerlich verknüpfen.[811] Diese Sinnkrise der Moderne mag die verbreitete Hoffnung auf irdische Totalerlösung gefördert, ja teilweise verursacht haben. Allein: Die Frage nach *der* Schuld leitet den Historiker stets in die Irre, verstellt sie doch den Blick auf komplexe Ursachenbündel und langwährende Prozesse. Nicht eine bewußte Lossagung von Gott, sündhaft ausgerufen von Sektierern, die sich mit der »heilen Welt« einer Kirche mittelalterlicher Prägung nicht begnügen mochten, provozierte die Orientierungslosigkeit der Moderne. Der Säkularisierungsprozeß samt seiner Sinndefizite verlief widersprüchlicher, ging verschlungenere Wege und endete nicht konsequent in den »gnostischen Bewegungen« Voegelins, sondern führte ebenso an diesen vorbei in zahlreiche andere Richtungen, wie er auch vielfältige Ursachen hat. Hitlers Gott kann deshalb kaum als Urheber nationalsozialistischen Schreckens gelten, wohl aber als typisches Produkt jener Erschütterungen, denen die gewachsenen christlichen Glaubensvorstellungen im 19. und 20. Jahrhundert ausgesetzt waren. Wie viele Zeitgenossen erlebte Hitler christliche Offenbarung und wissenschaftliche Erkenntnis als unvereinbaren Gegensatz: Die Kirche könne sich, so der Diktator nicht ohne Häme, den Wissenschaften öffnen, müsse dann aber selbst Wissenschaft werden. Das bekäme ihr freilich schlecht – sie »würde sich selber aufgeben, hielte sie nicht fest an ihrer dogmatisch gebundenen Lehre«. Doch auch dieses Klammern an Dogmen werde in die Krise führen, da sich die Kirche auf diesem Weg, so Hitler, »in Widerspruch zum Leben« – respektive zu den Wissenschaften vom Leben – setze.[812] Ein völliger Verzicht auf Religion war dem Diktator jedoch nicht möglich, so leicht ihm die Absage ans Christentum auch fiel. Er wählte einen Mittelweg und vertraute, wie viele seiner Zeitgenossen, auf ein verschwommen konturiertes »höheres Wesen«, von dem er sich geführt wähnte: Hitlers Gott ist vielleicht der Gott des 20. Jahrhunderts.

ANHANG

DANKSAGUNG

Für entscheidende Anregungen, freundschaftliche Förderung schon im Studium und beständige Ermutigung auch in schweren Zeiten danke ich herzlich meinem Lehrer Frank-Lothar Kroll, der das Erscheinen dieses Buches überhaupt erst ermöglicht und alle Arbeiten, von den ersten Vorstudien bis hin zur Drucklegung, in vielfältiger Weise unterstützt hat.

Zahlreiche Menschen, denen ich beruflich und freundschaftlich verbunden bin, trugen zur Entstehung der Studie bei. Namentlich genannt sei vor allem Michael Münter. Von seiner hohen wissenschaftlichen Kompetenz profitierte die Untersuchung ungemein; trotz starker eigener Belastungen unterzog er sich der Mühe, die Druckfahnen zu korrigieren und das Register zu erstellen. Wertvolle Hinweise verdanke ich auch Hermann Caspary und Karl-Heinz Metz.

Ernst Piper begleitete die Fertigstellung des Manuskripts nicht nur mit großem verlegerischem Engagement, sondern auch mit dem Fachwissen eines Historikers, der selbst über verwandte Gegenstände forscht – eine sicher nicht häufige Kombination, die dem Text sehr zugute kam.

Doch trotz all dieser Hilfen existiert das Buch nur dank des Feingefühls von Tanja Beuthien – im Umgang mit dem Autor und bei stilistischem Feilen am Text.

ANMERKUNGEN

EINLEITUNG

1 Es existieren zahlreiche Forschungsüberblicke zum Nationalsozialismus und zur Person Hitlers. Die aktuellsten Darstellungen stammen von Ian Kershaw: Der NS-Staat. Geschichtsinterpretationen und Kontroversen im Überblick. Erw. u. bearb. Neuausgabe Reinbek bei Hamburg 1999; Wolfgang Wippermann: Umstrittene Vergangenheit. Fakten und Kontroversen zum Nationalsozialismus. Berlin 1998. Knapper, auf etwas älterem Forschungsstand, Hans-Ulrich Thamer: Das Dritte Reich. Interpretationen, Kontroversen und Probleme des aktuellen Forschungsstandes. In: Karl Dietrich Bracher/Manfred Funke/Hans-Adolf Jacobsen (Hg.): Deutschland 1933–1945. Neue Studien zur nationalsozialistischen Herrschaft. 2., erg. Aufl. Bonn 1993. S. 507–531. Die kaum mehr überschaubare Literatur zur Person Adolf Hitlers sichtet gründlich Gerhard Schreiber: Hitler. Interpretationen 1923–1983. Ergebnisse, Methoden und Probleme der Forschung. 2., verb. u. durch eine annotierte Bibliographie für die Jahre 1984–1987 erg. Aufl. Darmstadt 1988. Knapp zusammenfassend Rainer Zitelmann: Hitler-Bild im Wandel. In: Bracher/Funke/Jacobsen (Hg.): Deutschland 1933–1945. S. 491–506. Eine Darstellung der Hitler-Historiographie bietet John Lukacs: Hitler. Geschichte und Geschichtsschreibung. München 1997; über einige Hitler-Deutungen aus dem angloamerikanischen Sprachraum informiert Ron Rosenbaum: Explaining Hitler. Die Hitler-Debatte. Auf der Suche nach dem Ursprung des Bösen. München/Wien 1999.

2 Typische Beispiele bei Zitelmann: Hitler-Bild. S. 491–495.

3 So das Hitler-Bild der lange führenden Hitler-Biographie von Alan Bullock, welches der Autor freilich in einer späteren Überarbeitung revidierte. Vgl. ders.: Hitler. Eine Studie über Tyrannei. Vollständig überarb. Neuausgabe Düsseldorf 1969.

4 In seiner Gesamtheit analysierte zuerst Eberhard Jäckel die Ideenwelt des Diktators. Ders.: Hitlers Weltanschauung. Entwurf einer Herrschaft. Erw. u. überarb. Neuausgabe Stuttgart 1981.

5 Die »klassische« Formulierung dieser Position stammt von Hans Mommsen: Nationalsozialismus. In: C. D. Kernig (Hg.): Sowjetsystem und demokratische Gesellschaft. Eine vergleichende Enzyklopädie. Bd. IV. Freiburg i. Br./Basel/Wien 1971. Sp. 702.

6 Rainer Zitelmann: Hitler. Selbstverständnis eines Revolutionärs. 2., überarb. u. erg. Aufl. Stuttgart 1989.

7 Die Kontroverse wurde vor allem zwischen Klaus Hildebrand einerseits und den Brüdern Hans und Wolfgang Mommsen andererseits ausgetragen. Die wichtigsten Beiträge nennt Kershaw: Der NS-Staat. S. 112.

8 Mommsen: Nationalsozialismus. Sp. 702.

9 Joachim Rohlfes: Der Nationalsozialismus – ein Hitlerismus? In: GWU 48 (1997). S. 149.

10 Thamer: Das Dritte Reich. S. 527. – Eine Synthese der bisherigen Gegensätze bietet die Monographie dess.: Verführung und Gewalt. Deutschland 1933–1945. 2. Aufl. Berlin 1994.

11 Ian Kershaw: Hitler 1889–1936. Stuttgart 1998; ders.: Hitler 1936–1945. Stuttgart 2000.

12 Kershaw: Hitler 1889–1936. S. 8. – Kershaw deutet selbst an, daß dieser Versuch nicht mit dem Beifall der deutschen »Strukturalisten« rechnen konnte. Vgl. ebd. S. 749.

13 Kershaw: Hitler 1936–1945. S. 1079.

14 Kershaw: Der NS-Staat. S. 114 f.

15 Thomas Mann: Bruder Hitler. In: Ders.: Gesammelte Werke in dreizehn Bänden. Bd. XII: Reden und Aufsätze (4). Taschenbuchausgabe Frankfurt a. M. 1990. S. 845.

16 May begründet seine Schrift »aus der Erkenntnis des Zwiespalts zwischen meinen Erfahrungen im Dritten Reich und den meisten Darstellungen zur Geschichte des ›Kirchenkampfes‹«. Georg May: Kirchenkampf oder Katholikenverfolgung? Ein Beitrag zu dem gegenseitigen Verhältnis von Nationalsozialismus und christlichen Bekenntnissen. Stein am Rhein 1991. S. XVI. – Heer, in katholischen Kreisen gegen den Nationalsozialismus kämpfend, nennt als Auslöser seiner kirchenkritischen Haltung ein tiefes Erschrecken angesichts katholischer Kommilitonen, die sich von Hitler fasziniert zeigten. Friedrich Heer: Der Glaube des Adolf Hitler. Anatomie einer politischen Religiosität. München/Esslingen 1968. S. 13. Vgl. auch ders.: Gottes erste Liebe. 2000 Jahre Judentum und Christentum. Genesis des österreichischen Katholiken Adolf Hitler. München/Esslingen 1967.

17 Heer: Glaube. S. 12.

18 Heer: Glaube. S. 590.

19 May: Kirchenkampf. S. 629.

20 May: Kirchenkampf. S. XII.

21 May: Kirchenkampf: S. 630.

22 May: Kirchenkampf. S. 72. – So muß Hitler unter anderem deshalb ins Fegefeuer, weil er »jahrelang gegen das Gebot geschlechtlicher Enthaltsamkeit [verstieß], das für jeden gilt, der nicht in gültiger Ehe lebt«. (S. 74).

23 Heer: Glaube. S. 586.

24 May: Kirchenkampf. S. 118. – Zu der verbreiteten Vorstellung, Luther sei ein Vorläufer Hitlers gewesen, nimmt aus evangelischer Sicht Stellung Uwe Siemon-Netto: Luther als Wegbereiter Hitlers? Zur Geschichte eines Vorurteils. Gütersloh 1993. Vgl. allgemein zur Diskussion um mögliche Vorläufer Hitlers Barbro Eberan: Luther? Friedrich »der Große«? Wagner? Nietzsche? ...? ...? Wer war an Hitler schuld? Die Debatte um die Schuldfrage 1945–1949. München 1983.

25 Heer geht über allen Widerstand gegen Hitler, der im katholischen Glauben wurzelt, schlicht hinweg; May scheut sich nicht, im protestantischen »Mangel an Helden und Heiligen« den alleinigen Grund für die Verehrung Martin Niemöllers zu sehen, der durch »Propaganda [...] hochstilisiert und weithin entwirklicht worden« sei (May: Kirchenkampf. S. XII). Am Beispiel Niemöller zeigt sich eine merkwürdige Quellenblindheit Mays: Während er jede negative Äußerung Hitlers über den Katholizismus sorgsam auflistet, »übersieht« er die wütenden Auslassungen Hitlers über Niemöller, z. B.: »Wenn einer Zeit seines Lebens nicht mehr aus der Verwahrung herauskäme, dann sei das dieser Geistliche.« (In: Heeresadjutant bei Hitler 1938–1943. Die Aufzeichnungen des Majors Engel. Hg. u. kommentiert v. Hildegard von Kotze. Stuttgart 1974. S. 43). Statt dessen behauptet er, Hitler habe niemals verächtlich über evangelische Kirchenführer gesprochen. (May: Kirchenkampf. S. 143).

26 Wolfgang Hammer: Adolf Hitler – ein deutscher Messias? Dialog mit dem »Führer« (I). Geschichtliche Aspekte. München 1970; ders.: Adolf Hitler – ein Prophet unserer Zeit? Dialog mit dem »Führer« (III). Ideologische Aspekte. München 1974. Vgl. zu den religiösen Vorstellungen Hitlers in Bd. I: S. 13–15, 52–55, 69–73, 103–109, 134–234; in Bd. III: S. 44–99. Der zweite, hier nicht berücksichtigte Band befaßt sich mit Hitlers Außenpolitik.

27 Hammer: Adolf Hitler (I). S. 183.

28 Hammer: Adolf Hitler (I). S. 23.

29 Hammer: Adolf Hitler (I). S. 324.

30 Claus-Ekkehard Bärsch: Die politische Religion des Nationalsozialismus. Die religiöse Dimension der NS-Ideologie in den

Schriften von Dietrich Eckart, Joseph Goebbels, Alfred Rosenberg und Adolf Hitler. München 1998.

31 Frank-Lothar Kroll: Utopie als Ideologie. Geschichtsdenken und politisches Handeln im Dritten Reich. Paderborn u.a. 1998. S. 309.

32 Bärsch: Die politische Religion. S. 383.

33 Weitere problematische Thesen Bärschs werden an anderer Stelle angesprochen: vgl. oben S. 199–201.

34 Manfred Ach/Clemens Pentrop: Hitlers »Religion«. Pseudoreligiöse Elemente im nationalsozialistischen Sprachgebrauch. 4. Aufl. München 1991.

35 Werner Reichelt: Das braune Evangelium. Hitler und die NS-Liturgie. Wuppertal 1990.

36 Helmut Stellrecht: Adolf Hitler. Heil und Unheil. Die verlorene Revolution. Tübingen 1974. S. 49–67 (»Hitlers Religion«) u. S. 99–107 (»Adolf Hitler als Heilsträger«).

37 Vgl. z. B. Robert Wistrich: Der antisemitische Wahn. Von Hitler bis zum Heiligen Krieg gegen Israel. Ismaning bei München 1987. S. 245–277; Lothar Kettenacker: Hitler und die Kirchen. Eine Obsession mit Folgen. In: Günther Heydenreich/Lothar Kettenacker (Hg.): Drittes Reich und SED-Staat. Fünfzehn Beiträge. Göttingen 1993. S. 67–87.

38 Bullock: Hitler. Dort über Hitlers Sendungsbewußtsein S. 365–373. Zitate S. 367, 372, 373.

39 Werner Maser: Adolf Hitler. Legende, Mythos, Wirklichkeit. München/Esslingen 1971. S. 271–283.

40 Joachim C. Fest: Hitler. Eine Biographie. Berlin/Frankfurt a. M. 1973. S. 714.

41 John Toland: Adolf Hitler. Bergisch Gladbach 1977.

42 Marlies Steinert: Hitlers Krieg und die Deutschen. Stimmung und Haltung der deutschen Bevölkerung im Zweiten Weltkrieg. Düsseldorf/Wien 1970. S. 422.

43 Steinert verwechselt Hitlers Kritik am Christentum, dessen Lehre er den Erkenntnissen moderner Naturwissenschaft gegenüberstellt, mit einer generellen Ablehnung alles Religiösen. Ihr Hitler ist ein nüchterner Rationalist, seinem Sendungsbewußtsein schenkt sie keine Aufmerksamkeit (Steinert: Hitler. München 1994. S. 199 f.). Nur beim kindlichen Hitler erkennt sie ein echtes Interesse an religiösen Fragen (ebd. S. 27 f.).

44 Vgl. z. B. Kershaw: Hitler 1889–1936. S. 327–330.

45 Sebastian Haffner: Anmerkungen zu Hitler. München 1978. S. 119.

– Vergleichbare, an ein breites Publikum gerichtete Arbeiten zu Hitler ignorieren das Thema meist; so etwa Wolfgang Wippermann: Der konsequente Wahn. Ideologie und Politik Adolf Hitlers. Mit einem Essay v. Saul Friedländer. Gütersloh/München 1989; Guido Knopp: Hitler. Eine Bilanz. Berlin 1995; Christian Graf von Krockow: Hitler und seine Deutschen. München 2001.

46 Eberhard Jäckel (Hitlers Weltanschauung) geht nicht auf Hitlers Religiosität ein. Weitere Studien befassen sich mit Teilproblemen: So analysiert Vappu Tallgren die Heldenverehrung Hitlers (Hitler und die Helden. Heroismus und Weltanschauung. Helsinki 1981. Dort Anmerkungen zum Gottesbild Hitlers auf S. 167–201); Rainer Zitelmann erörtert Hitlers Ansichten zu wirtschaftlichen und sozialen Fragen (Hitler. Selbstverständnis), Enrico Syring widmet sich den Zukunftsvorstellungen des »Führers« (Hitler. Seine politische Utopie. Berlin/Frankfurt a. M. 1994), Frank-Lothar Kroll betrachtet Hitlers Geschichtsbild (Utopie). Einen Grundriß Hitlerscher Weltanschauung – allerdings nur auf »Mein Kampf« bezogen – zeichnet Barbara Zehnpfennig: Hitlers »Mein Kampf«. Eine Interpretation. München 2000.

47 Joseph Paul Stern: Hitler. Der Führer und das Volk. München 1978. Vgl. bes. S. 76–84; Ian Kershaw: Der Hitler-Mythos. Führerkult und Volksmeinung. Stuttgart 1999; nicht auf den Hitler-Kult beschränkt, aber auch diesen aufgreifend Claudia Schmölders: Hitlers Gesicht. Eine physiognomische Biographie. München 2000. S. 92–98, 125.

48 Robert G. L. Waite: The psychopathic God Adolf Hitler. New York 1977. S. 27–32; Rudolph Binion: »... und daß ihr mich gefunden habt«. Hitler und die Deutschen: eine Psychohistorie. Stuttgart 1978. S. 152–169; William Carr: Adolf Hitler. Persönlichkeit und politisches Handeln. Stuttgart u. a. 1980. S. 174–179; Hans-Jürgen Eitner: »Der Führer«. Hitlers Persönlichkeit und Charakter. München/Wien 1981. S. 244–257; Helm Stierlin: Adolf Hitler. Familienperspektiven. Neuausgabe Frankfurt a. M. 1995. S. 97–99; Manfred Koch-Hillebrecht: Homo Hitler. Psychogramm des deutschen Diktators. München 1999. S. 62, 140–142, 149–157, 190 f., 196–198; Paul Matussek/Peter Matussek/Jan Marbach: Hitler. Karriere eines Wahns. München 2000. S. 232–238. Eine kritische Würdigung der bis 1986 erschienenen Arbeiten bei Thomas Kornbichler: Adolf-Hitler-Psychogramme. Psychobiographie. Bd. II. Frankfurt a. M. 1994.

49 Ulrich Timm: »In jener Stunde begann es« – Präkognition, Zufall

oder Vorsehung bei Adolf Hitler? In: Zeitschrift für Parapsychologie und Grenzgebiete der Psychologie 27 (1985). S. 142–156; ähnlich Jan Ehrenwald: Hitler: Schamane, Schizophrener, Medium? In: Eberhard Bauer (Hg.): Psi und Psyche. Neue Forschungen zur Parapsychologie. Festschrift für Hans Bender. Stuttgart 1974. S. 23–35.

50 [Adolf] Hitler: Reden, Schriften, Anordnungen. München 1992 ff. (zitiert als RSA). – Vgl. dazu die Anmerkungen von Frank-Lothar Kroll: Die Edition von Hitlers Reden, Schriften und Anordnungen. In: Horst Möller/Udo Wengst (Hg.): 50 Jahre Institut für Zeitgeschichte. Eine Bilanz. München 1999. S. 237–247. – Einen Überblick über edierte Quellen zu Hitler verschafft Clemens Vollnhals: Zur Edition. In: RSA I. S. XV-XXIX.

51 [Adolf] Hitler: Sämtliche Aufzeichnungen 1905–1924. Hg. v. Eberhard Jäckel zusammen mit Axel Kuhn. Stuttgart 1980. – Nach Abschluß der Edition stellten sich einige dort aufgenommene Dokumente als Fälschung heraus; vgl. dies.: Zu einer Edition von Aufzeichnungen Hitlers. In: VfZG 29 (1981). S. 304 f.; dies./Hermann Weiß: Neue Erkenntnisse zur Fälschung von Hitler-Dokumenten. In: VfZG 32 (1984). S. 163–169.

52 Max Domarus: Hitler. Reden und Proklamationen 1932–1945. Kommentiert von einem deutschen Zeitgenossen. Bd. I: Triumph (1932–1938). Neustadt an der Aisch 1962; ders.: Hitler. Reden und Proklamationen 1932–1945. Kommentiert von einem deutschen Zeitgenossen. Bd. II: Untergang (1939–1945). Neustadt an der Aisch 1963 (zitiert als Domarus).

53 Adolf Hitler: Mein Kampf. Zwei Bände in einem Band. Ungekürzte Ausgabe. Bd. I: Eine Abrechnung. Bd. II: Die nationalsozialistische Bewegung. 167.–169. Aufl. München 1935 (zitiert als MK). – Die zahlreichen Auflagen des erstmals 1925 (erster Band) bzw. 1927 (zweiter Band) erschienenen Buches sind mit geringfügigen Änderungen identisch; vgl. Hermann Hammer: Die deutschen Ausgaben von Hitlers »Mein Kampf«. In: VfZG 4 (1956). S. 161–178.

54 Adolf Hitler: Monologe im Führerhauptquartier 1941–1944. Die Aufzeichnungen Heinrich Heims. Hg. v. Werner Jochmann. Hamburg 1980 (zitiert als Heim); Hitlers Tischgespräche im Führerhauptquartier 1941–1942. Neu hg. v. Percy Ernst Schramm in Zusammenarbeit mit Andreas Hillgruber u. Martin Vogt. Stuttgart 1963 (zitiert als Picker). Vgl. zum Verhältnis beider Editionen die einleitenden Anmerkungen Werner Jochmanns in: Heim. S. 7–35. – Nach dem Urteil Albert Speers, der sich oft in der engsten Um-

gebung Hitlers aufhielt, verfehlen die von Picker aufgezeichneten »Tischgespräche« die unbeholfene und in der Wortwahl oft vulgäre Sprechweise Hitlers. »Aber gedanklich, inhaltlich ist nichts daran verfälscht.« Albert Speer: Spandauer Tagebücher. Frankfurt a. M./Berlin/Wien 1975. S. 522.

55 Hitler, Adolf: Politisches Testament. Die Bormann-Diktate vom Februar und April 1945. Mit einem Essay v. Hugh R. Trevor-Roper u. einem Nachwort v. André François-Poncet. Hamburg 1981 (zitiert als Bormann).

56 Rosenbaum: Die Hitler-Debatte. S. 256–266, Zitat S. 263.

57 Heeresadjutant bei Hitler 1938–1943. – Engels Aufzeichnungen, angefertigt erst nach dem Krieg, sind nach dem Urteil der Herausgeberin Hildegard von Kotze »als eine Mischung aus zeitgenössischer Substanz und Erinnerung« anzusehen, deren Bedeutung man »nicht so hoch schätzen« sollte (S. 13). Sie werden hier nur ausnahmsweise herangezogen.

58 Otto Wagener: Hitler aus nächster Nähe. Aufzeichnungen eines Vertrauten 1929–1932. Hg. v. Henry A. Turner. 2. Aufl. Kiel 1987.

59 Hermann Rauschning: Gespräche mit Hitler. Zürich/Wien/New York 1940. Vgl. zu Rauschning unten, S. 163–166. – Edouard Calic: Ohne Maske. Hitler-Breiting Geheimgespräche 1931. Frankfurt a. M. 1968. Die häufig geäußerten Zweifel an der Echtheit dieser Gesprächsaufzeichnungen faßt zusammen Karl-Heinz Janßen: Calics Erzählungen. In: Uwe Backes u. a. (Hg.): Reichstagsbrand – Aufklärung einer historischen Legende. München/Zürich 1986. S. 216–237.

60 Vgl. Hans Günter Hockerts: Die Goebbels-Tagebücher 1932–1941. Eine neue Hauptquelle zur Erforschung der nationalsozialistischen Kirchenpolitik. In: Dieter Albrecht u. a. (Hg.): Politik und Konfession. Festschrift für Konrad Repgen zum 60. Geburtstag. Berlin 1983. S. 359–414.

61 Kershaw: Hitler 1889–1936. S. 10. Kershaw spricht sich dennoch für eine Berücksichtigung der Tagebücher aus.

62 So die Kritik Frank-Lothar Krolls an einer neueren Studie zu Hitlers Weltanschauung. Frank-Lothar Kroll: Der Faktor »Zukunft« in Hitlers Geschichtsbild. In: Ders. (Hg.): Neue Wege der Ideengeschichte. Festschrift für Kurt Kluxen zum 85. Geburtstag. Paderborn 1996. S. 392. Anm. 5.

63 MK. S. 92.
64 MK. S. 92.
65 MK. S. 293.
66 MK. S. 293.
67 MK. S. 416.
68 MK. S. 506.
69 MK. S. 445 f. – Kritik an Missionsprojekten übte Hitler gelegentlich auch in Reden, so am 23. 1. 1928. RSA II/2. S. 646; ebenso am 10. 10. 1928. RSA III/1. S. 132. – Die Bände der RSA werden in römischen Ziffern angegeben, die Teilbände in arabischen Ziffern. Sofern es sich nicht um Reden handelt, wird bei Zitaten vor der Datumsangabe die Quellenart vermerkt.
70 MK. S. 630.
71 Paul Hoser: Hitler und die katholische Kirche. Zwei Briefe aus dem Jahr 1927. In: VfZG 42 (1994). S. 489.
72 Ebd. S. 491.
73 17. 2. 1922. Aufz. S. 575.
74 12. 12. 1925. RSA I. S. 237.
75 11. 10. 1931. RSA IV/2. S. 131.
76 6. 4. 1923. Aufz. S. 867; ähnlich etwa am 21. 4. 1921. Ebd. S. 367; 12. 4. 1922. Ebd. S. 623 f.; 18. 12. 1926. RSA II/1. S. 105 f.; 11. 12. 1928. RSA III/1. S. 351 f.; 5. 12. 1930. RSA IV/1. S. 149; 14. 5. 1931. RSA IV/1. S. 388.
77 Vgl. Matth. 21, 12–17; Mark. 11, 15–17; Luk. 19, 45–48; Joh. 2, 13–16.
78 12. 4. 1922. Aufz. S. 623. – Verweise auf die Tempelreinigung auch am 31. 8. 1920. Ebd. S. 219; 2. 11. 1922. Ebd. S. 718, 720; 19. 12. 1926. RSA II/1. S. 106; 29. 2. 1928. RSA II/2. S. 699; 31. 8. 1928. RSA III/1. S. 43; 13. 4. 1929. RSA III/2. S. 200; 29. 8. 1930. RSA III/3. S. 374.
79 17. 12. 1922. Aufz. S. 770.
80 2. 11. 1922. Aufz. S. 718.
81 8. 12. 1922. Aufz. S. 756; 6. 7. 1923. Aufz. S. 947.
82 Aufsatz im VB. 28. 4. 1921. Aufz. S. 369.
83 Interview. Vor 11. 11. 1922. Aufz. S. 727.
84 6. 7. 1923. Aufz. S. 946.
85 26. 4. 1922. Aufz. S. 635; 12. 12. 1925. RSA I. S. 237.
86 2. 11. 1922. Aufz. S. 720.
87 12. 4. 1922. Aufz. S. 623 – An die »Christus-Geißel, den Galgen« gehörten deshalb jüdische Wucherer; dazu am 3. 1. 1923. Ebd. S. 779.

88 18. 12. 1926. RSA II/1. S. 106.

89 17. 4. 1920. Aufz. S. 123; Aufsatz im VB. 28. 4. 1921. Ebd. S. 371; 18. 5. 1921. Ebd. S. 398; 23. 1. 1922. Ebd. S. 550. – Eine Erweiterung der nun folgenden Liste um die Jahre nach 1925 wäre leicht möglich, würde aber keine neuen Einsichten liefern.

90 7. 8. 1920. Aufz. S. 175; 11. 8. 1922. Ebd. S. 675.

91 7. 8. 1920. Aufz. S. 176.

92 20. 2. 1921. Aufz. S. 322; Aufsatz im VB. 5. 6. 1921. Ebd. S. 435; 17. 8. 1922. Ebd. S. 685; 27. 4. 1923. Ebd. S. 916; Verhandlung vor dem Volksgericht. 26. 2. 1924. Ebd. S. 1106.

93 6. 3. 1921. Aufz. S. 332.

94 10. 3. 1921. Aufz. S. 341.

95 15. 3. 1921. Aufz. S. 352; Aufsatz. April 1924. Ebd. S. 1223.

96 2. 6. 1921. Aufz. S. 429; Erklärung im VB. 12. 4. 1922. Ebd. S. 606; 12. 4. 1922. Ebd. S. 620.

97 Parteiinterne Stellungnahme nach dem 17. 7. 1922. Aufz. S. 651; 28. 7. 1922. Ebd. S. 666, 668; Verhandlung vor dem Volksgericht. 14. 3. 1924. Ebd. S. 1177; Verhandlung vor dem Volksgericht. 27. 3. 1924. Ebd. S. 1203, 1211, 1213.

98 28. 7. 1922. Aufz. S. 671.

99 6. 7. 1923. Aufz. S. 946.

100 21. 8. 1923. Aufz. S. 985; 12. 9. 1923. Ebd. S. 1008.

101 Zum Beispiel: »Gottes Mühlen mahlen langsam, aber sicher«, 13. 12. 1922. Aufz. S. 762; »kein Gott und kein Teufel« kann die Partei hindern, 21. 11. 1922. Ebd. S. 737; »sowenig wie der Himmel dem Faulen sein Brot gibt, sowenig schenkt er dem Feigen die Freiheit«, 15. 8. 1925. RSA I. S. 146; »Heiliger Florian, kreuzbraver Mann, beschütz' unsere Häuser und zünd' andere an«, Aufsatz. 29. 3. 1930. RSA III/3. S. 144.

102 23. 2. 1922. Aufz. S. 582. Dankesbekundungen auch am 4. 12. 1922 (für die deutsche Fahne). Ebd. S. 754; Aufsatz im VB. 10. 4. 1922 (für seine Vaterlandsliebe). Ebd. S. 607; 4. 4. 1932 (für Gelegenheit zum Kampf). RSA V/1. S. 24. Am 17. 7. 1932 dankte Hitler dem Himmel für das Einschreiten eines Polizeimajors: Die Behinderungen der Gegner machten »unsere Bewegung erst zu dem, was sie ist«. Ebd. S. 235.

103 24. 2. 1931. RSA IV/1. S. 225; 17. 6. 1927. RSA II/1. S. 383.

104 4. 7. 1926. RSA II/1. S. 24.

105 21. 8. 1927. RSA II/2. S. 488; 12. 1. 1928. RSA III/2. S. 609.

106 22. 5. 1926. RSA I. S. 437.

107 24. 2. 1929. RSA III/1. S. 447.

108 24.2.1930. RSA III/3. S.106f.; ähnlich 10.8.1930. Ebd. S.321; 7.9. 1932. RSA V/1. S.341.

109 5.3.1925. RSA I. S.33.

110 1.12.1928. RSA III/1. S.289f. – Um der komischen Wirkung willen vertauschte Hitler hier die Rollen und begnügte sich mit derjenigen des Mörders Barabbas, nach dessen Freilassung das Volk dem biblischen Bericht zufolge verlangte, während Jesus – hier mit Stresemann gleichgesetzt – gekreuzigt werden sollte. – Eine ähnliche Parodie, bezogen auf das sog. »Pfingstwunder« (Apostelgeschichte 2, 1–13), in: Aufsatz. 18.5.1921. Aufz. S.398: »Der Heilige Geist ist zu Pfingsten über unseren Reichskanzler Wirth gekommen und hat ihn gewaltig erleuchtet, worauf dieser dann sofort anhub zu reden.«

111 22.3.1925. RSA I. S.51; ähnlich 9.1.1922. Aufz. S.544; 10.6.1923. Ebd. S.935; 28.10.1925. Ebd. S.205; 30.9.1928. RSA III/1. S.117; 30.11.1928. Ebd. S.287; 21.6.1930. RSA III/3. S.240; 10.8.1930. Ebd. S.322; 20.8.1930. Ebd. S.359; 1.9.1930. Ebd. S.379; 23.11.1930. RSA IV/1. S.133; 24.9.1931. RSA IV/2. S.115; 2.4. 1932. RSA V/1. S.15; 18.4.1932. Ebd. S.75; 20.5.1932. Ebd. S.113; 15.6.1932. Ebd. S.179; 6.7.1932. Ebd. S.212.

112 23.7.1932. RSA V/1. S.262.

113 4.7.1926. RSA II/1. S.21; 6.3.1927. Ebd. S.166; 26.3.1927. Ebd. S.195; 26.6.1927. Ebd. S.393; 10.12.1927. Ebd. S.574; 16.6.1930. RSA III/3. S.232; 22.2.1931. RSA IV/1. S.220.

114 Hitler wertet den Satz »Im Schweiße Deines Angesichtes sollst Du Dir Dein Brot verdienen« (Gen. 3, 19) als Beleg für die typisch jüdische Haltung zur Arbeit: Es sei bezeichnend, daß dieser ursprünglich jüdische Text die Arbeit als Strafe (für den Sündenfall) auffasse; 13.8.1920. Aufz. S.187f. – Häufig interpretiert Hitler die Geschichte des jüdischen Volkes auf der Grundlage des Alten Testamentes, so in derselben Rede (Abraham als kupplerischer Geschäftemacher, S.190f.), weiterhin am 10.9.1922. Ebd. S.689 (Verknechtung eroberter Völker); 2.11.1922. Ebd. S.717 (Zerstörung anderer Kulturen). Eine bösartig verzerrende Darstellung jüdischer Geschichte durch Hitler findet sich in einem Artikel vom 7.9.1929. RSA III/2. S.376.

115 Vgl. Luk. 2, 14 – 4.10.1930. RSA IV/10. S.10.

116 22.3.1925. RSA I. S.51; 12.4.1931. RSA IV/1. S.289.

117 Vgl. 1. Kor. 13, 2 – 23.3.1926. RSA I. S.357; 18.9.1928. Ebd. S.99; 2.5.1930. RSA III/3. S.174.

118 10.4.1923. Aufz. S.873, 879; 16.12.1925. RSA I. S.255; 15.7.1932. RSA V/1. S.229.

119 Vgl. Matth. 12, 30 und Luk. 11, 23 – Text in Mitteilungsblatt der Partei. 26.4.1922. Aufz. S.636.

120 Interview. Vor Oktober 1923. Aufz. S.1026.

121 Text in Mitteilungsblatt der Partei. 26.4.1922. Aufz. S.635.

122 Vgl. Matth. 7, 16 und 20 – 29.2.1928. RSA II/2. S.696; 2.5.1928. Ebd. S.801.

123 Vgl. Matth. 7, 15 – 29.2.1928. RSA II/2. S.705; 29.4.1930. RSA III/3. S.374.

124 Vgl. 2. Mos. 21, 24; 3. Mos. 24, 20; 5. Mos. 19, 21 – 3.6.1931. RSA IV/1. S.400; 1.3.1932. RSA IV/3. S.163.

125 Vgl. Matth. 27, 46; Mark. 15, 34 – Aufsatz. 18.5.1921. Aufz. S.399.

126 Vgl. Matth. 26, 39; Mark. 14, 36; Luk. 22, 42 – 3.12.1928. RSA III/1. S.299.

127 Vgl. Matth. 7, 15; 24, 11; Mark. 13, 22; 2. Petr. 2, 1; 1. Joh. 4, 1; Offenb. 16, 13; 19, 20; 20, 10 – 13.9.1930. RSA III/3. S.414 ff.

128 Vgl. Matth. 3, 1 ff.; Mark. 1, 4 ff.; Luk. 3, 2 ff.; Joh. 1, 6 ff. – 13.9.1930. RSA III/3. S.414 ff.

129 MK. S.127. – Eine ausführliche Begründung dieser Einstellung liefert Hitler in seinem Brief an den Priester Magnus Gött; vgl. Hoser: Hitler. S.487–492.

130 Hoser: Hitler. S.486.

131 MK. S.127.

132 Wilhelm Mommsen (Hg.): Deutsche Parteiprogramme. Eine Auswahl vom Vormärz bis zur Gegenwart. München 1951. S.142. – Hitler bezog sich gelegentlich auf diese Formulierung, so etwa am 31.8.1920. Aufz. S.221; 13.12.1922. Ebd. S.756; ausführlich auch in seinen Briefen an den katholischen Priester Magnus Gött, der zeitweise mit dem Nationalsozialismus sympathisierte. Vgl. Hoser: Hitler. Bes. S.486 f., 491.

133 24.5.1927. RSA II/1. S.318; ähnlich: 29.2.1928. RSA II/2. S.695, 714; Artikel. 9.3.1929. RSA III/2. S.42.

134 MK. S.294.

135 5.9.1923. Aufz. S.1000. – Vgl. zur BVP Klaus Schönhoven: Die Bayerische Volkspartei 1924–1932. Düsseldorf 1972.

136 24.5.1927. RSA II/1. S.319; ähnlich: 12.1.1928. RSA II/2. S.605.

137 6.7.1929. RSA III/2. S.284 f.; ebenso: 29.2.1928. RSA II/2. S.705; 24.2.1930. RSA III/3. S.102. – Mit »Schächten« bezeichnet man

die Schlachtung von Tieren durch Ausbluten gemäß dem jüdischen Religionsgesetz.

138 Es handelte sich um eine in München geplante Aufführung des Stückes »Ehen werden im Himmel geschlossen« von Walter Hasenclever in einer Inszenierung von Max Reinhardt. Hitler polemisierte gegen die Tolerierung der Aufführung durch BVP-Politiker in einer Rede am 3. 4. 1929. RSA III/2. S. 127 ff.; 13. 4. 1929. Ebd. S. 199 f.

139 21. 3. 1928. RSA II/2. S. 751.

140 21. 3. 1928. RSA II/2. S. 750.

141 29. 8. 1930. RSA III/3. S. 374; ähnlich in einem offenen Brief an den BVP-Vorsitzenden Fritz Schäffer vom 7. 12. 1929. RSA III/2. S. 505–525.

142 2. 11. 1922. Aufz. S. 716; 5. 9. 1923. Ebd. S. 1000; 29. 2. 1928. RSA II/2. S. 699.

143 Aufsatz. 10. 4. 1922. Aufz. S. 606 f.; 12. 4. 1922. Ebd. S. 623 ff.

144 Artikel. 30. 11. 1929. RSA III/2. S. 493.

145 30. 11. 1929. RSA III/2. S. 494.

146 Zum Zentrum vgl. Rudolf Morsey: Die Deutsche Zentrumspartei 1917–1923. Düsseldorf 1966; Karsten Ruppert: Im Dienst am Staat von Weimar. Das Zentrum als regierende Partei in der Weimarer Demokratie 1923–1930. Düsseldorf 1992. – Zur Rolle der Zentrumspartei bei der Machtübernahme Hitlers Detlev Junker: Die Deutsche Zentrumspartei und Hitler 1932/33. Ein Beitrag zur Problematik des politischen Katholizismus in Deutschland. Stuttgart 1969.

147 8. 7. 1925. RSA I. S. 114.

148 28. 2. 1928. RSA II/2. S. 696 ff., Zitat S. 699; ähnlich: Artikel. 26. 2. 1925. RSA I/1. S. 3; 31. 8. 1928. RSA III/1. S. 43; 23. 2. 1929. Ebd. S. 429; Artikel. 23. 2. 1929. Ebd. S. 433; 24. 2. 1930. RSA III/3. S. 101 f.; Artikel. 9. 4. 1930. Ebd. S. 154; 12. 4. 1930. Ebd. S. 161, 167; 18. 8. 1930. Ebd. S. 331; Artikel. 10. 9. 1930. Ebd. S. 397; Aufruf im VB. 1. 1. 1932. RSA V/1. S. 8, 10.

149 6. 4. 1923. Aufz. S. 866.

150 10. 4. 1923. Aufz. S. 874; ähnlich: Interview. 6. 12. 1931. RSA IV/2. S. 242; 14. 6. 1932. RSA V/1. S. 173.

151 25. 10. 1930. RSA IV/1. S. 33.

152 MK. S. 105–130. – Die älteren Studien zur »Völkischen Bewegung« von George L. Mosse (Ein Volk – Ein Reich – Ein Führer. Die völkischen Ursprünge des Nationalsozialismus. Königstein i. T. 1979) und Jost Hermand (Der alte Traum vom neuen Reich. Völki-

sche Utopien und Nationalsozialismus. Frankfurt a. M. 1988) werden nun erweitert und teilweise ersetzt durch Uwe Puschner/Walter Schmitz/Justus H. Ulbricht (Hg.): Handbuch zur »Völkischen Bewegung« 1871–1918. München u. a. 1996. – Zur »Los-von-Rom«-Bewegung Heiner Grote: Los-von-Rom-Bewegung. In: Gerhard Müller (Hg.): Theologische Realenzyklopädie. Bd. XXI. Berlin/New York 1991. S. 469–471. – Zu den »Alldeutschen« in Deutschland Alfred Kruck: Geschichte des Alldeutschen Verbandes 1890–1939. Wiesbaden 1954. – Speziell zu den religiösen Vorstellungen der »Völkischen« Ekkehard Hieronimus: Zur Religiosität der völkischen Bewegung. In: Hubert Cancik (Hg.): Religions- und Geistesgeschichte der Weimarer Republik. Düsseldorf 1982. S. 159–175; Hubert Cancik: »Neuheiden« und totaler Staat. Völkische Religion am Ende der Weimarer Republik. In: Ebd. S. 176–212. – Zu Hitlers Abgrenzung gegenüber der »völkischen Bewegung« auch Klaus Scholder: Die Kirchen und das Dritte Reich. Bd. 1: Vorgeschichte und Zeit der Illusionen. 1918–1934. Frankfurt a. M./Berlin/Wien 1977. S. 110–123; zum Fortleben völkischer Religiosität im »Dritten Reich« Ulrich Nanko: Die Deutsche Glaubensbewegung. Eine historische und soziologische Untersuchung. Marburg 1993.

153 21. 3. 1928. RSA II/2. S. 752. – Der letztgenannte Vorwurf ging von dem Ansbacher Stadtpfarrer Georg Sponsel aus, der ihn auf einer Versammlung des katholischen Dienstmädchenvereins vorgebracht hatte. Auf die Klage Hitlers hin wurde Sponsel wegen übler Nachrede zu einer Strafe von 100 RM verurteilt. Hinweise zu den Vorgängen in: RSA II/1. S. 370.

154 Artikel. 26. 2. 1925. RSA I. S. 3. – Eine scharfe Abgrenzung zur »völkischen Bewegung« auch am 8. 7. 1925. Ebd. S. 111.

155 Hitler in einer Gerichtsvernehmung. 15. 7. 1926. RSA II/1. S. 29.

156 »Nicht wir wünschen einen Wotanskult – es ist zu blödsinnig –, nicht wir wünschen irgendeinen Streit oder ein Sektenwesen.« 29. 2. 1928. RSA II/2. S. 695. Auf diese Vorwürfe nahm Hitler auch Bezug in weiteren Reden: 18. 4. 1932. RSA V/1. S. 73; 21. 4. 1932. Ebd. S. 85; 22. 4. 1932. Ebd. S. 89.

157 29. 2. 1928. RSA II/2. S. 694.

158 25. 7. 1928. RSA III/1. S. 23–26.

159 Anordnung Hitlers. 30. 9. 1927. RSA II/2. S. 515.

160 Telegramm Hitlers. RSA III/1. S. 121.

161 Brief Hitlers. RSA III/1. S. 149. – Vgl. zu den Vorgängen um Dinter Scholder: Die Kirchen. S. 118–123.

162 18.4.1932. RSA V/1. S.73. – Hitler nimmt auf diese Vorwürfe auch Bezug am 22.4.1932. Ebd. S.89; 23.4.1932. Ebd. S.95. – Vor allem der einstige Hitler-Gefährte Ludendorff vertrat die Auffassung, Hitler sei romhörig. Eine Sammlung einschlägiger Aufsätze bei Erich Ludendorff: Hitlers Verrat der Deutschen an den römischen Papst. Zusammengestellt aus Aufsätzen in »Ludendorffs Volkswarte«. München 1931.

163 24.5.1932. RSA V/1. S.125; ähnlich: 2.6.1932. Ebd. S.149.

164 24.5.1932. RSA V/1. S.125f.

165 7.6.1931. RSA IV/1. S.404.

166 14.10.1923. Aufz. S.1031.

167 Zeitungsbericht. 2.5.1926. RSA I. S.422.

168 26.1.1932. RSA IV/3. S.88; ähnlich am 26.2.1923: »Fast zum Ersatz einer Religion wurde die Lehre gesteigert.« In: Aufz. S.838.

169 16.12.1925. RSA I. S.257. – Auch den Erfolg der Reformation führte Hitler auf das angeblich bei Luther vorhandene Talent zurück, wenige große Ideen in den Mittelpunkt einer fanatisierten Glaubensgemeinschaft zu stellen; vgl. etwa: 12.6.1925. RSA I. S.93; 14.6.1925. Ebd. S.101; 8.7.1925. Ebd. S.108; 16.12.1925. Ebd. S.257; 18.1.1927. RSA II/1. S.123; 9.11.1927. RSA II/2. S.526.

170 Das Gedicht – hier zunächst nur die erste Strophe – ist abgedruckt bei Albrecht Tyrell: Führer befiehl... Selbstzeugnisse aus der »Kampfzeit« der NSDAP. Dokumentation und Analyse. 8 Bildtafeln. Düsseldorf 1969. Abb. V. nach S.388. Zu den Vorgängen um die Gedichtveröffentlichung vgl. ebd. S.388.

171 12.12.1925. RSA I. S.237.

172 MK. S.1.

173 8.11.1923. Aufz. S.1055.

174 MK. S.223.

175 MK. S.225.

176 7.12.1929. RSA III/2. S.528.

177 21.4.1921. Aufz. S.367; ähnlich am 17.12.1922: »Aber ein Held wurde arm geboren und hat eine ganze Welt zertrümmert.« In: Aufz. S.769.

178 9.4.1932. RSA V/1. S.48.

179 Von der »Mission« der nationalsozialistischen Bewegung schreibt Hitler z.B. in einem Gästebucheintrag am 19.3.1921. Aufz. S.354; weiter: Aufsatz. 25.1.1923. Ebd. S.800; 30. 10. 1923. Ebd. S.1051; MK. S.234; 4. 8. 1929. RSA III/2. S.353; 9.4.1930. RSA III/3. S.158; 2.5.1930. Ebd. S.175; 13.6.1932. RSA V/1. S.169.

180 Polizeibericht über eine Rede. 18.12.1926. RSA II/1. S.106.

181 19. 12. 1926. RSA II/1. S. 106.

182 2. 5. 1930. RSA III/3. S. 174.

183 30. 5. 1927. RSA II/1. S. 325.

184 12. 4. 1922. Aufz. S. 624; ähnlich: 28. 7. 1922. Ebd. S. 666.

185 24. 4. 1931. RSA IV/1. S. 330.

186 8. 11. 1930. RSA IV/1. S. 82; 9. 2. 1932. RSA IV/3. S. 121.

187 25. 10. 1930. RSA IV/1. S. 32. – Vom »Wunder der Bewegung« sprach Hitler seit den reichsweiten Erfolgen der NSDAP häufig: Erklärung. 2. 8. 1929. RSA III/2. S. 332; 16. 11. 1930. RSA IV/1. S. 120 f.; 7. 6. 1931. Ebd. S. 405; 6. 9. 1931. RSA IV/2. S. 85; 9. 2. 1932. RSA IV/3. S. 119; 10. 7. 1932. RSA V/1. S. 214.

188 3. 6. 1927. RSA II/1. S. 341.

189 9. 6. 1927. Ebd. S. 366; ähnlich beispielsweise: 17. 3. 1929. RSA III/2. S. 114.

190 7. 12. 1929. RSA III/2. S. 528.

191 Von »Wiederauferstehung« ist die Rede am 29. 10. 1927. RSA II/2. S. 524; 9. 4. 1929. RSA III/2. S. 194; 4. 4. 1932. RSA V/1. S. 21.

192 8. 7. 1925. RSA I. S. 112.

193 5. 11. 1930. RSA IV/1. S. 62.

194 4. 7. 1926. RSA II/1. S. 23.

195 Anordnung. 17. 9. 1930. RSA III/3. S. 431; ähnlich am 2. 3. 1925 (das »heilige, deutsche Vaterland«). RSA I. S. 28; 24. 2. 1930 (»unser heiligstes Ziel«). RSA III/3. S. 109.

196 3. 12. 1928. RSA III/1. S. 316. – Von den zwei Göttern des Menschen – Gottvater und Vaterland – sprach Hitler auch am 22. 3. 1925. RSA I. S. 51; 16. 12. 1925. Ebd. S. 260; 18. 3. 1926. Ebd. S. 355; 12. 9. 1928. RSA III/1. S. 110; 19. 6. 1930. RSA III/3. S. 235.

197 8. 11. 1930. RSA IV/1. S. 83.

198 30. 11. 1929. RSA III/2. S. 493.

199 »Keine Macht wird sich dieser Entwicklung entgegenstellen können, solange der allmächtige Gott mit seinem Segen über der Bewegung steht.« 12. 3. 1926. RSA I. S. 335.

200 Wahlerfolge: 30. 11. 1929. RSA III/2. S. 495; in Übernahme eines Ausspruchs Wilhelms I. zum Erfolg in Sedan formulierte Hitler am 24. 6. 1932: »Welch ein Wandel durch Gottes Führung«. In: RSA V/1. S. 193. – Mitgliederzuwachs: »Der Allmächtige, der es bisher gestattete, daß wir in 13 Jahren von 7 Mann zu 13 Millionen wurden [...]«. 15. 7. 1932. RSA V/1. S. 219; ähnlich: 9. 6. 1927. RSA II/1. S. 366: »Der Herrgott ist gnädig gewesen, er hat uns vermehrt, hat uns Blutzeugen gegeben, er hat uns Märtyrer gegeben«; auch am 30. 11. 1929. RSA III/2. S. 494.

201 10.7.1932. RSA V/1. S.215 (»Wir gehen unsern Weg [...] bis uns das Schicksal die Macht gibt«); ähnlich: 3.1.1923. Aufz. S.779 (»den wir als höchsten Lenker unseres Geschickes fühlen«); 4.7.1926. RSA II/1. S.23 (»Das Schicksal hat bereits gesprochen«); 13.6.1932. RSA V/1. S.170 (»Wenn das Schicksal uns die Macht gibt, werden wir sie ergreifen«).

202 7.9.1932. RSA V/1. S.349.

203 9.5.1931. RSA IV/1. S.375f.

204 8.11.1930. RSA IV/1. S.84; ähnlich am 22.2.1931: »Hat Gott mir mein Blut gegeben, oder hab ich es mir gemacht? Kann es unchristlich sein, wenn ich das mit ganzer Inbrunst hüte, was Gott mir gegeben hat?« In: Ebd. S.221.

205 16.4.1931. RSA IV/1. S.311.

206 MK. S.70.

207 »[...] denn wenn ein höherer Gott uns die Kraft gibt, Kinder zu erzeugen [...].« 3.6.1927. RSA II/1. S.340.

208 14.4.1928. RSA II/2. S.776.

209 2.3.1929. RSA III/2. S.9.

210 MK. S.267.

211 17.6.1927. RSA II/1. S.380. Daß Besitzverhältnisse nicht von Gott geschaffen wurden, betonte Hitler auch am 27.10.1928. RSA III/1. S.185; 9.5.1930. RSA III/3. S.185; 21.8.1930. Ebd. S.364.

212 16.11.1930. RSA IV/1. S.113. – Vom »Gottesgericht« sprach Hitler auch am 25.6.1931. RSA IV/1. S.429. – Von einer »Prüfung« durch Gott ist häufig die Rede, so am 27. 10. 1928. RSA III/1. S.193 (»Die höhere Gerechtigkeit wird in der letzten Stunde den entscheidenden Ausschlag geben«); 15.3.1932. RSA IV/3. S.244 (»Denn ich glaube daran, daß es eine höhere göttliche Gerechtigkeit gibt, die die Menschen nach ihrem Wert abwägt, die sie prüft«; 3.7.1931. RSA IV/2. S.18 (»kommt ein Stärkerer, entscheidet das Schicksal«).

213 3.7.1932. RSA V/1. S.209. Die Hoffnung, Belohnungen verdient zu haben, formulierte Hitler häufig: 8.7.1925. RSA I. S.107; August 1927. RSA II/2. S.506; 16.11.1928. RSA III/1. S.240; 7.12.1930. RSA IV/1. S.159; 9.4.1931. Ebd. S.282; 5.3.1932. RSA IV/3. S.185; 5.4.1932. RSA V/1. S.31; 23.5.1932. Ebd. S.122.

214 13.11.1931. RSA IV/2. S.194.

215 12.5.1931. RSA IV/1. S.384. – Die Niederlage 1918, von Hitler im Sinne der Dolchstoßlegende stets auf Verrat im Inneren zurückgeführt, machte Hitler für das Ausbleiben göttlicher Hilfe verantwortlich; so etwa am 9.11.1928. RSA III/1. S.227; 3.12.1928. Ebd. S.313; 27.2.1932. RSA IV/3. S.144.

216 28.7.1922. Aufz. S.671.
217 11.6.1925. RSA I. S.89.
218 16.11.1930. RSA IV/1. S.113; ähnlich beispielsweise: Artikel. 8.5. 1921. Aufz. S.380; 2.5.1930. RSA III/3. S.176; 10.8.1930. Ebd. S.320; Aufruf. 10.9.1930. Ebd. S.403; 2.11.1930. RSA IV/1. S.48; 8.11.1930. Ebd. S.86; 13.11.1930. Ebd. S.103; 16.11.1930. Ebd. S.103; 8.2.1931. Ebd. S.196; 13.11.1931. RSA IV/2. S.197.
219 12.9.1923. Aufz. S.1013; ähnlich: 7.10.1923. Ebd. S.1268.
220 15.1.1928. RSA II/2. S.611 f.; ähnlich: 21.11.1925. RSA I. S.218 f.; 16.12.1925. Ebd. S.262; 21.9.1928. RSA III/1. S.110; 18.10.1928. Ebd. S.167 f.; 4.8.1929. RSA III/2. S.354; 18.8.1930. RSA III/3. S.358; 6.9.1931. RSA IV/2. S.84.
221 Aus der Fülle möglicher Belegstellen hier nur einige typische Beispiele: 28.7.1922. Aufz. S.668; 5.8.1923. Ebd. S.965; 12.9.1923. Ebd. S.1012; 22.3.1925. RSA I. S.51; 4.7.1926. RSA II/1. S.23; 18. 1.1927. Ebd. S.123; 30.7.1927. Ebd. S.437; 9.11.1927. RSA II/2. S.544; 6.7.1928. RSA III/1. S.10; 20.11.1928. Ebd. S.252; 5.11. 1930. RSA IV/1. S.53, 60; 5.12.1930. Ebd. S.148; 1.1.1931. Ebd. S.169; 12.4.1931. Ebd. S.284; 3.7.1931. RSA IV/2. S.20; 6.9.1931. Ebd. S.85; 18.10.1931. Ebd. S.163; 26.1.1932. RSA IV/3. S.108; 9.2.1932. Ebd. S.121; 27.2.1932. Ebd. S.142; 5.3.1932. Ebd. S.184; 19. 3. 1932. Ebd. S.256; 12.6.1932. RSA V/1. S.164; 17.6. 1932. Ebd. S.184; 15.7.1932. Ebd. S.226; 15.7.1932. Ebd. S.230; 29.7.1932. Ebd. S.288; 4.9.1932. Ebd. S.332; 7.9.1932. Ebd. S.339. – Vgl. zur Bedeutung des Terminus »Glaube« im Nationalsozialismus Cornelia Schmitz-Berning: Vokabular des Nationalsozialismus. Berlin/New York 1998. S.274–277.
222 12.4.1922. Aufz. S.624.
223 28.2.1926. RSA I. S.323; ähnlich z.B. am 16.12.1925. Ebd. S.257.
224 2.8.1929. RSA III/2. S.331. Von einem politischen »Glaubensbekenntnis war auch die Rede in einem Aufsatz vom August 1927. RSA II/2. S.508; ähnlich in den Reden am 18.8.1930. RSA III/3. S.355; 16.11.1930. RSA IV/1. S. 119; 20.4.1932. RSA V/1. S.79; 2.6.1932. Ebd. S.151; 12.6.1932. Ebd. S.165.
225 2.5.1926. RSA I. S.423. Ebenso: 5.9.1926. Aufz. S.1004; 2.3. 1925. RSA I. S.30; 9.5.1926. Ebd. S.423.
226 6.4.1922. Aufz. S.600; 28.10.1925. RSA I. S.205; 4.11.1925. Ebd. S.210; 4.11.1925. Ebd. S.212; 12.12.1925. Ebd. S.237; 16.12.1925. Ebd. S.261; 23.3.1926. Ebd. S.357.
227 4.11.1925. RSA I. S.212.
228 26.3.1927. RSA II/1. S.207; 12.12.1925. RSA I. S.237.

229 Aufruf. 10. 4. 1932. RSA V/1. S. 49.
230 21. 11. 1937. Domarus. S. 760.
231 8. 11. 1940. Domarus. S. 1603; ähnlich (sämtlich ebd.): 12. 3. 1941. S. 1673; 24. 2. 1942. S. 1847; 7. 5. 1943. S. 2012; 12. 11. 1944. S. 2161; 30. 1. 1945. S. 2197.
232 9. 4. 1938. Domarus. S. 849.
233 Tischgespräch. 10. 5. 1942. Picker. S. 323.
234 7. 4. 1938. Domarus. S. 847.
235 Tischgespräch. 27./28. 9. 1941. Heim. S. 72.
236 26. 9. 1938. Domarus. S. 932.
237 30. 1. 1944. Domarus. S. 2086; ähnlich z. B.: 5. 4. 1938. Ebd. S. 845; 8. 11. 1941. Ebd. S. 1780.
238 8. 11. 1938. Domarus. S. 966.
239 11. 12. 1941. Domarus. S. 1810; ähnlich: 30. 1. 1943. Ebd. S. 1978.
240 Brief an Göring v. 31. 12. 1933, abgedruckt im »Völkischen Beobachter«. Domarus. S. 339. – Deutungen des mißglückten Putschversuches in diesem Sinne: 8. 11. 1933. Ebd. S. 326; 9. 11. 1933. Ebd. S. 328.
241 8. 11. 1935. Domarus. S. 552.
242 Proklamation. 30. 1. 1943. Domarus. S. 1977. – Am »Tag von Potsdam«, dem 21. 3. 1933, hatte Hitler entsprechend erklärt: »Heute, Herr Generalfeldmarschall, läßt Sie die Vorsehung Schirmherr sein über die neue Erhebung unseres Volkes.« (30. 1. 1933. Ebd. S. 228). – Ähnliche Anmerkungen zur Machtübernahme: 7. 8. 1934. Ebd. S. 438; 3. 10. 1941. Ebd. S. 1758.
243 15. 1. 1935. Domarus. S. 472.
244 28. 3. 1936. Domarus. S. 614.
245 Vgl. Ernst Hanisch: Der Obersalzberg. Das Kehlsteinhaus und Adolf Hitler. Berchtesgaden 1995. S. 8 f.
246 6. 4. 1938. Domarus. S. 846; ähnlich: 4. 4. 1938 (»Gottesgericht«). Ebd. S. 845. – Hitler wandelt hier die Worte Mephistopheles' aus Goethes »Faust« ab, der sich in der Studierzimmer-Szene als »Teil von jener Kraft« bezeichnet, die »stets das Böse will, und stets das Gute schafft«.
247 9. 4. 1938. Domarus. S. 849.
248 3. 10. 1941. Domarus. S. 1760; ähnlich: 8. 11. 1942. Ebd. S. 1936.
249 11. 12. 1941. Domarus. S. 1794; ähnlich: 10. 10. 1939. Ebd. S. 1396; 30. 1. 1942. Ebd. S. 1830. – Auch Italien wollte die Vorsehung den Krieg nicht ersparen: »Die Vorsehung hat es gewollt, daß wir entgegen unseren eigenen Absichten gezwungen sind, die Freiheit

und Zukunft unserer Völker im Kampf gegen England und Frankreich zu verteidigen.« Telegramm an Viktor Emanuel III. und Mussolini. 10.6.1940. Ebd. S. 1522.

250 19.9.1939. Domarus. S. 1365.

251 4.5.1941. Domarus. S. 1708. – Ebenso erzürnte es Hitler, wenn die Engländer behaupteten, nur für die Gerechtigkeit zu kämpfen. Gott habe England, so führte Hitler aus, in den letzten Jahrhunderten für seine Leistungen im Kampf belohnt, nicht für vorgebliche edle Motive. So etwa: 8.11.1939. Ebd. S. 1406, 1410; 30.1.1940. Ebd. S. 1455. Mehrmals warf Hitler den Briten eine unchristliche Haltung vor: 30.1.1940. Ebd. S. 1453, 1455; 19.7.1940. Ebd. S. 1543. Auch amerikanische Berufungen auf Gott empörten den Diktator; vgl. 11.12.1941. Ebd. S. 1807.

252 23.11.1939. Domarus. S. 1426; ähnlich: 8.11.1943. Ebd. S. 2058: »Wie hat diese Vorsehung nicht unsere Armeen weit über die Reichsgrenzen hinaus geführt!«

253 20.7.1944. Ebd. S. 2129; ähnlich auch schon S. 2128. Vgl. auch den Bericht des Dolmetschers Schmidt, zitiert ebd. S. 2124; weiterhin: 4.8.1944. Ebd. S. 2139; 30.1.1945. Ebd. S. 219.

254 6.2.1945. Bormann. S. 51.

255 14.2.1945. Bormann. S. 73.

256 »Privates Testament« v. 29.4.1945. Domarus. S. 2240.

257 Tischgespräch. 25/26.1.1942. Picker. S. 167 f.

258 Es werde, so prophezeite Hitler, »der Same aufgehen zur strahlenden Wiedergeburt der nationalsozialistischen Bewegung und damit Verwirklichung einer wahren Volksgemeinschaft«. Domarus. S. 2237.

259 Domarus. S. 2237.

260 Domarus. S. 2239.

261 14.3.1936. Domarus. S. 606.

262 Vgl. beispielsweise (sämtlich in Domarus): 23.9.1933. S. 302; 7.3.1936. S. 596; 24.3.1936. S. 612; 16.3.1938. S. 826; 21.11. 1937. S. 760. – Ebd.: 28.4.1939. S. 1150, 1179; 19.9.1939. S. 1365; 23.11.1939. S. 1421; 8.11.1940. S. 1603; 15.2.1942. S. 1842; 26.4. 1942. S. 1876; 24.2.1943. S. 1991; 10.9.1943. S. 2038; 1.1.1945. S. 2186.

263 »Ich will dabei in Zukunft nichts anderes sein, als was ich in der Vergangenheit war: Warner meines Volkes, Lehrer meines Volkes, Führer meines Volkes!« 3.4.1938. Domarus. S. 844.

264 »Ich bin in meinem Leben so oft Prophet gewesen, und ihr habt mir nicht geglaubt, sondern mich verlacht und verspottet.« 24.2.1935.

Domarus. S. 483; ähnlich am 30. 1. 1939. Ebd. S. 1058; 8. 11. 1941. Ebd. S. 1778.

265 »Auch den Glauben habt ihr von mir empfangen«. 24. 2. 1943. Domarus. S. 1991.

266 Sein Buch »Mein Kampf« habe, so bemerkte Hitler im Tischgespräch, die weltweit höchste Auflage nach der Bibel; 4. 7. 1942. Picker. S. 432.

267 »Aus dem Volke bin ich gewachsen, im Volk bin ich geblieben, zum Volk kehre ich zurück!« 20. 3. 1936. Domarus. S. 609.

268 Zum »Genießen der Welt sei er, um ein Wort des Alten Fritzen abzuwandeln, offensichtlich nicht bestimmt, sondern wohl zu ihrem Gestalten«. Tischgespräch. 4. 7. 1942. Picker. S. 432.

269 »Wäre ich nicht dagewesen, so wären die Entschlüsse, denen wir heute unser Dasein verdanken, eben nicht gefaßt worden!« Tischgespräch. 14. 10. 1941. Heim. S. 82.

270 »Ich bilde mir nun nicht nur ein, daß ich der härteste Mann bin, den das deutsche Volk seit vielen Jahrzehnten, vielleicht seit Jahrhunderten gehabt hat, sondern ich besitze außerdem die größte Autorität.« 8. 11. 1940. Domarus. S. 1603; ähnlich am 22. 8. 1939. Ebd. S. 1234.

271 »Politisches Testament«. 29. 4. 1945. Domarus. S. 2236. – Einen Zusammenhang von nationalem und seinem persönlichen Schicksal behauptete Hitler auch am 23. 11. 1939 (»Das Schicksal des Reiches hängt von mir allein ab«). Ebd. S. 1424.

272 25. 2. 1945. Bormann. S. 110.

273 31. 7. 1937. Domarus. S. 712.

274 10. 3. 1940. Domarus. S. 1477.

275 10. 3. 1943. Domarus. S. 2039.

276 11. 12. 1941. Domarus. S. 1811.

277 10. 12. 1940. Domarus. S. 1627. – Vgl. zum Verhältnis von Gott und Vorsehung auch die Tischgesprächs-Formulierung: »Die Schöpfung oder Vorsehung ist doch sicherlich ein Unvergängliches.« 27. 2. 1942. Picker. S. 185.

278 24. 3. 1936. Domarus. S. 612.

279 20. 2. 1938. Domarus. S. 804.

280 Tischgespräch. 14. 10. 1941. Heim. S. 85.

281 6. 6. 1937. Domarus. S. 700. – Vgl. zum Terminus »gottgläubig« Schmitz-Berning: Vokabular. S. 281 ff.; der Begriff ist nicht zu verwechseln mit »deutschgläubig«, vgl. dazu ebd. S. 150 f.

282 4. 7. 1944. Domarus. S. 2117.

283 23. 11. 1937. Domarus. S. 762.

284 Tischgespräch. 11./12. 7. 1941. Heim. S. 40; ähnlich: Tischgespräch. 24. 10. 1941. Ebd. S. 104: »Tatsache ist, daß wir willenlose Geschöpfe sind, daß es eine schöpferische Macht aber gibt.«; Tischgespräch. 11. 11. 1941. Ebd. S. 135: Die Rettung des Menschen liege darin, »daß er die göttliche Vorsehung zu begreifen versucht und nicht glaubt, er könne sich gegen das Gesetz aufbäumen. Wenn der Mensch sich also demütig den Gesetzen fügt, dann ist das wunderbar.«

285 Tischgespräch. 11./12. 7. 1941. Heim. S. 40. – Schon 1934 sprach Hitler ähnlich in einer Rede nicht nur, wie sonst, von »Vorsehung«, sondern von »Natur und Vorsehung«. 8. 9. 1934. Domarus. S. 451.

286 Tischgespräch. 20. 11. 1941. Heim. S. 144.

287 Tischgespräch. 24. 10. 1941. Heim. S. 103.

288 Tischgespräch. 14. 10. 1941. Heim. S. 84.

289 Tischgespräch. 24. 10. 1941. Heim. S. 103; folgendes Zitat Tischgespräch 14. 10. 1941. Ebd. S. 83.

290 Tischgespräch. 11./12. 7. 1941. Heim. S. 40.

291 Tischgespräch. 14. 10. 1941. Heim. S. 83; ähnlich am 27. 2. 1942. Ebd. S. 302.

292 Tischgespräch. 20./21. 2. 1942. Heim. S. 285. – Zum Projekt der Sternwarte ebd. S. 285 ff.; ebenso: 26. 4. 1942. Picker. S. 298.

293 Die sogenannte »Welteislehre« erfreute sich, wohl wegen ihrer oppositionellen Haltung zur universitären Wissenschaft, in völkischen Kreisen größerer Beliebtheit. Ihr zufolge spielt in der Entwicklung des Kosmos Eis eine besondere Rolle; das »Standardwerk« ihres geistigen Vaters Hanns Hörbiger lautet: Glazial-Kosmogonie. Eine neue Entwicklungsgeschichte des Weltalls und des Sonnensystems. Auf Grund der Erkenntnis des Widerstreites eines kosmischen Neptunismus mit einem ebenso universellen Plutonismus. Nach den neuesten Ergebnissen sämtlicher exakter Forschungszweige bearbeitet, mit eigenen Erfahrungen gestützt und herausgegeben von Philipp Fauth. Unveränderter Neudruck Leipzig 1913. – Zusammenfassend zur Bedeutung der »Welteislehre« im Nationalsozialismus Brigitte Nagel: Die Welteislehre. Ihre Geschichte und ihre Bedeutung im Dritten Reich. In: Christoph Meinel/Peter Voswinckel (Hg.): Medizin, Technik, Naturwissenschaft und Nationalsozialismus. Stuttgart 1994. S. 166–172; ausführlich dies.: Die Welteislehre. Ihre Geschichte und ihre Bedeutung im Dritten Reich. Stuttgart 1991; außerdem Robert Bowen: Universal Ice. Science and Ideology in the Nazi State. London 1993.

294 Tischgespräch. 20./21. 2. 1942. Heim. S. 285 f.

295 Tischgespräch. 5. 6. 1942. Picker. S. 388.

296 Tischgespräch. 1./2. 1942. Heim. S. 166.

297 Tischgespräch. 23. 9. 1941. Heim. S. 67; 6. 9. 1938. Domarus. S. 893 f. – Der »Mythus des 20. Jahrhunderts« behagte Hitler folglich nur wenig: Im Kreise seiner Tischgefährten äußerte er sich abfällig über Rosenbergs Hauptwerk, an dem er das »Mystische« kritisierte; vgl. Tischgespräch. 11. 4. 1942. Picker. S. 269.

298 Tischgespräch. 23. 9. 1941. Heim. S. 67.

299 »Ich möchte jedoch nicht, daß wir auf das kirchliche Gebiet gehen, eine kultische Handlung vornehmen.« Tischgespräch. 14. 10. 1941. Heim. S. 85.

300 Ebd. S. 83. – Der Erfolg dieses Projektes erschien auch Hitler zweifelhaft: »Ob wissenschaftliche Erkenntnisse den Menschen glücklich machen? Ich weiß es nicht.« Tischgespräch. 24. 10. 1941. Heim. S. 105.

301 »Wir wissen auch, daß alle menschliche Arbeit am Ende vergeblich sein muß, wenn über ihr nicht der Segen der Vorsehung leuchtet.« 1. 5. 1933. Domarus. S. 263; ähnlich im Neujahrsaufruf. 1. 1. 1941. Ebd. S. 1649: »Wir [. . .] können uns des Eindrucks nicht erwehren, daß das Walten der Vorsehung stärker ist, als die Absicht und der Wille einzelner Menschen.«

302 6. 10. 1935. Domarus. S. 544; 6. 9. 1938. Ebd. S. 891; Kundgebung. 18. 11. 1939. Ebd. S. 1419.

303 19. 7. 1937. Domarus. S. 708; 7. 9. 1937. Ebd. S. 719; 16. 7. 1939. Ebd. S. 1219.

304 30. 1. 1940. Domarus. S. 1458.

305 »Das Schicksal läßt uns nicht die Freiheit, sie im einzelnen auszusuchen, wie sie uns paßt.« 23. 9. 1933. Domarus. S. 303.

306 »So schwach der einzelne Mensch in seinem ganzen Wesen und Handeln am Ende doch ist gegenüber der allmächtigen Vorsehung und ihrem Willen, so unermeßlich stark wird er in dem Augenblick, in dem er im Sinne dieser Vorsehung handelt.« 27. 6. 1937. Domarus. S. 704.

307 Tischgespräch. 13. 12. 1941. Heim. S. 151.

308 Zwischen »Völkern« und »Rassen« differenzierte Hitler kaum. – Unter Volk verstand der Nationalsozialismus – nach einer Definition Hitlers – »eine blutmäßig bedingte Erscheinung, in der er [der Nationalsozialismus] einen von Gott gewollten Baustein der menschlichen Gesellschaft sieht«. 1. 10. 1933. Domarus. S. 304; entsprechende Ausführungen z. B.: 31. 7. 1937. Ebd. S. 712; 25. 3.

1938. Ebd. S. 833; 18. 3. 1938. Ebd. S. 828; 1. 5. 1939. Ebd. S. 1182; 24. 2. 1940. Ebd. S. 1469; 30. 1. 1945. Ebd. S. 2196.

309 16. 3. 1936. Domarus. S. 607. – Daß es Gottes Wille sei, die Völker zu erhalten, behauptet Hitler z. B. am: 27. 6. 1937. Ebd. S. 704; 30. 3. 1938. Ebd. S. 841; 24. 2. 1940. Ebd. S. 1464.

310 Tischgespräch. 23. 9. 1941. Heim. S. 67; ähnlich auch in öffentlicher Rede am 24. 2. 1945: »Die Vorsehung kennt keine Barmherzigkeit dem Schwachen gegenüber, sondern nur die Anerkennung des Rechts des Lebens für den Gesunden und Starken!« Domarus. S. 2204.

311 12. 11. 1944. Domarus. S. 2161.

312 30. 1. 1943. Domarus. S. 1979.

313 Typische Beispiele: »Nur wer mit dem Schicksal kämpft, kann eine günstige Vorsehung haben.« 23. 11. 1939. Domarus. S. 1426; »Ich glaube, daß die Vorsehung dem den Sieg schenkt, der das ihm geschenkte Gehirn richtig anwendet.« Tischgespräch. 27. 2. 1942. Heim. S. 301.

314 Bitten um Kraft, Mut u.ä. als Voraussetzung für Bewährung in Krisen z. B.: 21. 3. 1933. Domarus. S. 228; 6. 8. 1934. Ebd. S. 436; 28. 3. 1936. Ebd. S. 616; Neujahrsaufruf. 1. 1. 1940. Ebd. S. 1443; 3. 10. 1941. Ebd. S. 1762; Neujahrsaufruf. 1. 1. 1942. Ebd. S. 1821; 21. 3. 1943. Ebd. S. 2002; 30. 1. 1945. Ebd. S. 2198.

315 Aufruf. 30. 1. 1933. Domarus. S. 188.

316 8. 9. 1934. Domarus. S. 452.

317 19. 7. 1937. Domarus. S. 709.

318 5. 10. 1938. Domarus. S. 952.

319 6. 6. 1937. Domarus. S. 700; 10. 9. 1937. Ebd. S. 722; 1. 5. 1938. Ebd. S. 855.

320 12. 9. 1934. Domarus. S. 455; 1. 3. 1935. Ebd. S. 486; 7. 8. 1935. Ebd. S. 520; 20. 3. 1936. Ebd. S. 609; 28. 3. 1936. Ebd. S. 616; 14. 9. 1936. Ebd. S. 646; 3. 10. 1937. Ebd. S. 741.

321 Meistens handelte es sich um Geschenke an Adolf Hitler, so z. B.: 27. 8. 1933: »Heute empfinde ich es bewegten Herzens als gnädiges Geschenk der Vorsehung«, auf dem Gelände der Schlacht von Tannenberg Hindenburg den Dank der Nation auszusprechen. Domarus. S. 294; ähnlich: 24. 3. 1936. Ebd. S. 612.

322 1. 5. 1933. Domarus. S. 263; ähnlich z. B.: 1. 5. 1933. Ebd. S. 264: »Wir bitten nicht den Allmächtigen: ›Herr, mach uns frei!‹ Wir wollen tätig sein, arbeiten, uns brüderlich vertragen, gemeinsam ringen«.

323 11. 8. 1935. Domarus. S. 520.

324 Beispielsweise: 1. 5. 1933. Domarus. S. 264; 1. 3. 1935. Ebd. S. 488; 13. 9. 1935. Ebd. S. 530; 3. 10. 1937. Ebd. S. 741.

325 Alle Belege aus Domarus: Aufruf. 3. 9. 1939. S. 1341; 24. 2. 1940. S. 1469; 15. 3. 1942. S. 1850; 26. 4. 1942. S. 1867, 1873; 30. 9. 1942. S. 1921; 10. 9. 1943. S. 2039; 8. 11. 1943. S. 2057 f.; 20. 11. 1943. S. 2062; Tagesbefehl. 1. 1. 1944. S. 2076; 30. 1. 1944. S. 2086; 4. 7. 1944. S. 2115, 2117; Proklamation. 12. 11. 1944. S. 2161, 2167; 1. 1. 1945. S. 2185; Neujahrsbefehl. 1. 1. 1945. S. 2188; Proklamation. 11. 3. 1945. S. 2212.

326 Jeweils Domarus: 6. 10. 1939. S. 1393; 8. 11. 1939. S. 1413; Neujahrsaufruf. 1. 1. 1940. S. 1443; 24. 2. 1940. S. 1469; 19. 7. 1940. S. 1558.

327 Jeweils Domarus: Tagesbefehl. 1. 1. 1941. S. 1649; Neujahrsaufruf. 1. 1. 1941. S. 1652; 24. 2. 1941. S. 1670; 16. 3. 1941. S. 1674; Aufruf. 19. 12. 1941. S. 1815; 30. 1. 1942. S. 1826; Neujahrsaufruf. 1. 1. 1943. S. 1968; 8. 11. 1943. S. 2057 f.; 4. 7. 1944. S. 2117; 1. 1. 1945. S. 2182; 24. 2. 1945. S. 2205.

328 15. 3. 1942. Domarus. S. 1850.

329 Auf diese Strafe der Vorsehung wies Hitler z. B. in folgenden Reden hin: 3. 9. 1933. Domarus. S. 299; 28. 3. 1936. Ebd. S. 616; 8. 11. 1939. Ebd. S. 1413 f.; 30. 1. 1940. Ebd. S. 1460; 8. 11. 1943. Ebd. S. 2058.

330 4. 2. 1945. Bormann. S. 48.

331 26. 10. 1935. Domarus. S. 547.

332 5. 1. 1933. Domarus. S. 177.

333 Neujahrsaufruf. 1. 1. 1939. Domarus. S. 1025.

334 22. 1. 1933. Domarus. S. 183. – Daß Deutschlands Entwicklung von göttlicher Seite Unterstützung erfahre, behauptete Hitler häufig; so etwa am 21. 3. 1933. Ebd. S. 228 (große Zeit, »die das Schicksal uns selbst miterleben und durchkämpfen ließ«); 6. 8. 1934. Ebd. S. 436 (»Gleich einem mystischen Bogen« spanne sich das Leben Hindenburgs, den die »Gnade des Schicksals« Deutschland gegeben habe, über die Nation); 16. 9. 1935. Ebd. S. 541 (»Wir [...] sind vom Schicksal ausersehen worden«]; 7. 9. 1937. Ebd. S. 719 (Aufrüstung nur, wenn sie »Schild und Schwert einer höheren Mission ist«); 3. 9. 1943. Ebd. S. 2032 (»die unserem Volke vom Schicksal vorbestimmten Aufgaben«).

335 9. 9. 1934. Domarus. S. 453. Formulierungen, die sich auf den christlichen Auferstehungsglauben bezogen, gebrauchte Hitler häufig, so z. B.: 15. 7. 1932. Ebd. S. 116; 20. 4. 1936. Ebd. S. 619; 12. 9. 1937. Ebd. S. 725; 1. 5. 1939. Ebd. S. 1181; 3. 5. 1940. Ebd. S. 1499.

336 22. 1. 1933. Domarus. S. 182.

337 8. 11. 1935. Domarus. S. 554.

338 Begriffe dieser Art beispielsweise in folgenden Reden: 27. 11. 1933. Domarus. S. 335; 8. 11. 1940. Ebd. S. 1608; 18. 3. 1938. Ebd. S. 832; 8. 11. 1936. Ebd. S. 654; 9. 6. 1942. Ebd. S. 1891.

339 26. 10. 1935. Domarus. S. 548.

340 8. 11. 1935. Domarus. S. 554; ähnlich schon: 8. 11. 1934. Ebd. S. 458: »Das Blut, das sie vergossen haben, ist Taufwasser geworden für das Dritte Reich.«

341 Auch dieses und das letzte Zitat aus der Rede vom 8. 11. 1935. Domarus. S. 555.

342 22. 1. 1930. Domarus S. 181.

343 12. 2. 1936. Domarus. S. 575.

344 12. 2. 1936. Domarus. S. 575.

345 6. 8. 1934. Domarus. S. 434.

346 »Toter Feldherr, geh' nun ein in Walhall«, beendete Hitler seine Rede vom 7. 8. 1934. Domarus. S. 438.

347 6. 8. 1934. Domarus. S. 436.

348 6. 6. 1937. Domarus. S. 700.

349 Zum »Wunder« pflegte Hitler vieles zu erklären: die »Machtergreifung« (8. 11. 1935. Domarus. S. 554); die deutsche Nation überhaupt (27. 3. 1936. Ebd. S. 613; 2. 4. 1938. Ebd. S. 843); die Wirtschaftsentwicklung in den dreißiger Jahren (12. 9. 1936. Ebd. S. 642); den Umstand, daß das deutsche Volk ihn »gefunden« habe (12. 9. 1936. Ebd. S. 643); Wiedereinführung der Wehrpflicht und Aufrüstung (30. 1. 1937. Ebd. S. 666); die deutsche Befreiungsbewegung während der Besetzung durch Napoleon (6. 9. 1938. Ebd. S. 890); die letzten Verteidigungsbemühungen 1945 (24. 2. 1945. Ebd. S. 2204).

350 »Wir alle müssen uns glücklich fühlen, daß uns die Vorsehung auserwählt hat, diesen Tag zu gestalten«. Rede vor der ersten Reichstagswahl unter Beteiligung Österreichs (10. 4. 1938) am 6. 4. 1938. Domarus. S. 846.

351 30. 1. 1944. Domarus. S. 2084.

352 11. 12. 1941. Domarus. S. 1797.

353 8. 11. 1943. Domarus. S. 2050.

354 Zu seinem Glauben an das Volk, der in seinen Augen von allen Nationalsozialisten geteilt wurde, äußerte sich Hitler z. B.: 10. 2. 1933. Domarus. S. 208; 1. 5. 1934. Ebd. S. 379; 28. 3. 1936. Ebd. S. 614; 11. 9. 1937. Ebd. S. 725; 25. 3. 1938. Ebd. S. 836; 20. 2. 1938. Ebd. S. 803; 6. 11. 1938. Ebd. S. 965; 1. 9. 1939. Ebd. S. 1316; Proklamation. 24. 2. 1945. Ebd. S. 2206.

355 20. 3. 1936. Domarus. S. 609. – Einige Beispiele für die verschiedenen Varianten des »Glaubens« im Volk und in der »Bewegung«, der sich auf Hitler, den Nationalsozialismus oder auf die eigene Stärke beziehen soll: 21. 3. 1933. Ebd. S. 227; 30. 1. 1934. Ebd. S. 356; 15. 9. 1935. Ebd. S. 539; 26. 10. 1935. Ebd. S. 548; 24. 3. 1936. Ebd. S. 611; 3. 7. 1936. Ebd. S. 627; 10. 9. 1936. Ebd. S. 640; 13. 9. 1937. Ebd. S. 732; Proklamation. 5. 10. 1939. Ebd. S. 1376; 30. 1. 1940. Ebd. S. 1454; 10. 3. 1940. Ebd. S. 1479.

356 1. 5. 1935. Domarus. S. 502. – Ob die Anspielung auf Oswald Spenglers »Untergang des Abendlandes« auf eigener Lektüre gründet, muß offenbleiben; vgl. dazu Kroll: Utopie. S. 86 f. – Weitere Belege für die Kombination von Wille und Glaube: 6. 10. 1936. Domarus. S. 651; 1. 5. 1938. Ebd. S. 856.

357 14. 9. 1936. Domarus. S. 647. – Hitler beklagte in dieser Rede die häufige Unfähigkeit bürgerlicher Kreise zu tiefem Glauben, während das einfache Volk der eigentliche »Glaubensträger« sei.

358 3. 2. 1945. Bormann. S. 67.

359 Tischgespräch. 31. 3. 1942. Picker. S. 231. – Im Gegensatz zur eben zitierten Äußerung fehlt hier das Germanentum völlig.

360 Die folgende Darstellung nach: Tischgespräch. 21. 10. 1941. Heim. S. 96 ff.; ähnliche Ausführungen: Tischgespräche vom 11./12. 7. 1941. Ebd. S. 41; 25. 10. 1941. Ebd. S. 106 f.; 14. 12. 1941. Ebd. S. 152; 30. 11. 1944. Ebd. S. 412. – Hitlers Ausführungen greifen populäre völkische Ideologeme auf; insbesondere der Versuch, Jesus vom Judentum zu trennen, war bereits seit Jahrzehnten verbreitet.

361 Tischgespräch. 9. 10. 1941. Heim. S. 76.

362 Tischgespräch. 3./4. 2. 1942. Heim. S. 263. – Ebenso: Tischgespräch. 5. 6. 1942. Picker. S. 387 f.

363 »Wenn die christliche Gottesvorstellung richtig wäre, dann müßten sich die Ameisen Gott als Ameise vorstellen«. Tischgespräch. 20. 11. 1941. Heim. S. 144; ähnlich: Tischgespräch. 5. 6. 1942. Picker. S. 387; 1. 8. 1942. Heim. S. 322.

364 Tischgespräch. 20./21. 2. 1942. Heim. S. 288.

365 »Ein Neger mit seinem Fetisch ist ja einem, der an das Wunder der Verwandlung ernstlich glaubt, turmhoch überlegen.« Tischgespräch. 13. 12. 1941. Heim. S. 150.

366 Tischgespräch. 27. 2. 1942. Heim. S. 301; ähnlich beispielsweise: Tischgespräch. 26. 2. 1942. Ebd. S. 297. – Diese Kritik entsprang dem Wunsch Hitlers, Religion mit dem naturwissenschaftlichen Denken des zwanzigsten Jahrhunderts in Einklang zu bringen – daher auch seine Sympathien für die sog. »Modernisten«-Bewe-

gung: Tischgespräch. 25.10.1941. Ebd. S.108f.; 17.5.1944. Ebd. S.409. – Vgl. einführend und mit Angabe weiterer Literatur zu den sogenannten »Modernisten« Bernard M. G. Reardon: Modernismus. In: Gerhard Müller (Hg.): Theologische Realenzyklopädie. Bd. XXIII. Berlin/New York 1994. S.129–138.

367 Tischgespräch. 13.12.1941. Heim. S.150; ähnlich: Tischgespräch. 26.2.1942. Ebd. S.297.

368 Tischgespräch. 9.4.1942. Picker. S.267.

369 Tischgespräch. 9.4.1942. Picker. S.266; ähnlich: Tischgespräch. 13.12.1941. Heim. S.150.

370 Tischgespräch. 9.4.1942. Picker. S.266.

371 Tischgespräch. 13.12.1941. Heim. S.151.

372 Tischgespräch. 1.8.1942. Heim. S.321f.

373 Tischgespräch. 9.4.1942. Picker. S.266.

374 Tischgespräch. 13.12.1941. Heim. S.151. – Nur metaphorisch ist eine Äußerung vom 27.2.1942 zu verstehen: In dem »Olymp«, dem er einmal angehören werde, hielten sich »die erleuchtetsten Geister aller Zeiten« auf. Ebd. S.303.

375 Tischgespräch. 21./22.7.1941. Heim. S.43. – An Luther mißfiel ihm allerdings dessen Kritik am sinnenfreudigen Leben der Renaissance; ähnlich am 26.2.1942. Ebd. S.297.

376 Tischgespräch. 4.4.1942. Picker. S.247.

377 Tischgespräch. 12.5.1942. Picker. S.331.

378 Tischgespräch. 10.10.1941. Heim. S.76.

379 30.1.1936. Domarus. S.570. – Schon Max Domarus wies auf die Bibelstellen hin, an denen sich Hitlers Rhetorik anlehnte: Joh. 14, 21; 14, 3; 15, 5; 10, 14.

380 1.5.1935. Domarus. S.503; vgl. Joh. 10, 10–21.

381 12.9.1936. Domarus. S.643. Beinahe wörtlich wiederholt auf dem Reichsparteitag 1937 am 20. 9. Ebd. S.722: »Daß ihr mich einst gefunden habt ...« – Die Anlehnung an das Gleichnis vom guten Hirten ist wiederum offenkundig.

382 11.9.1936. Domarus. S.641. – Hier klingt der Schluß des Johannes-Evangeliums an: »Selig sind, die nicht sehen und doch glauben«; Joh. 21, 29.

383 15.10.1933. Domarus. S.316. – Anlehnung an Matth. 4, 4; Luk. 4, 4.

384 5.10.1937. Domarus. S.742; vgl. Luk. 21, 4; Mark. 12, 44.

385 Tischgespräch. 15.5.1942. Picker. S.348.

386 »Gnade Gott, Europa, wenn das jüdisch-bolschewistisch-kapitalistische Komplott gelingen würde.« Tagesbefehl. 1.1.1943. Domarus. S.1970.

387 Interview. 18.10.1933. Domarus. S. 320.
388 24.2.1940. Domarus. S. 1467.
389 6.10.1939. Domarus. S. 1388.
390 17.8.1934. Domarus. S. 443.
391 4.5.1941. Domarus. S. 1702.
392 16.3.1936. Domarus. S. 607.
393 14.10.1933. Domarus. S. 311.
394 Tischgespräch. 1.8.1942. Heim. S. 323.
395 25.3.1938. Domarus. S. 833; ähnlich: 6.9.1938. Ebd. S. 894; 3.10.1941. Ebd. S. 1767.
396 »Möge der allmächtige Gott uns den Frieden schenken«. 30.1.1937. Domarus. S. 674. – Bei diesen formelhaften Bitten fehlt der sonst übliche Hinweis, Gott möge nur das schenken, was sich das deutsche Volk verdient habe. – Weitere Beispiele: Proklamation. 1.2.1933. Ebd. S. 194; 6.10.1935. Ebd. S. 544; Neujahrsbotschaft. 1.1.1936. Ebd. S. 562; Neujahrsaufruf. 1.1.1938. Ebd. S. 774; Neujahrsaufruf. 1.1.1939. Ebd. S. 1027; 9.3.1940. Ebd. S. 1477; 30.1.1941. Ebd. S. 1664; Proklamation. 22.6.1941. Ebd. S. 1732; Tagesbefehl an die Wehrmacht. 1.1.1942. Ebd. S. 1823; 26.4.1942. Ebd. S. 1876; Tagesbefehl an die Wehrmacht. 1.1.1943. Ebd. S. 1971.
397 »Ich danke Dir, mein Herrgott«. 30.1.1941. Domarus. S. 1659; ähnliche Dankesbekundungen an Gott und Vorsehung: 14.10.1933. Ebd. S. 310; 1.5.1934. Ebd. S. 381; 15.8.1934. Ebd. S. 441; 10.1.1936. Ebd. S. 563; 3.10.1938. Ebd. S. 949 f.; 20.10.1938. Ebd. S. 959; 30.1.1939. Ebd. S. 1067; Aufruf. 24.6.1940. Ebd. S. 1533; 30.1.1941. Ebd. S. 1663; 4.5.1941. Ebd. S. 1709; 11.12.1941. Ebd. S. 1811.
398 12.9.1936. Domarus. S. 642.
399 10.2.1933. Domarus. S. 208; ähnlich am 8.11.1940. Ebd. S. 1608: »Wir werden wieder aufrichten ein Deutschland der Macht und der Kraft und der Herrlichkeit.«
400 In öffentlicher Rede gab er freilich kund, es interessiere ihn »gar nicht, welche Arten von Religionen in der Welt sind und wie die Völker zu diesen Religionen stehen«. Damit reagierte Hitler auf angeblich kursierende Gerüchte, er wolle alle Religionen der Welt vernichten. 8.11.1941. Domarus. S. 1778 f.
401 Tischgespräch. 14.10.1941. Heim. S. 83. Hitler spielt hier auf eine zeitgenössische Gymnastik an. – Ähnlich: 24.10.1941. Ebd. S. 104: »Die zehn Gebote sind Ordnungsgesetze, die absolut lobenswert sind.«
402 Tischgespräch. 24.10.1941. Heim. S. 105; ähnlich auch am 27.2.1942. Ebd. S. 301.

403 Zum Shintoismus beispielsweise: Tischgespräch. 4.4.1942. Picker. S.245; 9.4.1942. Ebd. S.266. – Spaßhaft zu asiatischen Religionen: Tischgespräch. 12./13.1.1942. Heim. S.196. – Der eigentlich geschätzte Islam stand freilich auch allen Hitlerschen Weltherrschaftsplänen entgegen, woran aber indirekt ebenfalls das Christentum schuld sein sollte: »Ohne das Christentum würde es keinen Mohammedanismus gegeben haben; das römische Reich hätte sich unter germanischer Führung zur Weltherrschaft entwickelt und geweitet«. Tischgespräch. 11./12.7.1941. Ebd. S.41.

404 »Ein Insulaner verehrt wenigstens noch Naturkräfte.« Tischgespräch. 13.12.1941. Heim. S.150.

405 Tischgespräch. 21.10.1941. Heim. S.97. – Die römische Religion mit ihren stark personalisierten Gottesvorstellungen war mit Hitlers Idee einer alles lenkenden, einem Naturgesetz vergleichbaren Kraft nur schwer in Einklang zu bringen. Hitler argumentierte daher, daß »die Kraft, die das Volk geschaffen hatte, in diesen Göttern angebetet« wurde.

406 Wie so häufig, bemühte er auch hier das Vorbild Friedrichs des Großen: »Ich kann nur sagen: Es soll jeder nach seiner Fasson selig werden!« Tischgespräch. 27.2.1942. Heim. S.302.

407 In einem Tischgespräch am 7.6.1942 (Picker. S.393) rechtfertigte Hitler zynisch die Morde an den Mitgliedern der Religionsgemeinschaft. Zu deren Schicksal im Nationalsozialismus Detlev Garbe: Zwischen Widerstand und Martyrium. Die Zeugen Jehovas im »Dritten Reich«. München 1993.

408 Tischgespräch. 14.10.1941. Heim. S.84.

409 Tischgespräch. 3.2.1942. Heim. S.256f.

410 Tischgespräch. 19.7.1942. Picker. S.462.

411 Tischgespräch. 5.11.1941. Heim. S.130.

412 Tischgespräch. 2.7.1942. Picker. S.429. – Hitler berief sich auf Friedrichs des Großen »Briefe über die Religion«.

413 Proklamation. 1.2.1933. Domarus. S.192.

414 Vgl. die dazu veröffentlichte amtliche Erklärung vom 21.3.1933. Domarus. S.225. – Auf dieses Fernbleiben kam Hitler während des Krieges öfter zu sprechen, so etwa in den Tischgesprächen am 13.12.1941. Heim. S.151; 27.2.1942. Ebd. S.303.

415 23.2.1933. Domarus. S.232; ähnliche Äußerungen: 23.3.1933. Ebd. S.233; mit Spitze gegen den Kommunismus am 14.10.1933. Ebd. S.310; weiterhin 30.1.1934. Ebd. S.352f. – Vor den Gefahren konfessioneller Spaltung für das Gesamtvolk warnte er am 6.6.1937. Ebd. S.699.

416 Verfügung. 8. 7. 1933. Domarus. S. 288.
417 Vgl. die Rundfunkansprache vom 22. 7. 1933 anläßlich der evangelischen Kirchenwahlen. Domarus. S. 290 f.
418 30. 1. 1934. Domarus. S. 355.
419 1. 5. 1937. Domarus. S. 690; ähnliche öffentlich formulierte Positionen etwa am 16. 7. 1933. Ebd. S. 290; im »Völkischen Beobachter« veröffentlichte Protestnote. 1. 6. 1937. Ebd. S. 695 f.; 6. 6. 1937. Ebd. S. 699; 23. 11. 1937. Ebd. S. 762; 30. 1. 1939. Ebd. S. 1058 ff.; 14. 2. 1939. Ebd. S. 1079 (»politisierende Zentrumspriesterschaft«); 8. 11. 1941. Ebd. S. 1779. Vgl. auch den Bericht Ribbentrops über seine Audienz bei Papst Pius XII. (Ebd. S. 1480).
420 1. 5. 1937. Domarus. S. 690.
421 Tischgespräch. 11./12. 7. 1941. Heim. S. 40. Vgl. allgemein zu Hitlers Haltung gegenüber den Kirchen Lothar Kettenacker: Hitler. – Es liegen mehrere Überblicksdarstellungen zur nationalsozialistischen Kirchenpolitik vor; vgl. zur ersten Orientierung, jeweils mit Angabe weiterführender Literatur, z. B. Ulrich von Hehl: Die Kirchen in der NS-Diktatur. Zwischen Anpassung, Selbstbehauptung und Widerstand. In: Bracher/Funke/Jacobsen (Hg.): Deutschland 1933–1945. S. 153–181; Joachim Mehlhausen: Nationalsozialismus und Kirche. In: Gerhard Müller (Hg.): Theologische Realenzyklopädie. Bd. 24. Berlin/New York 1994. S. 43–78.
422 Tischgespräch. 14. 10. 1941. Heim. S. 83.
423 Tischgespräch. 24. 10. 1941. Heim. S. 103.
424 Der luxemburgischen Springprozession und dem Ablecken einer Peters-Büste in Linz – für Hitler typische Negativbeispiele katholischer Bräuche – stellte Hitler das türkische Verbot des Derwischwesens gegenüber: »Man müsse offenbar die Pfaffen erst einmal wieder unter dem Krönungsstuhl im Aachener Dom zum Zeichen ihrer Huldigung für den deutschen Führer durchkriechen lassen, daß sie einsähen, daß man die Menschen unseres Jahrhunderts nicht zu derartigen Kinkerlitzchen abrichten sollte.« Tischgespräch. 23. 4. 1942. Picker. S. 290.
425 Tischgespräch. 9. 4. 1942. Picker. S. 266.
426 Tischgespräch. 24. 10. 1941. Heim. S. 104; ähnlich: Tischgespräch. 27./28. 9. 1941. Ebd. S. 73.
427 Hitlers Abscheu erregten besonders die Hexenverbrennungen (z. B. am 3./4. 2. 1942. Heim. S. 262; 20./21. 2. 1942. Ebd. S. 286), aber auch die Folterpraxis früherer Jahrhunderte, die er mit der Kirche in Verbindung brachte. In einem Tischgespräch am 9. 4. 1942 wies Hitler darauf hin, daß er einen Mörder lediglich hin-

richten lasse, während ihn die Kirche früher »in der gräßlichsten Weise zu Tode marterte, ihn vierteilte und dergleichen mehr«. (Picker. S. 267). – Kritik übte Hitler auch an der christlichen Mission: 7. 2. 1945. Bormann. S. 55 f.

428 Tischgespräch. 23. 4. 1942. Picker. S. 288. – Kritik an der katholischen Morallehre auch: Tischgespräch. 25. 10. 1941. Heim. S. 107 ff.

429 Zu den völlig abwegigen Ansichten Georg Mays vgl. die Anmerkungen in der Einleitung. Nach Meinung Mays, der ständig bemüht ist, die katholische Kirche zum alleinigen Verfolgten zu stilisieren, »verachtete [Hitler] die evangelische und haßte die katholische Kirche. Er sprach vom Protestantismus nicht selten geringschätzig, aber niemals so haßerfüllt wie von der katholischen Kirche.« May: Kirchenkampf. S. 128.

430 Tischgespräch. 25. 10. 1941. Heim. S. 107; ähnlich polemisierte er gegen angebliches »Spießertum« protestantischer Kreise in sexuellen Fragen: Um die deutsche »Rassenreinheit« sicherzustellen, sollten bei der Ernte neben polnischen Schnittern stets polnische Schnitterinnen eingesetzt werden; was diese »untereinander in ihren Lagern trieben«, könne protestantischen Eiferern egal sein (Besprechung am 2. 10. 1940. Domarus. S. 1591); ähnlich Hitlers Berichte über unsaubere Kragen protestantischer Würdenträger beim Neujahrsempfang und anderes; vgl. Tischgespräch. 7. 4. 1942. Picker. S. 260.

431 Tischgespräch. 7. 4. 1942. Picker. S. 260.

432 Tischgespräch. 1. 3. 1942. Heim. S. 311; ähnlich: Tischgespräch. 25. 10. 1941. Ebd. S. 109. – Auch die Frauenklöster sollten einmal – allerdings als letzte kirchliche Einrichtung – aufgelöst werden; dazu am 11. 11. 1941. Ebd. S. 135.

433 Tischgespräch. 2. 11. 1941. Heim. S. 123.

434 Tischgespräch. 31. 3. 1942. Picker. S. 235.

435 Tischgespräch. 31. 3. 1942. Aufzeichnung Helmuth Greiners, zitiert nach Picker. S. 228. Anm. 1a. zu S. 227.

436 Tischgespräch. 3./4. 1. 1942. Heim. S. 169.

437 Tischgespräch. 14. 10. 1941. Heim. S. 82. – Die Behauptung, die Kirche nütze staatliche Schwächen rücksichtslos für ihre Interessen aus, auch am 11. 11. 1941. Ebd. S. 134 f. – Nachträgliche Kritik am Konkordat im Tischgespräch am 4. 7. 1942. Picker. S. 436 ff. Mit Hilfe kurioser Beispiele versuchte Hitler, eine strikte Trennung von Kirche und Staat zu begründen: »Als Karl der Große Weihnachten 800 in der Peterskirche in Rom im Gebet gehockt habe, habe der Papst ihm [. . .] schwupp: eine Krone aufs Haupt ge-

setzt« und so den Vorherrschaftsanspruch der Krone begründet (S. 437). Aus diesen und anderen Anekdoten leitet Hitler den Schluß ab: »wenn man sich mit diesen Brüdern ins Gespräch einlasse, erkenne man sie schon an«. (S. 438). – Gegen eine Vermischung von Kirche und Staat auch: Tischgespräch. 11. 11. 1941. Heim. S. 134 (keine Feldgottesdienste in der Partei).

438 Tischgespräch. 13. 12. 1941. Heim. S. 151 f.

439 Tischgespräch. 7. 4. 1942. Picker. S. 259. – Vgl. zur angeblichen Geldgier der Kirchen auch folgende Äußerungen: Tischgespräch. 14. 10. 1941. Heim. S. 82 f.; 25. 10. 1941. Ebd. S. 107 ff.; 9. 2. 1942. Ebd. S. 273; 14. 5. 1942. Picker. S. 341.

440 Tischgespräch. 4. 7. 1942. Picker. S. 437.

441 Tischgespräch. 29. 8. 1942. Heim. S. 374. – Die hier entwickelte Strategie, durch Spaltungen größerer Religionsgemeinschaften die Bildung ihm gefährlicher Machtblöcke zu verhindern, wollte Hitler auch in der eroberten Sowjetunion anwenden: Jedes Dorf sollte seine eigene Sekte haben. Tischgespräch. 10. 4. 1942. Picker. S. 271; außerdem das schon zitierte Tischgespräch. 29. 8. 1942. Heim. S. 373 f.

442 Tischgespräch. 4. 7. 1942. Picker. S. 439; ähnlich zu von Galen auch schon am 25. 10. 1941. Heim. S. 108.

443 Tischgespräch. 14. 10. 1941. Heim. S. 83. Das Verb »ausklingen« wiederholt Hitler (S. 84), ebenso ist von »verglimmen« die Rede (ebd.); ähnliche Prophezeiungen zum bevorstehenden Untergang der Kirche auch schon am 11./12. 7. 1941. Ebd. S. 40 f., auch noch am 11. 11. 1941. Ebd. S. 135.

444 Tischgespräch. 14. 10. 1941. Heim. S. 85.

445 Tischgespräch. 25. 10. 1941. Heim. S. 108.

446 Tischgespräch. 13. 12. 1941. Heim. S. 150.

447 Tischgespräch. 20./21. 2. 1942. Heim. S. 285. – Als »Würdelosigkeit« galt es Hitler deshalb, wenn deutsche Diplomaten den geistlichen Würdenträgern der katholischen Kirche die vorgeschriebenen Ehrenbezeigungen leisteten – etwa Verbeugung oder Ringkuß; Tischgespräch. 14. 5. 1942. Picker. S. 341.

448 Tischgespräch. 8. 2. 1942. Heim. S. 272.

449 Tischgespräch. 11. 8. 1942. Heim. S. 337. – Um eine Fälschung dürfte es sich bei dem angeblichen »Sitzungsbericht« handeln, der Pläne über die »Proklamierung Adolf Hitlers zum neuen Messias« protokolliert; vgl. Johannes von Müllern-Schönhausen: Die Lösung des Rätsels Adolf Hitler. Der Versuch einer Deutung der geheimnisvollsten Erscheinung der Weltgeschichte. Wien o.J.

S. 227. Die hier entwickelten Vorstellungen widersprechen völlig dem Bild, das aus den »Tischgesprächen« über Hitlers Zukunftsvorstellungen entwickelt werden kann (zusammenfassend dazu Kroll: Faktor Zukunft). Es scheint auch kaum glaubhaft, daß Hitler ernsthaft die Einführung der Polygamie und die Entsendung von Wanderpredigern geplant haben soll, die im Reich Glaubensgemeinschaften bilden sollten.

III. URSPRÜNGE

450 MK. S. 36.
451 MK. S. 36.
452 Die bekannten Hitler-Biographien informieren auch über die österreichische Kindheit und Jugend Hitlers. Daneben liegen eigene Monographien vor, vgl. zuletzt Brigitte Hamann: Hitlers Wien. Lehrjahre eines Diktators. München/Zürich 1996. S. 11–64. Ihre quellenkritische Darstellung ergänzt und vertieft zahlreiche ältere Arbeiten, so v. a. William A. Jenks: Vienna and the young Hitler. New York 1960; Bradley F. Smith: Adolf Hitler. His Family, Childhood and Youth. Stanford/California 1967. Stark populärwissenschaftlich und ohne quellenkritischen Anspruch J. Sydney Jones: Hitlers Weg begann in Wien. 1907–1913. Wiesbaden/München 1980. Quellenkritische Anmerkungen zu den wenigen Zeugnissen der österreichischen Jahre Hitlers bei Hamann: Hitlers Wien. S. 77–86.
453 Den Bericht des Heeresadjutanten Engel über eine entsprechende Äußerung Hitlers (Heeresadjutant bei Hitler 1938–1943. Aufzeichnungen des Majors Engel. Hg. u. kommentiert v. Hildegard von Kotze. Stuttgart 1974. S. 22) bestätigt der von Franz Jetzinger befragte Bauer Josef Mayrhofer, der zeitweilig Vormund Adolf Hitlers war (Franz Jetzinger: Hitlers Jugend. Phantasien, Lügen – und die Wahrheit. Wien 1956. S. 70).
454 MK. S. 3 f.
455 Tischgespräch. 24. 10. 1941. Picker. S. 147.
456 Kimberley Cornish geht davon aus, daß beide dieselbe Klasse der Linzer Realschule besuchten und sich persönlich gut kannten; als Beweis dient ihm ein Klassenfoto, auf dem er Wittgenstein erkennen will. Außerdem konstruiert er Parallelen zwischen Wittgensteins Philosophie und dem Weltbild Hitlers. Dabei überschätzt er die intellektuellen Kapazitäten des Diktators und greift, um

Hitlers angebliche okkultistische Interessen zu beweisen, auf die erfundenen Gespräche zurück, die Hermann Rauschning mit Hitler geführt haben will (vgl. zu diesem unten S. 163–166). Kimberley Cornish: Der Jude aus Linz. Hitler und Wittgenstein. Berlin 1998.

457 Jetzinger: Hitlers Jugend. S. 116.

458 Jetzinger: Hitlers Jugend. S. 105.

459 August Kubizek: Adolf Hitler. Mein Jugendfreund. Graz/Göttingen 1953. S. 114.

460 Kubizek: Adolf Hitler. S. 114.

461 Kubizek: Adolf Hitler. S. 170 f.

462 Heer: Der Glaube. Vgl. zu Heers Thesen die Bemerkungen in der Einleitung dieses Buches.

463 Zu Begriff und Denktradition Karl Löwith: Weltgeschichte und Heilsgeschehen. 8. Aufl. Stuttgart/Berlin/Köln 1990; instruktiv in diesem Zusammenhang auch Romano Guardini: Der Heilbringer in Mythos, Offenbarung und Politik. Eine theologisch-politische Besinnung. Stuttgart 1946.

464 Vgl. zur christlichen Tradition des Begriffs Richard Kocher: Herausgeforderter Vorsehungsglaube. Die Lehre von der Vorsehung im Horizont der gegenwärtigen Theologie. St. Ottilien 1993; zur begriffsgeschichtlichen Herleitung Rudolf Meißner: Vorsehung. In: Jacob und Wilhelm Grimm: Deutsches Wörterbuch. Bd. 12. II. Abt. Vesche-Vulkanisch. Bearb. v. Rudolf Meißner. Leipzig 1951. Sp. 1547–1553.

465 Kubizek: Adolf Hitler. S. 103. Quellenkritische Anmerkungen bei Hamann: Hitlers Wien. S. 77–86.

466 Kubizek: Adolf Hitler. S. 233.

467 Kubizek: Adolf Hitler. S. 237.

468 Kubizek: Adolf Hitler. S. 101.

469 Kubizek: Adolf Hitler. S. 99. – Gustav Schwab (1792–1850) erlangte Berühmtheit durch seine Nacherzählungen klassischer und deutscher Sagen.

470 Kubizek: Adolf Hitler. S. 196.

471 Kubizek: Adolf Hitler. S. 247.

472 Kubizek: Adolf Hitler. S. 139 ff.

473 Kubizek: Adolf Hitler. S. 142; in einer zweiten Wiedergabe des Gesprächs durch Kubizek formuliert Hitler: »Damals begann es!« Ebd. S. 343. Kershaw bezeichnet Kubizeks Bericht über die Episode als »reichlich abstrus, da er auf mystische Weise in die Episode eine frühe prophetische Vision von Hitlers eigener Zukunft

hineinliest«. Kershaw: Hitler 1889–1936. S. 765. Anm. 128. Albert Speer bezeugt ebenfalls, daß Hitler dieser Rienzi-Aufführung besondere Bedeutung beimaß, vgl. Speer: Spandauer Tagebücher. S. 136.

474 Joachim Köhler: Wagners Hitler. Der Prophet und sein Vollstrecker. 2. Aufl. München 1997.

475 Köhler: Wagners Hitler. S. 378.

476 Köhler: Wagners Hitler. S. 335.

477 Köhler: Wagners Hitler. S. 240–253.

478 Köhler: Wagners Hitler. S. 385.

479 Köhler: Wagners Hitler. S. 249.

480 Köhler: Wagners Hitler. S. 249 bzw. 319.

481 Zuletzt Kershaw: Hitler 1889–1936. S. 765, 772.

482 Hartmut Zelinsky: Richard Wagners »Kunstwerk der Zukunft« und seine Idee der Vernichtung. In: Joachim H. Knoll/Julius H. Schoeps (Hg.): Von kommenden Zeiten. Geschichtsprophetien im 19. und 20. Jahrhundert. Stuttgart/Bonn 1984. S. 86. – Seine Theorie entfaltete Zelinsky in zahlreichen Arbeiten, vgl. v. a. ders.: Die »feuerkur« des Richard Wagner oder die »neue religion« der »Erlösung« durch »Vernichtung«. In: Heinz-Klaus Metzger/Rainer Riehn (Hg.): Richard Wagner. Wie antisemitisch darf ein Künstler sein? München 1981. S. 79–112; ders.: Die deutsche Losung Siegfried oder die »innere Notwendigkeit« des Juden-Fluches im Werk Richard Wagners. In: Udo Bermbach (Hg.): In den Trümmern der eigenen Welt. Richard Wagners »Ring des Nibelungen«. Berlin/Hamburg 1989. S. 201–249; ders.: Sieg oder Untergang: Sieg und Untergang. Kaiser Wilhelm II., die Werk-Idee Richard Wagners und der »Weltkampf«. München 1990. S. 5–13; ders.: Verfall, Vernichtung, Weltentrückung. Richard Wagners antisemitische Werk-Idee als Kunstreligion und Zivilisationskritik und ihre Verbreitung bis 1933. In: Saul Friedländer/Jörn Rüsen (Hg.): Richard Wagner im Dritten Reich. Ein Schloss Elmau-Symposion. München 2000. S. 309–341. – Auf Zelinsky, dem die ältere Wagner-Forschung mit völliger Ablehnung begegnet, beziehen sich zustimmend z. B. Andrea Mork: Richard Wagner als politischer Schriftsteller. Weltanschauung und Wirkungsgeschichte. Frankfurt a. M. /New York 1990. S. 229; Annette Hein: »Es ist viel ›Hitler‹ in Wagner«. Rassismus und antisemitische Deutschtumsideologie in den »Bayreuther Blättern« (1878–1938). Tübingen 1996. S. 110–122; Paul Lawrence Rose: Wagner, Hitler und historische Prophetie. Der geschichtliche Kontext von »Untergang«,

»Vernichtung« und »Ausrottung«. In: Friedländer/Rüsen (Hg.): Richard Wagner. S. 302. Im Sinne Zelinskys auch Paul Lawrence Rose: Richard Wagner und der Antisemitismus. Zürich/München 1999.

483 Dieter David Scholz: Richard Wagners Antisemitismus. Würzburg 1993. S. 125. – Die Würzburger Dissertation bietet eine Summe jener Position zu Wagners Antisemitismus, die schon länger von Wagner-Forschern wie Carl Dahlhaus, Dieter Borchmeyer und Peter Wapnewski vertreten wird; vgl. auch Dieter Borchmeyer: Richard Wagner und der Antisemitismus. In: Ulrich Müller/Peter Wapnewski (Hg.): Richard-Wagner-Handbuch. Stuttgart 1986. S. 137–161.

484 Den Stand der Diskussion innerhalb der beiden »Schulen« und zwischen ihnen markieren Sammelbände, in denen die Beiträge zweier Tagungen dokumentiert werden, die 1998 in Bayreuth und 1999 auf Schloß Elmau stattfanden: Dieter Borchmeyer/Ami Maayani/Susanne Vill (Hg.): Richard Wagner und die Juden. Stuttgart/Weimar 2000; Friedländer/Rüsen (Hg.): Richard Wagner. – Auf die methodologischen Differenzen beider »Schulen« – hinter denen er freilich ideologische Differenzen vermutet – verweist auch Marc A. Weiner: Über Wagner sprechen. Ideologie und Methodenstreit. In: Friedländer/Rüsen (Hg.): Richard Wagner. S. 342–362; ebenso in ders.: Antisemitische Fantasien. Die Musikdramen Richard Wagners. Berlin 2000. S. 11–22.

485 Weiner: Über Wagner. S. 350; ders.: Antisemitische Fantasien. S. 231–298.

486 Vgl. Winfried Schüler: Der Bayreuther Kreis von seiner Entstehung bis zum Ausgang der Wilhelminischen Ära. Wagnerkult und Kulturreform im Geiste völkischer Weltanschauung. Münster 1971; Hein: »Es ist viel ›Hitler‹ in Wagner«; zusammenfassend und mit Angabe weiterführender Literatur zur völkischen Rezeption Wagners Hildegard Châtellier: Wagnerismus in der Kaiserzeit. In: Puschner/Schmitz/Ulbricht (Hg.): Handbuch. S. 575–612.

487 Vgl. Michael Karbaum: Studien zur Geschichte der Bayreuther Festspiele (1876–1976). Regensburg 1976. S. 61–93; allgemeiner auch Frederic Spotts: Bayreuth. Eine Geschichte der Wagner Festspiele. München 1994. S. 160–223. – Über die Kontakte von Hitler und der Familie Wagner berichtet aus eigener Anschauung Friedelind Wagner: Nacht über Bayreuth. Die Geschichte der Enkelin Richard Wagners. 3. Aufl. Köln 1997. Die Emigrantin schrieb das

Buch 1944 im Zeichen einer »Rebellion gegen alles, was mit dieser Diktatur zusammenhing« (S. 9); der zeitliche Abstand vor allem zu den Ereignissen der zwanziger Jahre und die oppositionelle Grundhaltung lassen an manchen Details ihres Berichts zweifeln.

488 Mit Nachweisen Kershaw: Hitler 1889–1936. S. 75. – Die Bestände der sogenannten »Hitler-Bibliothek« weisen einige Werke Chamberlains auf. Die »Grundlagen des 19. Jahrhunderts« fehlen, vorhanden sind hingegen die »Worte Christi« (1901). Die Werke Wagners finden sich kaum. Vgl. Reginald H. Phelps: Die Hitler-Bibliothek. In: Deutsche Rundschau 80 (1954). S. 923–931.

489 Ernst Hanfstaengl: Zwischen Weißem und Braunem Haus. Memoiren eines politischen Außenseiters. München 1970. S. 52.

490 Hans Frank: Im Angesicht des Galgens. Deutung Hitlers und seiner Zeit auf Grund eigener Erlebnisse und Erkenntnisse. Neuhaus bei Schliersee 1955. S. 40. An anderer Stelle schreibt Frank dem Engländer »den größten Einfluß auf Hitlers Denkweise« zu, ebd. S. 305. – Problematisch ist der Quellenwert der Aufzeichnungen Otto Wageners, bei dem Hitler ebenfalls Chamberlain lobt: Wagener: Hitler. S. 341.

491 Vgl. zu Chamberlain Geoffrey G. Field: Evangelist of Race. The Germanic Vision of Houston Stewart Chamberlain. New York 1981; dort speziell zum Verhältnis Chamberlains zu Hitler S. 396–445. Außerdem jetzt David Clay Large: Ein Spiegelbild des Meisters? Die Rassenlehre von Houston Stewart Chamberlain. In: Borchmeyer/Maayani/Vill (Hg.): Richard Wagner. S. 144–158.

492 Houston Stewart Chamberlain: Die Grundlagen des 19. Jahrhunderts. Ungekürzte Volksausgabe München 1932. S. 229.

493 Ebd. S. 44.

494 Vgl. zu Chamberlains Verhältnis zum Christentum die einschlägigen Kapitel in seinem Hauptwerk »Die Grundlagen des 19. Jahrhunderts« (ebd. S. 205–273; 603–720); außerdem ders.: Mensch und Gott. Betrachtungen über Religion und Christentum. München 1921.

495 13. 12. 1941. Heim. S. 151.

496 Brief Chamberlains an Hitler vom 7. 10. 1923. In: Hartmut Zelinsky: Richard Wagner – ein deutsches Thema. Eine Dokumentation zur Wirkungsgeschichte Richard Wagners 1876–1976. 3., korr. Aufl. Berlin/Wien 1983. S. 169 f. – Die These von einer »Einweihung« Hitlers durch Chamberlain vertritt auch Hans Rudolf Vaget: Wagner-Kult und nationalsozialistische Herrschaft.

Hitler, Wagner, Thomas Mann und die »nationale Erhebung«. In: Friedländer/Rüsen (Hg.): Richard Wagner. S. 279; ebenso Hans Rudolf Vaget: Wieviel »Hitler« ist in Wagner? Anmerkungen zu Hitler, Wagner und Thomas Mann. In: Borchmeyer/Maayani/Vill (Hg.): Richard Wagner. Bes. S. 200–203.

497 Vaget: Wagner-Kult. S. 279.

498 Brief vom 9. 4. 1924. Aufz. S. 1231 f.

499 Karl Alexander von Müller: Im Wandel einer Welt. Erinnerungen. Bd. 3. 1919–1932. Hg. v. Otto Alexander von Müller. München 1966. S. 305.

500 Saul Friedländer: Hitler und Wagner. In: Ders./Rüsen (Hg.): Richard Wagner. S. 169. Vgl. zu Hitlers Wagner-Rezeption außerdem Ernst Hanisch: Die politisch-ideologische Wirkung und »Verwendung« Wagners. In: Müller/Wapnewski (Hg.): Richard-Wagner-Handbuch. S. 625–646, bes. S. 642–646; Dina Porat: »Zum Raum wird hier die Zeit«: Richard Wagners Bedeutung für Adolf Hitler und die nationalsozialistische Führung. In: Borchmeyer/ Maayani/Vill (Hg.): Richard Wagner. S. 207–222.

501 Zelinsky: Verfall. S. 335.

502 Rose: Wagner, Hitler. S. 298 f.

503 Köhler: Wagners Hitler. S. 412.

504 Rose: Wagner, Hitler. S. 297 f. Umfassend zur neueren Quellenkritik an Rauschning unten S. 163–166. Rauschnings »Gespräche« tauchen in mancher Argumentationskette der »jüngeren Schule« auf, so auch bei Hein: »Es ist viel ›Wagner‹ in Hitler«. S. 175; Gottfried Wagner: Vom Erlösungswahn Wagners im Lohengrin und Parsifal. In: Michael Ley/Julius H. Schoeps (Hg.): Der Nationalsozialismus als politische Religion. Bodenheim bei Mainz 1997. S. 91; Vaget: Wieviel »Hitler«. S. 196 f. Joachim Köhler erkennt zwar den problematischen Quellenwert der angeblichen Gespräche Rauschnings mit Hitler (S. 341 f.), zieht sie aber trotzdem als zentrale Quelle heran: »Da sich bei Hitler, sobald er auf Wagner-Kenner traf, die Schleusen öffneten, darf man annehmen, daß er den als Fachmann ausgewiesenen Parteifreund der Einweihung in seinen Gralsbezirk für würdig erachtete.« Köhler: Wagners Hitler. S. 342. Häufig finden sich Hinweise auf Rauschning in den älteren Arbeiten Zelinskys, vgl. ders.: Richard Wagners »Kunstwerk der Zukunft«. S. 100; ders.: Die deutsche Losung. S. 224; ders.: Sieg. S. 7 f. In seiner neuesten Arbeit beschränkt sich Zelinsky auf das Zeugnis Otto Wageners – vielleicht ein Zeichen, daß er die

Quellenkritik an Rauschning rezipiert hat. Vgl. ders.: Verfall. S. 336.

505 Zelinsky: Die deutsche Losung. S. 224. – Zu Wagener unten S. 166–168.

506 Frank: Im Angesicht. S. 205.

507 Reinhold Hanisch: I was Hitler's Buddy. In: The New Republic. 5., 12. u. 19. 4. 1939. Zitiert nach Hamann: Hitlers Wien. S. 243.

508 Ohne eindeutigen Quellennachweis zitiert bei Walter C. Langer: Das Adolf-Hitler-Psychogramm. Eine Analyse seiner Person und seines Verhaltens, verfaßt 1943 für die psychologische Kriegsführung der USA. Mit einem Vorwort v. Friedrich Hacker. Wien/München/Zürich 1973. S. 110.

509 Albert Zoller: Hitler privat. Erlebnisbericht seiner Geheimsekretärin. Düsseldorf 1949. S. 57. – Vgl. zur Entstehung dieses »Erlebnisberichts« die Anmerkungen der dort als »Geheimsekretärin« apostrophierten Christa Schröder: Er war mein Chef. Aus dem Nachlaß der Sekretärin von Adolf Hitler. Hg. v. Anton Joachimsthaler. München 1985. S. 18–24.

510 7. 12. 1929. RSA III/2. S. 528.

511 25./26. 1. 1942. Heim. S. 234.

512 Renate Schostack: Hinter Wahnfrieds Mauern. Gertrud Wagner. Ein Leben. Hamburg 1998. S. 175; ähnlich Nike Wagner: Wagner Theater. Frankfurt a. M. 1998. S. 224.

513 Kubizek: Adolf Hitler. S. 196 f.

514 August Kubizek: [Erste Fassung der Erinnerungen an Hitler]. Masch. Materialien Jetzinger im OÖLA Linz. Zitiert nach Hamann: Hitlers Wien. S. 358.

515 Vgl. das Kapitel »Die Quellen zur Männerheimzeit« in Hamann: Hitlers Wien. S. 264–283.

516 Zu Greiners Veröffentlichungen vgl. Hamann: Hitlers Wien. S. 275–280.

517 Josef Greiner: Sein Kampf und Sieg. Eine Erinnerung an Adolf Hitler. Privatdruck 1938. Zitiert nach Hamann: Hitlers Wien. S. 279.

518 Greiner weiß von vielfältigen okkultistischen Interessen Hitlers zu berichten: Telekinese, Graphologie, Astrologie, Zahlenmystik, Gnosis. Im Wienerwald übte er sich nach Greiner im Wünschelrutengehen, wobei ihn allerdings Flurwächter gestört haben sollen. Vgl. Josef Greiner: Das Ende des Hitler-Mythos. Zürich/Leipzig/Wien 1947. S. 86–94.

519 Daims Bericht über die Begegnung Grills mit Greiner in Daim: Der Mann, der Hitler die Ideen gab. Jörg Lanz von Liebenfels. 3.,

erw. u. verb. Aufl. Wien 1994. S. 37–41. Die von Daim verfaßten und von Greiner korrigierten Gedächtnisprotokolle der Unterredung ebd. S. 277 ff.; die »Belehrungen« Grills S. 275 ff.

520 Hanisch: I was Hitler's Buddy. Zitiert nach Hamann: Hitlers Wien. S. 358.

521 Hamann: Hitlers Wien. S. 434.

522 Anonymus: Mein Freund Hitler. In: Moravsky ilustrovany zpravodaj (= Mährischer illustrierter Beobachter) 40 (1935). S. 10 f. Zitiert nach Hamann: Hitlers Wien. S. 358. – Dieses Urteil – hält man die Quelle für authentisch – hatte der späte Hitler revidiert; vgl. sein ausdrückliches Lob Karls z. B. in den Tischgesprächen vom 4. 2. 1942. Heim. S. 263.

523 Karl Honisch: Protokoll vom 12. 5. 1939. Koblenz BA. NS 26/17a. Zitiert nach Hamann: Hitlers Wien. S. 358.

524 Anonymus: Mein Freund. S. 358.

525 Hanisch: I was Hitler's Buddy. S. 358.

526 Hamann: Hitlers Wien. S. 337–364.

527 Vgl. zur alldeutschen und zur »Los-von-Rom«-Bewegung die in Anm. 152 angegebene Literatur, speziell zu ihren Wiener Ausprägungen erneut Hamann: Hitlers Wien.

528 MK. S. 106.

529 Vgl. das Kapitel »Abgrenzung zum Christentum« in diesem Buch.

530 MK. S. 130.

531 Kubizek: Adolf Hitler. S. 297.

532 Vorzüglich zu allen Wiener Sektierern Nicholas Goodrick-Clarke: Die okkulten Wurzeln des Nationalsozialismus. Graz/Stuttgart 1997; allgemein zu den okkultistischen Strömungen in der »Völkischen Bewegung« Helmut Zander: Sozialdarwinistische Rassentheorien aus dem okkulten Untergrund des Kaiserreichs. In: Puschner/Schmitz/Ulbricht (Hg.): Handbuch. S. 224–251; vgl. außerdem die in Anm. 152 angegebene Literatur.

533 Phelps: Die Hitler-Bibliothek. S. 925. Die Identität Steiningers, bei Phelps nur als »B. Steininger« erwähnt, klärt Goodrick-Clarke: Die okkulten Wurzeln. S. 172. Zur Interpretation des »Armanenbruders« Hamann: Hitlers Wien. S. 300.

534 »Das gesamte Spektrum von Schmidt-Falks Behauptungen macht ihren Anspruch auf Wahrheit ziemlich fragwürdig«, urteilt Goodrick-Clarke (Die okkulten Wurzeln. S. 172 f.), während Hamann, wenn auch mit Vorbehalt, Schmidt-Falks Angaben Glauben schenkt (Hitlers Wien. S. 302 f.). Kershaw geht,

unter Berufung auf Hamann, davon aus, daß Hitler mit List »gewiß« vertraut gewesen sei (Hitler 1889–1936. S. 85). Die Berichte Schmidt-Falks finden sich bei Daim: Der Mann. S. 93, 288 f.

535 Guido von List: Der Unbesiegbare. Ein Grundzug germanischer Weltanschauung. Wien 1898, hier stets zitiert nach Hamann: Hitlers Wien. – Vgl. zu List Hamann: Hitlers Wien. S. 302–308. Zu »Der Unbesiegbare« S. 303.

536 Guido von List: Der Unbesiegbare. Zitiert nach Hamann: Hitlers Wien. S. 305.

537 Hamann: Hitlers Wien. S. 306.

538 Als schillerndste Figur des Wiener Milieus hat Lanz weit mehr Aufmerksamkeit gefunden als Guido von List. Neben dem schon mehrfach zitierten Buch Daims (Der Mann) und den Lanz-Kapiteln bei Hamann (Hitlers Wien. S. 308–319) und Goodrick-Clarke (Die okkulten Wurzeln. S. 83–109) sei auf die Forschungen Ekkehard Hieronimus' verwiesen. Ders.: Lanz von Liebenfels. Eine Bibliographie. Toppenstedt 1991. Der dort vorangestellte Lebensbericht ist weitgehend textidentisch mit ders.: Lanz von Liebenfels: »Lebensspuren«. In: Albrecht Götz von Olenhusen u. a. (Hg.): Wege und Abwege. Beiträge zur europäischen Geistesgeschichte der Neuzeit. Festschrift für Ellic Howe zum 20. September 1990. Freiburg i. Br. 1990. S. 157–171; dasselbe gilt für ders.: Jörg Lanz von Liebenfels. In: Puschner/Schmitz/Ulbricht (Hg.): Handbuch. S. 131–146. Keinerlei Bedeutung für die seriöse Forschung kommt einer Veröffentlichung Rudolf J. Munds zu, der sich bemüht, die rassistischen Theorien des Lanz von Liebenfels unter Berufung auf moderne naturwissenschaftliche Forschung zu legitimieren und eine Kontinuität von mittelalterlichen Templern und dem O.N.T. herzustellen (Rudolf J. Mund: Jörg Lanz von Liebenfels und der Neue Templer Orden. Die Esoterik des Christentums. Stuttgart 1976).

539 Die Aussagen Lanz' über den Besuch Hitlers bei Daim: Der Mann. S. 29–34. – Goodrick-Clarke hält den Bericht für glaubwürdig (Die okkulten Wurzeln. S. 169); Hamann läßt die Frage offen (Hitlers Wien. S. 317); Kershaw ist äußerst skeptisch (Hitler 1889–1936. S. 87, 776). Für einen Profilierungsversuch Lanz' – und damit gegen seine tatsächliche Bekanntschaft – spricht vor allem, daß Lanz nicht nur der Ideengeber Hitlers, sondern auch Lenins sein wollte; vgl. Daim: Der Mann. S. 110 ff.

540 Die Lektüre antisemitischer Broschüren erwähnt Hitler in MK. S. 59 f.; von einer »Ostara«-Lektüre Hitlers gehen aus: Goodrick-Clarke: Die okkulten Wurzeln. S. 171 f.; Hamann: Hitlers Wien. S. 317; Kershaw: Hitler 1889–1936. S. 87. – Freilich kann eine Lanz-Lektüre Hitlers nicht bewiesen werden: Greiner, der von einer Lanz-Lektüre Hitlers spricht (vgl. Daim: Der Mann. S. 25–48), wird – wie schon erwähnt – allgemein für unglaubwürdig gehalten. Schmidt-Falk berichtet, Hitler habe Lanz – anders als List – nie ausführlich gewürdigt, nur einmal verächtlich erwähnt: ebd. S. 41 f., 279. Anm. 42. Hamann weist nach, daß Lanz' Verleger 1926 eine Neuerscheinung seines Autors an Hitler sandte – ob dieser sie las, ist ungewiß (Hamann: Hitlers Wien. S. 316). Kaum glaubwürdig ist auch der Brief einer »Frau B.«, den Rudolf J. Mund anführt: Sie berichtet von okkultistischen Sitzungen einer Baronin Thaler, an denen angeblich Hitler wie auch Lanz teilnahmen. Vgl. Rudolf J. Mund: Der Rasputin Himmlers. Die Wiligut-Saga. Stuttgart o. J. S. 25.

541 Hieronimus: Lanz von Liebenfels. Eine Bibliographie. S. 19.

542 Diesen Grundzug Hitlerschen Denkens hat die neuere ideengeschichtlich orientierte Hitler-Forschung stark hervorgehoben, vgl. z. B. Zitelmann: Hitler. Selbstverständnis; Kroll: Utopie.

543 Vgl. May: Kirchenkampf. S. 1–4. – Parallelen von Monismus und nationalsozialistischer Ideologie analysiert Daniel Gasman: The Scientific Origins of National Socialism. Social Darwinism in Ernst Haeckel and the German Monist League. New York 1971. Gasman bemüht sich, Übereinstimmungen zwischen Haeckels und Hitlers religiösen Anschauungen aufzuzeigen, vgl. ebd. S. 165–170.

544 Eine Skizze dieser zeittypischen Mentalität bei Frank Simon-Ritz: Kulturelle Modernisierung und Krise des religiösen Bewußtseins. Freireligiöse, Freidenker und Monisten im Kaiserreich. In: Olaf Blaschke/Frank-Michael Kuhlmann (Hg.): Religion im Kaiserreich. Milieus – Mentalitäten – Krisen. Gütersloh 1996. S. 457–473.

545 Vgl. etwa die Gedichte in: Aufz. S. 74 f. (»Und nun leb' wohl! Und Gott geleite dich!«. S. 75); S. 1258 f. (»Ich danke dem Herrgott, daß ich wieder sehend ward.« S. 1259). Beide Texte dürften gefälscht sein, vgl. dazu Eberhard Jäckel/Axel Kuhn: Zu einer Edition von Aufzeichnungen Hitlers. In: VfZG 29 (1981). S. 304 f.; Eberhard Jäckel/Axel Kuhn/Hermann Weiß: Neue Erkenntnisse zur Fälschung von Hitler-Dokumenten. In: VfZG 32 (1984). S. 163–169. –

In einem Brief hoffte Hitler, daß ihm »der Herrgott das Leben läßt«. In: Aufz. S. 61.

546 Vgl. zum Werdegang Hitlers in München – neben Kershaw: Hitler 1889–1936 – vor allem Anton Joachimsthaler: Hitlers Weg begann in München. 1913–1923. München 2000. Das Buch ist die erweiterte Neuausgabe einer älteren Studie (Anton Joachimsthaler: Korrektur einer Biographie. Adolf Hitler 1908–1920. München 1989). – Vorzügliche sozial-, mentalitäts- und kulturgeschichtliche Studien bieten David Clay Large: Hitlers München. Aufstieg und Fall der Hauptstadt der Bewegung. München 1998; Richard Bauer u. a. (Hg.): München – »Hauptstadt der Bewegung«. Bayerns Metropole und der Nationalsozialismus. München 1993. – Joachimsthalers Buch ergänzt und erweitert eine Reihe älterer Werke zu den politischen Anfängen Hitlers, v. a. Albrecht Tyrell: Vom »Trommler« zum »Führer«. Der Wandel von Hitlers Selbstverständnis zwischen 1919 und 1924 und die Entwicklung der NSDAP. München 1975; Hellmuth Auerbach: Hitlers politische Lehrjahre und die Münchner Gesellschaft 1919–1923. In: VfZG 25 (1977). S. 1–45. – Speziell zum Münchner Okkultismus vor allem der Vorkriegszeit Veit Loers/Pia Witzmann: Münchens okkultistisches Netzwerk. In: Schirn Kunsthalle Frankfurt/Veit Loers (Hg.): Okkultismus und Avantgarde. Von Munch bis Mondrian. 1900–1915. Ostfildern 1995. S. 238– 241.

547 Rudolf von Sebottendorff: Bevor Hitler kam. Urkundliches aus der Frühzeit der nationalsozialistischen Bewegung. München 1933. S. 241, ähnlich S. 167.

548 Biographische Skizzen in Goodrick-Clarke: Die okkulten Wurzeln. S. 121–135; Hermann Gilbhard: Die Thule-Gesellschaft. Vom okkulten Mummenschanz zum Hakenkreuz. München 1994. S. 59–66; Detlev Rose: Die Thule-Gesellschaft. Legende – Mythos – Wirklichkeit. Tübingen 1994. S. 27–32. Die Skizzen der Autoren fußen in weiten Teilen auf einem Manuskript Ellic Howes, das nur in limitiertem Privatdruck veröffentlicht wurde: Ellic Howe: Rudolph Freiherr von Sebottendorff. Hg. u. mit einer Zeittafel zur Biographie Sebottendorffs u. einer vorläufigen Bibliographie seiner Schriften vers. v. Albrecht Götz von Olenhusen. Freiburg i. Br. 1989.

549 Die grundlegende ältere Arbeit zur Thule stammt von Reginald H. Phelps: »Before Hitler came«: Thule-Society and Germanen Orden. In: The Journal of Modern History 35 (1963). S. 245–261.

Die Okkultismus-Rezeption in der Thule klärt Goodrick-Clarke: Die okkulten Wurzeln. S. 121–135. Umfassend informieren zur Thule-Gesellschaft neuerdings Gilbhard: Die Thule-Gesellschaft; Rose: Die Thule-Gesellschaft. Vgl. dort zur Okkultismus-Rezeption das Kapitel »War die Thule-Gesellschaft ein ›okkulter Orden‹?« S. 197–217. Roses Buch erschien im stark rechtslastigen Tübinger Grabert-Verlag, kann aber als seriöse und weitgehend wertfreie wissenschaftliche Studie gelten.

550 Goodrick-Clarke: Die okkulten Wurzeln. S. 128.

551 Zitiert nach Rose: Die Thule-Gesellschaft. S. 212.

552 Vgl. z. B. den Text einer Ansprache, die Sebottendorff am 9. 11. 1918 in der Thule gehalten haben will: Sebottendorff: Bevor Hitler kam. S. 57–60. Hier ist vom »Walvater«, von »Wodan« (S. 58) und vom »Sonnenadler« (S. 60) die Rede. Ob Sebottendorff den Wortlaut nach 15 Jahren noch auswendig wußte oder eine Vorlage benutzen konnte, geht aus seinen Darstellungen nicht hervor.

553 Hermann Gilbhard befragte in den siebziger Jahren noch lebende Zeitzeugen zur Thule; die Protokolle sind im Anhang seines Buches abgedruckt. Vgl. ders.: Die Thule-Gesellschaft. S. 243.

554 Rose: Die Thule-Gesellschaft. S. 156.

555 Gilbhard: Die Thule-Gesellschaft. S. 178.

556 So der Untertitel der Studie von Gilbhard: Die Thule-Gesellschaft.

557 12. 2. 1936. Domarus. S. 574.

558 Sebottendorff: Bevor Hitler kam. S. 73, 81, 171, 182, 229, 240.

559 In Auszügen abgedruckt bei Joachimsthaler: Hitlers Weg. S. 248–251.

560 Sebottendorffs Einlassungen sind insgesamt fragwürdig. Trotz der langen Zeitspanne zwischen 1918/19 und 1933 erinnert sich Sebottendorff an zahlreiche Details, erwähnt aber nie die Existenz von Aufzeichnungen. Sein deutlich wahrnehmbares Bemühen, sich 1933 als graue Eminenz des Nationalsozialismus in Erinnerung zu bringen, erschüttert seine Glaubwürdigkeit weiter. Zudem hatte Sebottendorff in einem 1925 erschienenen autobiographischen Roman die Münchner Zeit erstmals beschrieben. Diese Darstellung widerspricht in wesentlichen Punkten der Publikation von 1933; vgl. ders.: Der Talisman des Rosenkreuzers. Pfullingen 1925.

561 Joachimsthaler unter Berufung auf Michael Lotter in: Hitlers Weg. S. 249.

562 Der Einfluß der Thule wird in der Forschung unterschiedlich bewertet. Tyrell zeigt sich eher skeptisch (Vom »Trommler« zum

»Führer«. S. 189. Anm. 42; S. 199. Anm. 121), ebenso Goodrick-Clarke (Die okkulten Wurzeln. S. 133) und Detlev Rose (Die Thule-Gesellschaft. S. 156–160); Gilbhard hingegen sieht die Thule als »Wegbereiterin« (Die Thule-Gesellschaft. S. 177, vgl. auch S. 148–154).

563 MK. S. 395.

564 Sebottendorff: Bevor Hitler kam. S. 167. Im Personenverzeichnis wird Hitler als »Gast der Thule« angeführt (S. 241). Goodrick-Clarke weist darauf hin, daß aus anderen Quellen die Anwesenheit anderer späterer NS-Führer, aber nicht Hitlers erschlossen werden kann (Die okkulten Wurzeln. S. 174).

565 Dem Hakenkreuz-Symbol dürfte Hitler allerdings schon in Wien begegnet sein; dazu Hamann: Hitlers Wien. S. 298 ff. Einige Zeichnungen mit handschriftlichen Bemerkungen aus dem Jahr 1920 scheinen zu belegen, daß Hitler den »Kult« der »alten Germanen« erneuern wollte und deshalb vorschlug, die Nationalsozialisten sollten »eines ihrer alten Zeichen annehmen«. (Aufz. S. 1265 f.). An der Echtheit dieser Blätter sind allerdings Zweifel angebracht, vgl. dazu oben Anm. 51. – Allgemein zur Verwendung des Hakenkreuzes im 20. Jahrhundert Malcolm Quinn: The Swastika. Constructing the Symbol. London/New York 1994.

566 Von einer Mitgliedschaft geht z. B. aus Kershaw: Hitler 1889–1936. S. 183; dagegen Sebottendorff: Bevor Hitler kam. S. 230 (Eckart), S. 255 (Rosenberg). – Das Engagement Eckarts wird auch von anderer Seite bezeugt, vgl. Goodrick-Clarke: Die okkulten Wurzeln. S. 232. Anm. 47.

567 Rosenberg widmete ihm einen oft aufgelegten Erinnerungsband: Dietrich Eckart. Ein Vermächtnis. Hg. u. eingel. v. Alfred Rosenberg. 5. Aufl. München 1938.

568 Margarete Plewnia: Auf dem Weg zu Hitler. Der »völkische« Publizist Dietrich Eckart. Bremen 1970. S. 94.

569 Vgl. Plewnia: Auf dem Weg. S. 47; zu Hitlers dualistischem Weltbild vgl. Kroll: Geschichte und Politik. S. 333 ff.; ders.: Utopie. S. 51–53.

570 Eine eingehende Analyse der Eckartschen Weltanschauung bei Plewnia: Auf dem Weg. S. 42–60. – Vgl. zu der Lichtwolken-Theorie bes. S. 46 f. – Zusammenfassend Margarete Plewnia: Auf schlecht deutsch – Der Kronzeuge der »Bewegung«: Dietrich Eckart. In: Karl Schwedhelm (Hg.): Propheten des Nationalismus. München 1969. S. 159–175. – Als völlig verfehlt und zeitgenös-

sisch eingetrübt muß der Versuch Paul Herrmann Wiedeburgs gelten, Eckart in seiner Erlanger Dissertation als bedeutenden Philosophen zu würdigen; vgl. ders.: Dietrich Eckart. Ein lebens- und geistesgeschichtlicher Beitrag zum Werden des neuen Deutschlands. Hamburg 1939.

571 Plewnia: Auf dem Weg. S. 53.

572 Plewnia: Auf dem Weg. S. 48. – Eckart hatte sich, wie diese Thesen zeigen, intensiv mit Otto Weininger beschäftigt; vgl. dazu ebd. S. 44. Hitler selbst wies auf die Weininger-Rezeption Eckarts hin, vgl. Tischgespräch. 1./2. 12. 1941. Heim. S. 148.

573 Plewnia: Auf dem Weg. S. 95 ff.; von einer geringen Bedeutung Eckarts geht auch aus Tyrell: Vom »Trommler« zum »Führer«. S. 194.

574 Ernst Nolte: Eine frühe Quelle zu Hitlers Antisemitismus. In: Historische Zeitschrift 192 (1961). S. 548–606.

575 Plewnia: Auf dem Weg. S. 101–109.

576 Plewnia: Auf dem Weg. S. 109.

577 Nolte: Eine frühe Quelle. S. 590.

578 Kroll: Utopie. S. 103. – Allgemein zu Rosenbergs religiösen Vorstellungen Claus-Ekkehard Bärsch: Alfred Rosenbergs »Mythus des 20. Jahrhunderts« als politische Religion. Das »Himmelreich in uns« als Grund völkisch-rassischer Identität der Deutschen. In: Maier/Schäfer (Hg.): »Totalitarismus«. S. 227–248; Hans-P. Hasenfratz: Die Religion Alfred Rosenbergs. In: Numen 36 (1989). S. 113–126; Ernst Piper: Alfred Rosenberg – der Prophet des Seelenkrieges. Der gläubige Nazi in der Führungselite des nationalsozialistischen Staates. In: Ley/Schoeps (Hg.): Der Nationalsozialismus. S. 107–125.

579 Zu Rosenberg: Kroll: Utopie. S. 131. Hitlers Versuch, Griechen wie Germanen als »Arier« in Verwandtschaft zu setzen, wird erläutert ebd. S. 72 ff.

580 Zu Rosenberg: Kroll: Utopie. S. 141–145. Vgl. zu Hitlers Vorstellungen oben S. 66–68.

581 Vgl. zu Rosenberg wiederum Kroll: Utopie. S. 141–145.

582 Vgl. Raimund Baumgärtner: Weltanschauungskampf im Dritten Reich. Die Auseinandersetzung der Kirchen mit Alfred Rosenberg. Mainz 1977.

583 Alfred Rosenberg: Letzte Aufzeichnungen. Ideale und Idole der nationalsozialistischen Revolution. Göttingen 1955. S. 235.

584 Eduard Gugenberger: Hitlers Visionäre. Die okkulten Wegbereiter des Dritten Reichs. Wien 2001. S. 29; Robert Boehringer: Mein

Bild von Stefan George. 2., erg. Aufl. Düsseldorf/München 1967. S. 106, 249f. Tatsächlich verkehrte Hitler erst im Haus Bruckmann, als Schuler bereits tot war. Vgl. allgemein zum Verhältnis von Schuler und Hitler Karl-Heinz Schuler: Alfred Schuler und der Nationalsozialismus. In: Jahrbuch der Deutschen Schiller-Gesellschaft 41 (1997). S. 383–398.

EXKURS: NATIONALSOZIALISMUS UND OKKULTISMUS

585 Von der »Krypto-Geschichte« (im englischen Original: »cryptohistory«) spricht Goodrick-Clarke: Die okkulten Wurzeln. S. 187. Dieser Ausdruck wird hier übernommen: »Kryptisch«, also unklar, verworren, sind die Gegenstände dieser Literatur, kryptisch auch ihre Methoden. Ebenso könnte man mit Detlev Rose von »irrationaler Geschichtsbetrachtung« sprechen (Rose: Die Thule-Gesellschaft. S. 164 u.ö.). Sofern in dieser Arbeit von »Okkultismus« und »Esoterik« die Rede ist, sind in einem eher allgemeinen Sinne sämtliche Theorien und Praktiken gemeint, die sich mit der Wahrnehmung des Übersinnlichen durch »Eingeweihte« und Medien jeder Art befassen.

586 Es handelt sich um Autoren mit völlig unterschiedlicher Zielsetzung und weltanschaulicher Herkunft, die aber in ihren Thesen und Methoden verwandt sind. Vgl. z.B.: Müllern-Schönhausen: Die Lösung; Abram Poljak: Zertrümmertes Hakenkreuz. Hitler als Feldherr und Spiritist. 4. Aufl. Stuttgart o. J.; Dietrich Bronder: Bevor Hitler kam. Eine historische Studie. Hannover 1964; Johannes Tautz: Der Eingriff des Widersachers. Fragen zum okkulten Aspekt des Nationalsozialismus. Freiburg i. Br. 1976; Horst Knaut: Das Testament des Bösen. Kulte, Morde, Schwarze Messen – Heimliches und Unheimliches aus dem Untergrund. Stuttgart 1979; E. R. Carmin: »Guru« Hitler. Zürich 1985; Otto Rudolf Braun: Hinter den Kulissen des Dritten Reiches. Geheime Gesellschaften machen Weltpolitik. Markt Erlbach 1987; Jochen Kirchhoff: Nietzsche, Hitler und die Deutschen. Die Perversion des Neuen Zeitalters. Vom unerlösten Schatten des Dritten Reiches. Berlin 1990; Jan van Helsing: Geheimgesellschaften und ihre Macht im 20. Jahrhundert. Meppen 1993; E. R. Carmin: Das schwarze Reich. Geheimgesellschaften und Politik im 20. Jahrhundert. München 1997 (in einigen Teilen textidentisch mit dem bereits angeführten Werk von E. R. Carmin: »Guru« Hitler). –

Stark rezipiert wurden in Deutschland die Übersetzungen einiger kryptohistorischer Werke aus anderen Sprachen, vgl. v.a.: Louis Pauwels/Jaques Bergier: Aufbruch ins dritte Jahrtausend. Von der Zukunft der phantastischen Vernunft. München 1986 (Paris 1960; erste deutsche Ausgabe München 1962); Trevor Ravenscroft: Der Speer des Schicksals. Die Geschichte der heiligen Lanze. 2. Aufl. München 1980 (London 1972, erste deutsche Ausgabe Zug 1974).

587 Vgl. z.B.: René Alleau: Hitler et les sociétés secrètes. Enquête sur les sources occultes du nazisme. Paris 1969; André Brissaud: Hitler et l'ordre noir. Histoire secrète du nationalsocialisme. Paris 1969; Werner Gerson: Le nazisme, société secrète. Paris 1969; Jean-Michel Angebert: Hitler et la tradition cathare. Paris 1971; Robert Ambelain: Les arcanes noirs de l'hitlèrisme. 1848–1945. L'histoire occulte et sanglante du pangermanisme. Paris 1990.

588 Vgl. z. B.: Francis King: Satan and Swastika. St. Albans 1976; Dusty Sklar: Gods and Beasts. The Nazis and the Occult. New York 1977; Nigel Pennick: Hitler's Secret Sciences. His quest for the hidden knowledge of the ancients. Suffolk 1981; Gerald Suster: Hitler and the Age of Horus. London 1981 (= Ders.: Hitler: The Occult Messiah. New York 1981); Joseph J. Carr: The Twisted Cross. Lafayette 1985.

589 Giorgio Galli: Hitler e il nazismo magico. Milano 1989.

590 Peter Orzechowski: Schwarze Magie – braune Macht. Zürich o. J. Orzechowskis eigenwillige wissenschaftliche Arbeitstechnik erschwert es zuweilen, seine Schlußfolgerungen nachzuvollziehen: »Ich habe dabei auf die Nennung von Seitenzahlen verzichtet, da ich davon ausgehe, daß es für den Leser nicht von Interesse ist, alle meine Zitate auf die Richtigkeit zu überprüfen« (S. 223). – Im Urteil treffen Orzechowskis Ausführungen oft zu, wenngleich er einigen unseriösen Quellen und Autoren (Greiner, Rauschning) unkritisch folgt.

591 Friedrich-Wilhelm Haack: Wotans Wiederkehr. Blut-, Boden- und Rasse-Religion. München 1981. Haack stützt sich hier u.a. auf Dietrich Bronders kryptohistorisches Werk »Bevor Hitler kam«. Knapp zusammenfassend auch Friedrich-Wilhelm Haack: Blut-Mythus und Rasse-Religion. Neugermanische und deutsch-völkische Religiosität. München 1983.

592 Eduard Gugenberger/Roman Schweidlenka: Mutter Erde. Magie und Politik. Zwischen Faschismus und neuer Gesellschaft. Wien 1987. S. 101–110. Die Liste okkultistischer Tendenzen auf S. 105 vermischt unkritisch Tatsachen und Legenden. Weiterhin dies.:

Die Fäden der Nornen. Zur Macht der Mythen in politischen Bewegungen. Wien 1993. Das Zitat findet sich ebd. S. 117.

593 Karlheinz Weißmann: Druiden, Goden, Weise Frauen. Zurück zu Europas alten Göttern. Freiburg i. Br. 1991. Vgl. v.a. S. 52–66, 142–146. Gänzlich falsch ist Weißmanns Auffassung, die Weltanschauung Hitlers sei »viel zu sehr von den abgesunkenen und vulgarisierten Ideen der Aufklärung bestimmt [gewesen], als daß er der Religion überhaupt Eigenständigkeit und positive Bedeutung zugemessen hätte« (S. 65).

594 Stefanie von Schnurbein: Göttertrost in Wendezeiten. Neugermanisches Heidentum zwischen New Age und Rechtsradikalismus. München 1993. Dieses Buch ist eine veränderte und gekürzte Fassung der Dissertation ders.: Religion als Kulturkritik. Neugermanisches Heidentum im 20. Jahrhundert. Heidelberg 1992.

595 Insa Eschebach/Elke Thye: Die Religion der Rechten. Völkische Religionsgemeinschaften – Aktualität und Geschichte. Dortmund 1995. – Die Autorinnen verarbeiten die Bücher Haacks, von Schnurbeins und Weißmanns.

596 Peter Kratz: Die Götter des New Age. Im Schnittpunkt von »Neuem Denken«, Faschismus und Romantik. Berlin 1994. Zitat: S. 31. Kritische Anmerkungen zu Gugenberger und Schweidlenka auf S. 87 f. u. ö.

597 Rose: Die Thule-Gesellschaft. S. 161–196.

598 René Freund: Braune Magie? Okkultismus, New Age und Nationalsozialismus. Wien 1995.

599 Andreas Speit: Esoterik und Neuheidentum. Historische Allianzen und aktuelle Tendenzen. In: Jens Mecklenburg (Hg.): Handbuch des deutschen Rechtsextremismus. Berlin 1996. S. 709–732. Speit geht fälschlich davon aus, daß die »Thule-Gesellschaft dank der personellen Verflechtungen und ihrer Aktivitäten zu den wichtigsten okkulten Vorreitern des Nationalsozialismus zählte« (S. 714 f.).

600 H. T. Hakl: Nationalsozialismus und Okkultismus. In: Goodrick-Clarke: Die okkulten Wurzeln. S. 194–217.

601 Klaus Bellmund/Kaarel Siniveer: Kulte, Führer, Lichtgestalten. Esoterik als Mittel rechtsradikaler Propaganda. München 1997. Die Autoren kolportieren typische Legendenbildungen der Kryptohistoriker, etwa die Gründung der DAP durch die Thule (S. 33).

602 Franziska Hundseder: Wotans Jünger. Neuheidnische Gruppen zwischen Esoterik und Rechtsradikalismus. München 1998.

603 Guido und Michael Grandt: Erlöser. Phantasten, Verführer und Vollstrecker. Aschaffenburg 1998. – Die Autoren fallen auf kryptohistorische Autoren wie Johannes von Müllern-Schönhausen herein und spekulieren ohne ersichtliche Grundlage über Hitlers Esoterik-Rezeption (S. 127 ff. u.ö.).

604 Eduard Gugenberger/Franko Petri/Roman Schweidlenka: Weltverschwörungstheorien. Die neue Gefahr von rechts. Wien/München 1998.

605 Friedrich Paul Heller/Anton Maegerle: Thule. Vom völkischen Okkultismus bis zur Neuen Rechten. 2., erw. u. aktual. Aufl. Stuttgart 1998.

606 Rüdiger Sünner: Schwarze Sonne. Entfesselung und Mißbrauch der Mythen in Nationalsozialismus und rechter Esoterik. 2. Aufl. Freiburg i. Br. 1999. S. 227.

607 Sünner: Schwarze Sonne. S. 54–60.

608 Gugenberger: Hitlers Visionäre.

609 Vgl. S. 113–135.

610 Vgl. speziell zu den rechtsextremen Varianten der Kryptohistorie im Internet Heller/Maegerle: Thule, bes. das Kapitel »Die Neue Rechte und die neuen Medien«, S. 141–156; außerdem Martin Dietzsch/Anton Maegerle: Digitales Braun. Die Nutzung Neuer Medien durch Neonazis. In: Mecklenburg (Hg.): Handbuch. S. 923–932.

611 Vgl. zur Rolle der deutschen Historiker in der Goldhagen-Debatte die Aufsätze von Christof Dipper, Werner Bergmann und Habbo Knoch in Johannes Heil/Rainer Erb (Hg.): Geschichtswissenschaft und Öffentlichkeit. Der Streit um Daniel J. Goldhagen. Frankfurt a. M. 1998.

612 Goodrick-Clarke: Die okkulten Wurzeln; hier finden sich auch die ersten Versuche, die kryptohistorischen Mythen aufzuklären; vgl. den Anhang E: Die moderne Mythologie des NS-Okkultismus. S. 186–193. – Eine ältere, jetzt neu gedruckte Skizze des Problemfeldes stammt von George L. Mosse: The Occult Origins of National Socialism. In: Ders.: The Fascist Revolution. Toward a General Theory of Fascism. New York 1999. S. 117–135.

613 Pauwels/Bergier: Aufbruch. S. 302–310.

614 Pauwels/Bergier: Aufbruch. S. 311–364. (Kapitel 6–8); dort Ausführungen zu Hohlwelttheorie und Welteislehre.

615 Pauwels/Bergier: Aufbruch. S. 365–378. (Kapitel 9).

616 Pauwels/Bergier: Aufbruch. S. 379–393. (Kapitel 10).

617 Pauwels/Bergier: Aufbruch. S. 367 f.

618 Pauwels/Bergier: Aufbruch. S. 368.
619 Pauwels/Bergier: Aufbruch. S. 375 f.
620 Pauwels/Bergier: Aufbruch. S. 372.
621 Bronder: Bevor Hitler kam. S. 240 f. Zitat S. 241.
622 Zitiert nach Bronder: Bevor Hitler kam. S. 242.
623 Ravenscroft: Der Speer. S. 11–19.
624 Die Ravenscroft im Stile schlechter Fantasy-Romane ausführlich schildert: »Die Luft im Zimmer wurde stickig und unaushaltbar, und der nackte Körper des Mediums wurde durchscheinend in einer Aura ektoplasmischen Lichtes.« (Ravenscroft: Der Speer. S. 119). – Ravenscroft beruft sich hier, ohne Quellenangabe, auf den Bericht eines Konrad Ritzler. Ein Bericht dieser Art läßt sich nirgends nachweisen; eine Person dieses Namens kann allerdings im Umkreis der Thule belegt werden (Sebottendorff: Bevor Hitler kam. S. 255).
625 Ravenscroft: Der Speer. S. 237.
626 Ravenscroft: Der Speer. S. 116.
627 Zu Haushofer Ravenscroft: Der Speer. S. 233 ff. Zitat S. 237 u. 238.
628 Ravenscroft: Der Speer. S. 234.
629 Ravenscroft: Der Speer. S. 251.
630 Ravenscroft: Der Speer. S. 236 f.
631 Die Analysen dieses Kapitels beschränken sich auf kryptohistorische Werke, die in deutscher Sprache vorliegen; in fremdsprachigen Titeln lassen sich leicht dieselben Merkmale auffinden.
632 Goodrick-Clarke: Die okkulten Wurzeln.
633 Pauwels/Bergier: Aufbruch. S. 369.
634 Vgl. z. B. Tautz: Der Eingriff. S. 47 f.; Braun: Hinter den Kulissen. S. 29–72; Kirchhoff: Nietzsche. S. 161; Carmin: Das schwarze Reich. Bes. S. 54–98.
635 Beispielsweise bei Steinert: Hitler. S. 109, die sich allerdings von den Urhebern dieser Legenden explizit distanziert (S. 634. Anm. 21). Sie stützt sich jedoch auf Autoren, die sich ihrerseits auf Bronder u. a. beziehen.
636 Carmin: Das schwarze Reich. S. 14 f. – Typische Äußerungen dieser Art in Werken der Kryptohistoriker werden nachgewiesen von Rose: Die Thule-Gesellschaft. S. 165 f.
637 So stützt sich Carmin etwa auf Goodrick-Clarke, obwohl dieser in einem Anhang seines Buches zentrale Behauptungen der Kryptohistoriker zurückgewiesen hat. Vgl. Goodrick-Clarke: Anhang E: Die moderne Mythologie des NS-Okkultismus. In: Ders.: Okkulte Wurzeln. S. 186–193.

638 Durch eine quellenkritische Studie Wolfgang Hänels war die Glaubwürdigkeit Rauschnings erschüttert worden, vgl. dazu unten S. 163–166. Carmin wertete das Erscheinen dieser Arbeit als Versuch, sein eben erschienenes Buch »Guru Hitler«, das sich vor allem auf Rauschning stützt, in Mißkredit zu bringen; vgl. Carmin: Das schwarze Reich. S. 626 (»Interessanterweise kurz nach Erscheinen von *Guru Hitler* [...]«); ähnlich ebd. S. 619. Anm. 6.

639 Pauwels/Bergier: Aufbruch. S. 367.

640 Louis Pauwels: Monsieur Gurdjieff. Paris 1954. – In der 1974 erschienenen deutschen Ausgabe des Buches fehlen die Passagen (Ders.: Gurdjew der Magier. Bern 1974. S. 47). Ob Pauwels sich eines besseren belehren ließ oder ein kritischer Lektor eingriff, sei dahingestellt: Die Haushofer-Legende, einmal in Umlauf gebracht, lebte jedenfalls fort. Die Unstimmigkeiten hätten schon Bronder auffallen müssen: So behauptet Pauwels, Haushofer habe die Thule-Gesellschaft 1923 gegründet. Da Bronder die Erinnerungen des Thule-Leiters Sebottendorff kannte, hätte ihn zumindest der Widerspruch zu dessen Darstellung nachdenklich stimmen können: Sebottendorff beschreibt die Thule, der historischen Wahrheit entsprechend, als Zentrum des gegenrevolutionären Kampfes von 1918/19. Ohne Hinweis auf solche Unvereinbarkeiten vermischte Bronder statt dessen beide Varianten und ergänzte sie durch eigene Phantasien.

641 Rose: Die Thule-Gesellschaft. S. 256. Anm. 372.

642 Hans-Adolf Jacobsen: Karl Haushofer. Leben und Werk. Bd. I: Lebensweg 1869–1946 und ausgewählte Texte zur Geopolitik. Boppard am Rhein 1979. Hier wendet sich Jacobsen explizit gegen die Thesen Bronders und Pauwel/Bergiers, die er als »völlig aus der Luft gegriffen« bezeichnet (S. 451. Anm. 12). Die Besuche Haushofers in Landsberg galten im übrigen seinem Schüler Hess, nicht Adolf Hitler (ebd. S. 227 f.), auf den Haushofer nach dem Urteil Jacobsens (S. 448–464) keinen großen Einfluß ausübte. Von einer starken Prägung Hitlers durch Haushofer geht Bruno Hipler aus, der Hitlers Weltbild nahezu ausschließlich auf den Geopolitiker zurückführt. Auch er begreift Haushofer allerdings nicht als okkultistischen Lehrmeister des Parteiführers. Bruno Hipler: Hitlers Lehrmeister. Karl Haushofer als Vater der NS-Ideologie. St. Ottilien 1996.

643 »Haushofer, dem von okkulten und esoterischen Dingen fernstehenden Autoren wie seinem Biographen Hans-Adolf Jacobsen [...]

mediale, hellseherische Fähigkeiten nachgesagt werden [...]«. Carmin: Das schwarze Reich. S. 654 f.

644 Vgl. zur Geopolitik Frank Ebeling: Geopolitik. Karl Haushofer und seine Raumwissenschaft 1919–1945. Berlin 1994.

645 Brief von Heinz Haushofer an Christoph Lindenberg vom 18. 12. 1977, zitiert in: Christoph Lindenberg: Die Technik des Bösen. Zur Vorgeschichte und Geschichte des Nationalsozialismus. 3., unveränderte Aufl. Stuttgart 1985. S. 15. – Lindenberg gehört zwar dem anthroposophischen Spektrum an, kann aber nicht zu den Kryptohistorikern gezählt werden: Er zählte zu den ersten, die sich kritisch mit deren Publikationen auseinandersetzten.

646 Jacobsen: Karl Haushofer. S. 390. – Christoph Lindenberg vermutet, daß sich in diesem Gedicht ein Konflikt zwischen Vater und Sohn spiegelt (Lindenberg: Die Technik. S. 12).

647 Vgl. unten S. 163–166.

648 Marco Pasi: Aleister Crowley e la tentazione della politica. Milano 1999. Vgl. zum möglichen Einfluß Hitlers v. a. S. 87–92. Auf Pasis Erkenntnisse machte in Deutschland erstmals aufmerksam Hakl: Nationalsozialismus und Okkultismus. S. 199, 205. Vgl. auch Josef Dvorak: Satanismus. Geschichte und Gegenwart. Frankfurt a. M. 1989. S. 88 f.

649 Ravenscroft: Der Speer. S. 170.

650 Pauwels/Bergier: Aufbruch. S. 32 f.

651 Pauwels/Bergier: Aufbruch. S. 88.

652 Pauwels/Bergier: Aufbruch. S. 308. – Diese Auffassung scheint das erkenntnisleitende Prinzip vieler Kryptohistoriker zu sein: E. R. Carmin übernimmt es beinahe wörtlich (»Die Historiker, insbesondere die NS-Forscher, mögen sachlich sein, die Geschichte ist es nicht.«) und ergänzt in bezeichnender Weise: »Sie [die Geschichte, M. R.] ist ein weißes Blatt, das nach Belieben ausgefüllt werden kann.« Carmin: Das schwarze Reich. S. 15.

653 Serrano: Das Goldene Band. S. 369. – Serranos Ideen sind inspiriert von der Französin Maximiani Portas, die sich »Savitri Devi« nannte, eine obskure Mischung aus nationalsozialistischer Ideologie und Hinduismus propagierte und nach 1945 zu einer Kultfigur der rechten Szene Europas aufstieg. Vgl. zu ihrer Biographie Nicholas Goodrick-Clarke: Hitler's Priestess. Savitri Devi, the Hindu-Aryan-Myth and Neo-Nazism. New York/London 1998.

654 Serrano rekurriert hier auf zwei Mythen mit alter Tradition; vgl. die etwas reißerisch aufgemachten, aber materialreichen Bücher von Joscelyn Godwin: Arktos. The Polar Myth in Science, Sym-

bolism, and Nazi Survival. Grand Rapids 1993; Walter Kafton-Minkel: Subterranean WorldS. 100.000 years of dragons, dwarfs, the dead, lost races & UFOs from inside the earth. Port Townsend 1989.

655 Serrano: Das Goldene Band. S. 42.

656 Serrano: Das Goldene Band. S. 41.

657 Vgl. zu Wilhelm Landigs Thule-Trilogie Gugenberger/Schweidlenka: Weltverschwörungstheorien. S. 150 f.; Heller/Maegerle: Thule. S. 96–104.

658 Jesaiah Ben Aharon: Das spirituelle Ereignis des 20. Jahrhunderts. Eine Imagination. Die okkulte Bedeutung der zwölf Jahre von 1933 bis 1945 im Lichte der Geisteswissenschaft. Dornach 1994.

659 Yonassan Gershom: Hat die Seele von Hitler bereut? In: Ders. (Hg.): Kehren die Opfer des Holocaust wieder? Dornach 1997.

660 Eberhard Bizer: Die Wiederkehr der Staufer Kaiser. Die große Stauferimagination – ihre Bedeutung für Hitler und Rudolf Steiner. In: Jahrbuch für anthroposophische Kritik 1995. – Bizer geht davon aus, daß im deutschen Volk die Sehnsucht nach einer Rückkehr der Staufer lebt. Diesen Wunsch habe Hitler für sich ausgenutzt.

661 Ravenscroft: Der Speer. S. 104, 193 f.

662 Tautz: Der Eingriff. S. 54–73.

663 Johannes Tautz: Walter Johannes Stein. Eine Biographie. Dornach 1989.

664 Ravenscroft: Der Speer. S. 267–293; Tautz: Der Eingriff. S. 52; zuletzt Peter Tradowsky: Zeitschritte. Jahrhundertrückblick – Jahrhundertvorblick. Dornach 2000. S. 84.

665 Karl Heyer: Wenn die Götter den Tempel verlassen ... Wesen und Wollen des Nationalsozialismus und das Schicksal des deutschen Volkes. 2. Aufl. Freiburg i. Br. 1947; wieder als: Der Staat als Werkzeug des Bösen. 3. Aufl. Stuttgart 1965; wieder als: Wesen und Wollen des Nationalsozialismus. Basel 1991.

666 Lindenberg: Die Technik; Verweise auf weitere Arbeiten des Verfassers zum Thema ebd. S. 109.

667 Uwe Werner unter Mitwirkung von Christoph Lindenberg: Anthroposophen in der Zeit des Nationalsozialismus. 1933–1945. München 1999.

668 Carmin: Das schwarze Reich. S. 9. – Ganz ähnlich Otto Rudolf Braun: Hinter den Kulissen. S. 113: »Die NSDAP ist verboten, zerschlagen. Die eigentlichen Drahtzieher der Weltkatastrophe, die verschiedenen Geheimgesellschaften, bestehen weiter, wirken

weiter und wir dürfen abwarten, in welches Abenteuer sie die Welt demnächst stürzen werden.«

669 Verknüpfungen dieser Art sehen viele Vertreter der Kryptohistorie; z. B. Braun: Hinter den Kulissen. S. 78 ff.; am ausführlichsten Carmin: Das schwarze Reich. – Seriöse Darstellungen zur Geschichte des westlichen Okkultismus im 19. und 20. Jahrhundert fehlen weitgehend; vgl. einstweilen Hans-Jürgen Glowka: Deutsche Okkultgruppen 1875–1937. München 1981; Helmut Möller/Ellic Howe: Merlin Peregrinus. Vom Untergrund des Abendlandes. Würzburg 1986. – Die Bedeutung von Weltverschwörungstheorien im Umkreis von Esoterik und Rechtsextremismus untersuchen Gugenberger/Petri/Schweidlenka: Weltverschwörungstheorien.

670 Die nationalsozialistische Verschwörungs-Paranoia kreiste um eine freimaurerisch-jüdisch-kommunistische Verschwörung, dazu Norman Cohn: Die Protokolle der Weisen von Zion. Der Mythos von der jüdischen Weltverschwörung. Köln/Berlin 1969; Armin Pfahl-Traughber: Der antisemitisch-antifreimaurerische Verschwörungsmythos in der Weimarer Republik und im NS-Staat. Wien 1993. Vgl. zur ideengeschichtlichen Herleitung dieses Mythos Johannes Rogalla von Bieberstein: Die These von der Verschwörung 1776–1945. Philosophen, Freimaurer, Juden, Liberale und Sozialisten als Verschwörer gegen die Sozialordnung. Bern/Frankfurt a. M. 1976.

671 Braun: Hinter den Kulissen. S. 7.

672 van Helsing: Geheimgesellschaften. – Über dieses und weitere Bücher Jan van Helsings informieren umfassend Gugenberger/Petri/Schweidlenka: Weltverschwörungstheorien. S. 167–226.

673 Informationen über die rechte Ufologie ebd. S. 145–66, knapp auch bei Sünner: Schwarze Sonne. S. 164–170. – Die skurrilen Gerüchte, Hitler sei mit UFOs aus der Reichskanzlei geflohen, analysiert Wolfdieter Bihl: Der Tod Adolf Hitlers. Fakten und Überlebenslegenden. Wien/Köln/Weimar 2000. S. 165 ff. – Alle Legenden um die »Vril-Energie« widerlegt umsichtig Peter Bahn, vgl. ders./Heiner Gehring: Der Vril-Mythos. Eine geheimnisvolle Energieform in Esoterik, Technik und Therapie. Düsseldorf 1997.

674 Vgl. zuletzt Anton Joachimsthaler: Hitlers Ende. Legenden und Dokumente. München 1995; Ada Petrova/Peter Watson: The Death of Hitler. The Full Story with New Evidences from Secret Russian Archives. New York/London 1995; Ulrich Völklein (Hg.): Hitlers

Tod. Die letzten Tage im Führerbunker. Göttingen 1998; Bihl: Der Tod. – Vgl. zu den Legenden um Hitlers Überleben – neben dem Überblick bei Bihl (ebd., S. 136–171) Donald M. McKale: Hitler. The Survival Myth. Briarcliff Manor, N.Y. 1983.

675 Eine umfassende, quellengestützte Darstellung des Himmlerschen Okkultismus fehlt; vgl. einstweilen das Kapitel »Der Orden« bei Heinz Höhne: Der Orden unter dem Totenkopf. Die Geschichte der SS. Gütersloh 1967. S. 125–150; allgemein zu Himmlers Weltbild Josef Ackermann: Heinrich Himmler als Ideologe. Göttingen 1970; speziell zu seinem Geschichtsdenken Kroll: Utopie. S. 209–255. Auf kryptohistorische Autoren (Pauwels/Bergier) und Quellen (Rauschning) greift zurück John M. Steiner: Über das Glaubensbekenntnis der SS. In: Joachim Hütter/Reinhard Meyers/Dietrich Papenfuss (Hg.): Tradition und Neubeginn. Internationale Forschungen zur deutschen Geschichte im 20. Jahrhundert. Köln u. a. 1975. S. 317–335.

676 Vgl. Karl Hüser: Wewelsburg 1933–1945. Kult- und Terrorstätte der SS. Eine Dokumentation. Paderborn 1982.

677 Himmler begriff sich offenbar als Reinkarnation einer mittelalterlichen Persönlichkeit namens Heinrich; die Meinungen im Umkreis Himmlers gingen aber auseinander, ob sich Himmler auf Kaiser Heinrich I. (der Vogler, † 936) oder Herzog Heinrich den Löwen († 1195) bezog. Vgl. dazu Helmut Zander: Geschichte der Seelenwanderung in Europa. Alternative religiöse Traditionen von der Antike bis heute. Darmstadt 1999. S. 565 f. Von Himmlers Heinrich-Kult zeugen jedenfalls die baulichen Veränderungen im Braunschweiger Dom, vgl. dazu Karl Arndt: Mißbrauchte Geschichte: Der Braunschweiger Dom als politisches Denkmal 1935/45. In: Jochen Luckhardt/Franz Niehoff/Gerd Biegel (Hg.): Heinrich der Löwe und seine Zeit. Herrschaft und Repräsentation der Welfen 1125–1235. Katalog der Ausstellung Braunschweig 1995. Bd. 3. Abteilung Nachleben. München 1995. S. 88–95.

678 Einfluß auf Himmler übte der Okkultist Karl Maria Wiligut aus; vgl. Hans-Jürgen Lange: Karl Maria Wiligut. Himmlers Rasputin und seine Erben. Engerda 1998; daneben die apologetisch-spekulative Darstellung von Rudolf J. Mund: Der Rasputin Himmlers. Die Wiligut-Saga. Stuttgart o. J.; knapp zusammenfassend Gugenberger: Hitlers Visionäre. S. 93–108.

679 Vgl. Michael H. Kater: Das »Ahnenerbe« der SS 1935–1945. Ein Beitrag zur Kulturpolitik des Dritten Reiches. Stuttgart 1974; Ulrich Hunger: Die Runenkunde im Dritten Reich. Ein Beitrag zur

Wissenschafts- und Ideologiegeschichte des Nationalsozialismus. Frankfurt a. M. u. a. 1984.

680 Carmin: Das schwarze Reich. S. 280–289. – Zu Rauschning unten S. 163–166.

681 Ernst Kubin: Die Reichskleinodien. Ihr tausendjähriger Weg. Wien/München 1991. Vgl. v. a. das Kapitel »Ein Oberbürgermeister erfüllt sich einen Wunschtraum«, S. 15–41. Der aus zweiter Hand überlieferte Wunsch Hitlers, sich mit den Insignien selbst zu krönen, kann aus glaubwürdigen Quellen nicht belegt werden; vgl. ebd. S. 12 f.

682 Kroll: Die Reichsidee. S. 185 f.

683 Rauschning: Gespräche. S. 217. – Vgl. zu Rauschning S. 163–166.

684 Otto Rahn: Kreuzzug gegen den Gral. Die Geschichte der Albigenser. Freiburg i. Br. 1933; ders.: Luzifers Hofgesind – Reise zu Europas guten Geistern. Leipzig/Berlin 1937. Die beiden Bücher Rahns wurden jüngst neu aufgelegt: Hans-Jürgen Lange (Hg.): Otto Rahn. Leben & Werk. Engerda 1995; dort auch ein biographischer Abriß und Hinweise zur Rezeption Rahns (S. 17–92). Ausführlich zur Biographie Rahns Hans-Jürgen Lange: Otto Rahn und die Suche nach dem Gral. Biografie und Quellen. Engerda 1999; eher kryptohistorischen Charakter hat das Buch von Christian Bernadac: Montségur et la Graal. Le mystère Otto Rahn. Paris 1994. – Zur Rezeption des Gralsmythos im Nationalsozialismus Sünner: Schwarze Sonne. S. 92–102.

685 Pauwels/Bergier: Aufbruch. S. 373 ff.; ebenso Bronder: Bevor Hitler kam. S. 242 ff. Ähnlich abwegig Tautz: Der Eingriff. S. 36: »Dort [in Tibet, M. R.] kennt man die Lenkung der Menschen nach okkulten Grundsätzen, also das Geheimnis okkulter Menschenbeherrschung, das die deutschen Machthaber gesucht haben.« Das Entstehen des Nationalsozialismus führt er auf »den Einbruch dekadenter asiatischer Geistigkeit in Europa« zurück (S. 51). Tatsächlich interessierte sich Heinrich Himmler, nicht aber Hitler für Tibet und unterstützte eine Expedition in diese Region, vgl. Reinhard Greve: Tibetforschung im NS-Ahnenerbe. In: Thomas Hauschild (Hg.): Lebenslust und Fremdenfurcht. Ethnologie im Dritten Reich. Frankfurt a. M. 1995. S. 168–199. Rüdiger Sünner zitiert aus dem Erlebnisbericht eines Exkursionsteilnehmers, »der namentlich nicht genannt werden möchte« (S. 234. Anm. 140); vgl. Sünner: Schwarze Sonne. S. 47–51.

686 Der Magier Jan Erik Hanussen – mit bürgerlichem Namen Hermann Steinschneider – erfreute sich im Berlin der frühen dreißi-

ger Jahre großer Popularität. Eine neuere, sorgfältig recherchierte Biographie erörtert sämtliche Gerüchte über eine persönliche Bekanntschaft des Zauberkünstlers mit Hitler, die aber als unwahrscheinlich gelten muß. Vgl. Wilfried Kugel: Hanussen. Die wahre Geschichte des Hermann Steinschneider. Düsseldorf 1998. S. 185–187. Die Gerüchte von Hanussens Einfluß auf Hitler wurden aufgenommen u. a. von Poljak: Zertrümmertes Hakenkreuz. S. 11; Müllern-Schönhausen: Die Lösung. S. 118–178; Bronder: Bevor Hitler kam. S. 223; Knaut: Das Testament. S. 227 f. Auch populäre Hitler-Biographien verwendeten unkritisch die problematische »Quelle« Müllern-Schönhausen, so etwa John Toland: Adolf Hitler. Bergisch-Gladbach 1977.

687 Himmlers Interesse für Astrologie popularisierte in der Nachkriegszeit Wilhelm Th. H. Wulff: Tierkreis und Hakenkreuz. Als Astrologe an Himmlers Hof. Gütersloh 1968. Umfassende Aufklärung über tatsächliche astrologische Interessen in der NS-Führung leistet Ellic Howe: Uranias Kinder. Die seltsame Welt der Astrologen und das Dritte Reich. Weinheim 1995.

688 Diese Wurzel, die Hanussen im Auftrag Hitlers aus dem Schindanger Braunaus gegraben haben soll, spukte Anfang 1933 durch die hitlerfeindliche Presse. Johannes von Müllern-Schönhausen nahm die Berichte offenbar ernst; vgl. ders.: Die Lösung. S. 133–186. Dort auf S. 137 der Abdruck eines typischen satirischen Artikels, der von Müllern-Schönhausen auch als Satire erkannt wird. Dennoch vertritt er mit Nachdruck die These, Hitler habe an die Alraunenwurzel geglaubt.

689 Von solchen Aktionen berichtet auf deutscher Seite Walter Schellenberg: Memoiren. Köln 1956. S. 105; auf seiten der Briten befaßte sich damit Ellic Howe: Die schwarze Propaganda. Ein Insider-Bericht über die geheimsten Operationen des britischen Geheimdienstes im Zweiten Weltkrieg. München 1983. z. B. S. 249 ff.

690 Braun: Hinter den Kulissen. S. 8.

691 Der Wert dieser Biographie sollte nicht dadurch geschmälert werden, daß ihr Verfasser, der Anthroposoph Johannes Tautz, das Genre der Kryptohistorie selbst durch eine fragwürdige Schrift bereicherte (Tautz: Der Eingriff). Zur Person Steins vgl. deshalb Tautz: Walter Johannes Stein. Leider unterbleibt hier jede kritische Auseinandersetzung mit dem Bericht Ravenscrofts, dessen Buch Tautz nicht anführt, obwohl er möglicherweise einige Thesen für seine eigene Veröffentlichung zum okkultistischen Hintergrund des »Dritten Reiches« übernimmt.

692 Lindenberg: Die Technik. S. 109.

693 Ken Anderson: Hitler and the Occult. New York 1995. Vgl. zur Biographie Ravenscrofts S. 85–99, speziell zu Bill Ravenscroft S. 96 ff. Titel und Aufmachung der Monographie Andersons täuschen: Das Buch zählt nicht zur Kryptohistorie, sondern bemüht sich um Aufklärung.

694 Rauschning: Gespräche. – Schon Detlev Rose wies auf die hohe Bedeutung dieser Quelle für die Kryptohistorie hin; vgl. seine Analyse in ders.: Die Thule-Gesellschaft. S. 181–188. Auf diese »Quelle« stützen sich u. a. Pauwels/Bergier: Aufbruch. S. 339, 345 f., 369 f.; Braun: Hinter den Kulissen. S. 84; Kirchhoff: Nietzsche. S. 42 f. u. ö.; v. a. Carmin: Das schwarze Reich. Dort lange wörtliche Zitate, zu erschließen über das Register. Carmin hält, ungeachtet aller Quellenkritik, an Rauschning fest: Schließlich könne man »allenthalben etwas recht erfolgreich als Fälschung abqualifizieren, was nicht in den aktuellen politischen Kram paßt oder in das vorgeklitterte Geschichtsbild«. S. 625.

695 Rauschning: Gespräche. S. 6. bzw. 48.

696 Rauschning: Gespräche. S. 202.

697 Erstmals in deutscher Sprache als Anlage in: Theodor Schieder: Hermann Rauschnings »Gespräche mit Hitler« als Geschichtsquelle. Opladen 1972. S. 80–86.

698 Rauschning: Gespräche. S. 81.

699 Rauschning: Gespräche. S. 82. – Das »Medium« Hitler erfreut sich bei den Kryptohistorikern großer Beliebtheit: Vgl. etwa Pauwels/Bergier: Aufbruch. S. 369 (Braunau sei bekannt als »Pflanzstätte für Medien«); Tautz: Der Eingriff. S. 61 (Tautz spricht nie von Hitler, sondern nur von dem »Medium«); Braun: Hinter den Kulissen. S. 83 ff. – Auch seriöse Hitler-Biographen griffen diese Vorstellungen auf; vgl. etwa Hans-Bernd Gisevius: Adolf Hitler. Versuch einer Deutung. Stuttgart o. J. S. 46 ff.

700 Rauschning: Gespräche. S. 51. – Vgl. zu Hitlers tatsächlichen Ansichten die entsprechenden Kapitel dieses Buches.

701 Rauschning: Gespräche. S. 56.

702 Rauschning: Gespräche. S. 56. – Hitler wandte sich explizit gegen kirchliche Elemente im Nationalsozialismus, vgl. oben S. 68.

703 Rauschning: Gespräche. S. 230, ähnlich S. 238: Rauschning spricht hier von Hitlers Überzeugung, »daß der Mensch mit dem All in einer magischen Verbindung steht«.

704 Rauschning: Gespräche. S. 262.

705 Rauschning: Gespräche. S. 50 ff. Zitat S. 50.

706 Rauschning: Gespräche. S. 268.
707 Schieder: Hermann Rauschnings »Gespräche mit Hitler«. S. 62.
708 Schieder: Hermann Rauschnings »Gespräche mit Hitler«. S. 87.
709 Rauschning: Gespräche. S. 6.
710 Schieder: Hermann Rauschnings »Gespräche mit Hitler«. S. 24.
711 Wolfgang Hänel: Hermann Rauschnings »Gespräche mit Hitler« – eine Geschichtsfälschung. Überarbeitete Fassung des ungekürzten Vortrages auf der Tagung der Zeitgeschichtlichen Forschungsstelle Ingolstadt am 14. Mai 1983. Ingolstadt 1984; Fritz Tobias: Auch Fälschungen haben lange Beine. Des Senatspräsidenten Rauschnings »Gespräche mit Hitler«. In: Karl Corino (Hg.): Gefälscht! Betrug in Politik, Literatur, Wissenschaft, Kunst und Musik. 3. Aufl. Reinbek bei Hamburg 1990. S. 91–105.
712 Kritisch zu Hänel Martin Broszat: Enthüllung? Die Rauschning-Kontroverse. In: Nach Hitler. Der schwierige Umgang mit unserer Geschichte. Hg. v. Hermann Graml u. Klaus-Dietmar Henke. München 1986. S. 249 ff.; kritisch zu Hänel und Tobias Winfried Halder: Irrtum und Umkehr eines Konservativen. Hermann Rauschning und das Regime Hitlers. In: Frank-Lothar Kroll (Hg.): Deutsche Autoren des Ostens als Gegner und Opfer des Nationalsozialismus. Beiträge zur Widerstandsproblematik. Berlin 2000. S. 477, 497.
713 Zusammenfassend zum aktuellen Forschungsstand Eckhard Jesse: Hermann Rauschning – Der fragwürdige Kronzeuge. In: Ronald Smelser/Enrico Syring/Rainer Zitelmann (Hg.): Die braune Elite 2. 21 weitere biographische Skizzen. 2., aktual. Aufl. Darmstadt 1999. S. 193–205.
714 Wagener: Hitler. S. 480 f.
715 Vgl. Henry A. Turner: Einleitung des Herausgebers. In: Wagener: Hitler. S. I-XVII.
716 Wagener: Hitler. S. 142. Erwähnungen der Vorsehung auch S. 72, 265, 290. Auf die Führung von oben vertraut Hitler auch bei einem Autounfall: »Es konnte uns auch nichts passieren. Wir haben unsere Aufgabe noch nicht vollendet.« (S. 156).
717 Wagener: Hitler. S. 191.
718 Wagener: Hitler. S. 258. Ähnlich S. 295. – Unter dieser Lehre habe Hitler, so Wagener, einen »christlichen Sozialismus« verstanden (S. 257, 469).
719 Wagener: Hitler. S. 146 f. Längere Ausführungen zur Geschichte des Christentums S. 78 ff., 469 ff.

720 Wagener: Hitler. S. 258.
721 6.4.1922. Aufz. S. 600.
722 Wagener: Hitler. S. 331; ähnliche Berufungen Hitlers auf Christus S. 349.
723 Wagener: Hitler. S. 359; negative Äußerungen über die christlichen Kirchen auch S. 458.
724 Wagener: Hitler. S. 420.
725 Dies schließt nicht aus, daß Wagener die Äußerungen Hitlers zu anderen Sachverhalten zumindest inhaltlich zutreffender wiedergeben kann. Für eine Berücksichtigung Wageners Syring: Hitler. S. 296. Allgemein zur Person Wageners Henry Ashby Turner: Otto Wagener – Der vergessene Vertraute Hitlers. In: Smelser/Syring/Zitelmann (Hg.): Die braune Elite 2. S. 243–253.
726 Bezeichnenderweise verneint Wageners Hitler die Auferstehung: »Die Leiche Christi wurde entfernt, damit sie nicht Gegenstand der Verehrung [...] werden könne.« Wagener: Hitler. S. 469.
727 6.9.1938. Domarus. S. 893.
728 Timm: »In jener Stunde begann es«.

IV. ANALYSEN

729 Martin Broszat: Soziale Motivation und Führer-Bindung des Nationalsozialismus. In: VfZG 18 (1970). S. 407 ff.
730 Broszat: Soziale Motivation. S. 408.
731 Broszat: Soziale Motivation. S. 403.
732 So die bereits zitierte Formulierung von Mommsen: Nationalsozialismus. Sp. 702.
733 »Nationalsozialistische Mythen, Riten und Symbole« lautet der Untertitel einer Untersuchung über den Heldenkult des Nationalsozialismus. Sabine Behrenbeck: Der Kult um die toten Helden. Nationalsozialistische Mythen, Riten und Symbole. Vierow bei Greifswald 1996; theoretische Überlegungen zu den drei der Ethnologie entlehnten Begriffen S. 35–64. Die Begriffsinhalte überschneiden sich freilich – mehr als ein heuristisches Hilfsmittel, um die Vielzahl der Phänomene knapp und überschaubar darzustellen, soll die Aufgliederung an dieser Stelle nicht sein. Allgemeine Überlegungen zur religiös anmutenden Schauseite des NS-Staates auch bei Klaus Vondung: Magie und Manipulation. Ideologischer Kult und politische Religion des Nationalsozialismus. Göttingen 1971; George L. Mosse: Die Nationalisierung der

Massen. Politische Symbolik und Massenbewegungen von den Befreiungskriegen bis zum Dritten Reich. Frankfurt a. M./New York 1993. Vgl. dort Kapitel 9: Der politische Kult. S. 240–250; Klaus Vondung: »Gläubigkeit« im Nationalsozialismus. In: Hans Maier/Michael Schäfer (Hg.): »Totalitarismus« und »Politische Religionen«. Konzepte des Diktaturvergleichs. Bd. II. Paderborn u. a. 1997. S. 15–28. Einige zutreffende Einzelbeobachtungen auch bei Reichelt: Evangelium. Gute Zusammenfassungen zu einzelnen Problemfeldern bietet Peter Reichel: Der schöne Schein des Dritten Reiches. Faszination und Gewalt des Faschismus. München 1991.

734 Vgl. speziell zu den »Mythen«, außer den eben genannten Arbeiten, auch Klaus Vondung: Revolution als Ritual. Der Mythos des Nationalsozialismus. In: Dietrich Harth/Jan Assmann (Hg.): Revolution und Mythos. Frankfurt a. M. 1992. S. 206–218.

735 Beispiele für solche Texte etwa bei Hans Müller: Der pseudoreligiöse Charakter der nationalsozialistischen Weltanschauung. In: GWU 12 (1961). S. 337–352; bei Werner Hamerski: »Gott« und »Vorsehung« im Lied und Gedicht des Nationalsozialismus. In: Publizistik 5 (1960). S. 280–299.

736 Abgedruckt bei Müller: Der pseudoreligiöse Charakter. S. 343.

737 Vgl. S. 42–46. – Ein typisches Beispiel früher Hitler-Verehrung ist das in zahlreichen Auflagen verbreitete Buch von Georg Schott: Das Volksbuch vom Hitler. München 1924. Vgl. dort bes. die Kapitel »Der prophetische Mensch«, S. 37–47, »Der religiöse Mensch«, S. 54–64.

738 Das Lied der Getreuen. Verse ungenannter österreichischer Hitler-Jugend aus den Jahren der Verfolgung 1933–1937. Hg. u. eingel. v. Baldur von Schirach. Leipzig 1938. S. 15.

739 Vgl. das Kapitel »Feiertypen« bei Vondung: Magie. S. 70–113; außerdem Hans Günter Hockerts: Mythos, Kult und Feste. München im nationalsozialistischen »Feierjahr«. In: Richard Bauer u. a. (Hg.): München – »Hauptstadt der Bewegung«. Bayerns Metropole und der Nationalsozialismus. München 1993. S. 331–341; Hansjakob Becker: Liturgie im Dienst der Macht. Nationalsozialistischer Totenkult als säkularisierte christliche Paschafeier. In: Maier/Schäfer (Hg.): »Totalitarismus«. S. 37–65.

740 Zu den Reichsparteitagen Siegfried Zelnhefer: Die Reichsparteitage der NSDAP. Geschichte, Struktur und Bedeutung der größten Propagandafeste im nationalsozialistischen Feierjahr. Nürnberg 1991; Bernd Ogan/Wolfgang W. Weiß (Hg.): Faszination und

Gewalt. Zur politischen Ästhetik des Nationalsozialismus. Nürnberg 1992; Kulissen der Gewalt. Das Reichsparteitagsgelände in Nürnberg. Hg. v. Centrum Industriekultur. Mit Beiträgen v. Ernst Eichhorn u.a. München 1992; Yasmin Doosry: Die sakrale Dimension des Reichsparteitagsgeländes in Nürnberg. In: Richard Faber (Hg.): Politische Religionen - religiöse Politik. Würzburg 1997. S. 205–224; Yvonne Karow: Deutsches Opfer. Kultische Selbstauslöschung auf den Reichsparteitagen der NSDAP. Berlin 1997.

741 Die mystische Dimension der Hitlerschen Reden auf den Reichsparteitagen analysiert Hubert Cancik: »Wir sind jetzt eins«. Rhetorik und Mystik in einer Rede Hitlers (Nürnberg, 11.9.1936). In: Günter Kehrer (Hg.): Zur Religionsgeschichte der Bundesrepublik Deutschland. München 1980. S. 13–48.

742 Zu diesen Symbolen im engeren Sinne Karlheinz Weißmann: Schwarze Fahnen, Runenzeichen. Die Entwicklung der politischen Symbolik der deutschen Rechten zwischen 1890 und 1945. Düsseldorf 1991; außerdem Albrecht W. Thöne: Das Licht der Arier. Licht-, Feuer- und Dunkelsymbolik des Nationalsozialismus. München 1979.

743 Auf den Zusammenhang von politischen und architektonischen Visionen bei Adolf Hitler verwies Jochen Thies: Architekt der Weltherrschaft. Die »Endziele« Hitlers. Düsseldorf 1976; vgl. außerdem Manfred Hinz: Massenkult und Todessymbolik in der nationalsozialistischen Architektur. Köln 1984.

744 Karl Arndt: Die NSDAP und ihre Denkmäler oder: Das NS-Regime und seine Denkmäler. In: Ekkehard Mai/Gisela Schmirber (Hg.): Denkmal - Zeichen - Monument. Skulptur und öffentlicher Raum heute. München 1989. S. 69–81.

745 Claudia Schmölders: Hitlers Gesicht. Eine physiognomische Biographie. München 2000. S. 9.

746 Kershaw: Der Hitler-Mythos. S. 313. - Vgl. auch folgende Aufsätze Kershaws zu diesem Thema: Hitlers Popularität. Mythos und Realität im Dritten Reich. In: Hans Mommsen/Susanne Willems (Hg.): Herrschaftsalltag im Dritten Reich. Studien und Texte. Düsseldorf 1988. S. 24–48; The Führer Image and Political Integration. The Popular Conception of Hitler in Bavaria during the Third Reich. In: Gerhard Hirschfeld/Lothar Kettenacker (Hg.): Der »Führerstaat«. Mythos und Realität. Studien zur Struktur und Politik des Dritten Reiches. Stuttgart 1981. S. 133–163. - Auf die pseudoreligiöse Dimension des Führer-Kultes verweist auch

Jörg Bohse: Inszenierte Kriegsbegeisterung und ohnmächtiger Friedenswille. Meinungslenkung und Propaganda im Nationalsozialismus. Stuttgart 1988. S. 124.

747 Der nationale Sozialist für Sachsen. 9. 1. 1927. Zitiert nach: Dokumente zu Hitlers Popularität im Dritten Reich. In: Mommsen/ Willems (Hg.): Herrschaftsalltag. S. 54.

748 Kurt Sontheimer: Antidemokratisches Denken in der Weimarer Republik. Die politischen Ideen des deutschen Nationalismus zwischen 1918 und 1933. 4. Aufl. München 1994. Vgl. dort das Kapitel »Der Ruf nach dem Führer«, S. 214–222, Zitate S. 217 f.; außerdem Stefan Breuer: Anatomie der konservativen Revolution. 2., durchges. u. korr. Aufl. Darmstadt 1995. S. 96–104. Zur oft nur unklar vorgenommenen Abgrenzung von »Konservativer Revolution« – in deren Umkreis die Führer-Sehnsucht stark lebte – und Nationalsozialismus jetzt Frank-Lothar Kroll: Konservative Revolution und Nationalsozialismus. Aspekte und Perspektiven ihrer Erforschung. In: Caspar von Schrenck-Notzing (Hg.): Stand und Probleme der Erforschung des Konservatismus. Berlin 2000. S. 103–118.

749 Vgl. Lothar Kettenacker: Der Mythos vom Reich. In: Karl Heinz Bohrer (Hg.): Mythos und Moderne. Begriff und Bild einer Rekonstruktion. Frankfurt a. M. 1983. S. 261–289; Frank-Lothar Kroll: Die Reichsidee im Nationalsozialismus. In: Franz Bosbach/Hermann Hiery in Zusammenarbeit mit Christoph Kampmann (Hg.): Imperium, Empire, Reich. Ein Konzept politischer Herrschaft im deutsch-britischen Vergleich. München 1999. S. 179–196.

750 Kershaw: Der Hitler-Mythos. S. 58 f.

751 Dokumente. S. 58.

752 Deutschland-Berichte der Sozialdemokratischen Partei Deutschlands (Sopade) 1934–1940. Hg. v. Klaus Behnken. Bd. 6. Sechster Jahrgang 1939. Frankfurt a. M. 1980. S. 441.

753 Kershaw: Der Hitler-Mythos. Volksmeinung und Propaganda im Dritten Reich. Stuttgart 1980. S. 60. Es handelt sich hier um die ursprüngliche Fassung des 1999 als vollständig überarbeitete Neuausgabe erschienenen Buches, die sich stärker auf Bayern konzentrierte und in dieser Hinsicht mehr Material bietet; fortan zitiert als Kershaw: Der Hitler-Mythos (1980).

754 Kershaw: Der Hitler-Mythos. S. 98.

755 Aussage einer anonymen, damals nationalsozialistisch eingestellten Zeitzeugin. In: Lothar Steinbach (Hg.): Ein Volk, ein Reich, ein Glaube? Ehemalige Nationalsozialisten und Zeit-

zeugen berichten über ihr Leben im Dritten Reich. Bonn 1995. S. 85.

756 Die kirchliche Lage in Bayern nach den Regierungspräsidentenberichten 1933–1943. Bd. IV. Regierungsbezirk Niederbayern und Oberpfalz. Bearb. v. Walter Ziegler. Mainz 1973. S. 117 f.

757 Nach Hans-Jochen Gamm: Der Flüsterwitz im Dritten Reich. Mündliche Dokumente zur Lage der Deutschen während des Nationalsozialismus. Überarb. u. erw. Ausg. München 1990. S. 156. – Weitere Witze aus dem Bereich Nationalsozialismus/Religion ebd. S. 150–158.

758 In ihrer Studie zur kriegsvorbereitenden Propaganda berücksichtigt Jutta Sywottek den Hitler-Mythos nicht. Dennoch dürfte das nahezu unbegrenzte Vertrauen der Bevölkerung in den Diktator die Bereitschaft verstärkt haben, den Kriegsausbruch weitgehend protestlos hinzunehmen. Dies.: Mobilmachung für den totalen Krieg. Die propagandistische Vorbereitung der deutschen Bevölkerung auf den Zweiten Weltkrieg. Opladen 1976.

759 In seiner Studie zur deutschen Kriegspropaganda wies Jay W. Baird auf Parallelen zwischen nationalsozialistischer und christlicher Heilsgeschichte hin, die in der Selbstdarstellung des Regimes im Weltkrieg besonders ins Auge fallen. Jay W. Baird: The Mythical World of Nazi War Propaganda 1939–1945. Minneapolis 1974. S. 10.

760 Kershaw: Der Hitler-Mythos (1980). S. 128.

761 Kershaw: Der Hitler-Mythos. S. 218–221.

762 Zitiert nach Kershaw: Der Hitler-Mythos. S. 260.

763 Dokumente. S. 86 f.

764 Kershaw: Der Hitler-Mythos. S. 263; ähnliche Äußerungen in: Dokumente. S. 93 f. Reaktionen auf das Attentat auch bei Steinert: Hitlers Krieg. S. 478.

765 Steinert: Hitlers Krieg. S. 402.

766 Kershaw: Der Hitler-Mythos. S. 272. – Das schnelle Erlöschen des Hitler-Glaubens 1945 zeigt einmal mehr, daß die nationalsozialistische Propaganda ihr Ziel, den Hitler-Glauben unverrückbar im Bewußtsein der Deutschen zu verankern, nicht erreichte. Die Verehrung des »Führers« hatte Erfolge zur Voraussetzung. Deshalb bestreitet Lothar Kettenacker die Wirkungsmacht des Führer-Kultes nicht ohne Grund. Er verweist statt dessen auf die Mentalität des Kleinbürgers, der sich in vielen Werthaltungen Hitlers wiedererkannte. Wahrscheinlich wird man beide Aspekte verbinden müssen; eine monokausale Erklärung muß hier – wie

stets – scheitern. Lothar Kettenacker: Sozialpsychologische Aspekte der Führer-Herrschaft. In: Hirschfeld/Kettenacker (Hg.): Der »Führerstaat«. S. 98–132.

767 Kershaw: Der Hitler-Mythos (1980). S. 193.

768 Alois Hudal: Die Grundlagen des Nationalsozialismus. Eine ideengeschichtliche Untersuchung von katholischer Warte. 5. Aufl. Leipzig/Wien 1937.

769 Die Äußerung fiel im Rahmen einer Predigt, die sich ansonsten äußerst kritisch mit dem Nationalsozialismus und seinen Vertretern auseinandersetzte. In: Die kirchliche Lage in Bayern nach den Regierungspräsidentenberichten 1933–1943. Bd. I. Regierungsbezirk Oberbayern. Bearb. v. Helmut Witetschek. Mainz 1966. S. 196.

770 Reaktionen aus den Kirchen auf das Attentat in: Berichte des SD und der Gestapo über Kirchen und Kirchenvolk in Deutschland 1934–1944. Bearb. v. Heinz Boberach. Mainz 1971. S. 371 f. (evangelische Kirchen), S. 373 f. (katholische Kirche).

771 Meldungen aus dem Reich Nr. 202. 14. 7. 1941. In: Berichte. S. 528. – Hinweise auf derartige Vereinnahmungsversuche auch bei Kershaw: Der Hitler-Mythos. S. 136–143.

772 Berichte. S. 528.

773 Berichte. S. 875.

774 Steinert: Hitlers Krieg. S. 176. Goebbels sah diese Versuche als Gefahr: »Der Begriff ›Führer‹ sei, bevor die Partei ihn schuf, niemals auf Christus angewandt worden. Wenn dieser Begriffsfälschung nicht mit aller Schärfe ein Riegel vorgeschoben werde, hätten die Kirchen die Möglichkeit, mit durchsichtiger Perfidie überhaupt jeden deutschen Staatsbegriff zu entwerten.« Willi A. Boelcke (Hg.): Kriegspropaganda 1939–1941. Geheime Ministerkonferenzen im Reichspropagandaministerium. Stuttgart 1966. S. 592. Ähnlich ebd. S. 372, 529.

775 Vgl. z. B. Romano Guardini: Was Jesus unter der Vorsehung versteht. Würzburg 1939. – Ähnlich die Erklärung einer Karlsruher Kapitelkonferenz, die den Vorsehungs-Begriff christlicher Prägung gegen die fatalistische Schicksalsergebenheit anführte, wie sie das Regime im Krieg forderte. Vgl. Berichte. S. 754.

776 Berichte. S. 447.

777 Pius XI.: Mit brennender Sorge. In: Acta Apostolicae Sedis 29 (1937). S. 148.

778 Als Einführung in das Problemfeld »Politische Religionen« empfehlen sich: Philippe Burrin: Political Religion. The Relevance of

a Concept. In: History and Memory 9 (1997). S. 321–349; Hans Maier: Politische Religionen. Die totalitären Regime und das Christentum. Freiburg i. Br./Basel/Wien 1995; Jean-Pierre Sironneau: Sécularisation et religions politiques. La Haye 1982. – Vgl. auch die folgenden Sammelbände: Hermann Lübbe (Hg.): Heilserwartung und Terror. Politische Religionen des 20. Jahrhunderts. Düsseldorf 1995; Hans Maier (Hg.): »Totalitarismus« und »Politische Religionen«. Konzepte des Diktaturvergleichs. Paderborn u. a. 1996 (v. a. die Aufsätze von Linz und Maier); außerdem die bereits zitierten Bände von Maier/Schäfer (Hg.): »Totalitarismus« (v. a. die Aufsätze von Behrens und Maier); Ley/Schoeps (Hg.): Der Nationalsozialismus (v. a. der Aufsatz von Burrin); Hans Maier (Hg.): Wege in die Gewalt. Die modernen politischen Religionen. Frankfurt a. M. 2000 (v. a. der Aufsatz von Gentile).

779 Hans Buchheim: Despotie, Ersatzreligion, Religionsersatz. In: Maier (Hg.): »Totalitarismus«. S. 262.

780 Eric Voegelin: Politische Religionen (1938). Hg. u. mit einem Nachwort vers. v. Peter J. Opitz. München 1993. S. 17. – Zum Denken Voegelins und seinem Konzept der »Politischen Religion« bzw. der neuzeitlichen Gnosis Peter J. Opitz: Nachwort. In: Voegelin: Politische Religionen. S. 69–84; Dietmar Herz: Der Begriff der »politischen Religionen« im Denken Eric Voegelins. In: Maier (Hg.): »Totalitarismus«. S. 191–209; Hans-Christof Kraus: Eric Voegelin redivivus? Politische Wissenschaft als Politische Theologie. In: Ley/Schoeps (Hg.): Der Nationalsozialismus. S. 74–88.

781 Letzteres Merkmal klassifiziert Maier als »kirchensoziologisch« und trennt es so von der Liste der »religionsphänomenologischen Merkmale«. Vgl. ders.: Konzepte. S. 244–247. – Als »Kirche« bezeichnete man den Nationalsozialismus seltener, so aber Shlomo Aronson: Gedanken zum religiösen Hintergrund des Nationalsozialismus. In: Shemaryahu Talmon/Gregor Siefer (Hg.): Religion und Politik in der Gesellschaft des 20. Jahrhunderts. Bonn 1978. S. 72–89.

782 Sein in die vierziger Jahre zurückreichendes Konzept der »säkularen Religion« erläutert Aron ausführlich in: Opium für Intellektuelle oder Die Sucht nach Weltanschauung. Köln/Berlin 1957. – Neben Voegelin und Aron arbeiteten schon in den dreißiger und vierziger Jahren zahlreiche weitere Wissenschaftler mit dem Konzept der »politischen Religion« oder verwandten Modellen, so etwa in Deutschland Hans-Joachim Schoeps. Vgl. zu diesem Gary

Lease: Nationalsozialismus und Religion. Eine Mythologie unserer Zeit. In: ZRGG 40 (1988). S. 97–111.

783 Hans Maier: »Politische Religionen«. Möglichkeiten und Grenzen eines Begriffs. In: Ders./Schäfer (Hg.): »Totalitarismus«. S. 306. – Allgemeine Überlegungen zum Spannungsverhältnis der Termini »Religion« und »Politischer Religion« bei Mathias Behrens: »Politische Religion« – eine Religion? Bemerkungen zum Religionsbegriff. In: Maier/Schäfer (Hg.): »Totalitarismus«. S. 249–269.

784 Die grundsätzliche Differenz von politik- und geschichtswissenschaftlichem Ansatz spiegelt eine Kontroverse zwischen Claus-Ekkehard Bärsch und Hans Mommsen. Vgl. Maier/Schäfer (Hg.): »Totalitarismus«. S. 191–200. Theoretische Probleme mit Blick auf die Erkenntnis Hitlerschen Denkens erörterte zuletzt Barbara Zehnpfennig: Hitlers »Mein Kampf«. S. 13–36, bes. S. 27.

785 Auf den Aspekt der Ideologie beschränkt sich Bärsch: Die politische Religion; Michael Burleigh behauptet zwar, das Erklärungsmodell der »politischen Religion« zur Grundlage seiner »Gesamtdarstellung« (Untertitel) zu machen, rekurriert aber in seiner eher narrativ angelegten Geschichte des Nationalsozialismus kaum auf das Konzept Voegelins. Vgl. Burleigh: Die Zeit. S. 13–41.

786 Vgl. oben S. 66–68.

787 Auch Forscher, die ihre Interpretation des Nationalsozialismus auf Voegelin abstützen, sehen in Hitlers religiösen Vorstellungen mehr als nur »eine reine Immanentisierung der Transzendenz« – so Claus-Ekkehard Bärsch: [Diskussionsbeitrag]. In: Maier/Schäfer (Hg.): »Totalitarismus«. S. 33; ähnlich Burleigh: Die Zeit. S. 28.

788 Vgl. oben S. 63 f.

789 Vgl. oben S. 68.

790 Die Heterogenität der NS-Ideologien arbeitete erstmals umfassend Frank-Lothar Kroll heraus, vgl. ders.: Utopie; auf die Inkohärenz speziell der religiösen Vorstellungen verwies Hans Mommsen: Nationalsozialismus als politische Religion. In: Maier/Schäfer (Hg.): »Totalitarismus«. S. 180 f. Zu sehr vereinheitlicht Robert A. Pois die heterogenen Vorstellungen führender NS-Ideologen über Religion; vgl. ders.: National Socialism and the religion of nature. London/Sydney 1986; ebenso Bärsch: Die politische Religion.

791 Bärsch: [Diskussionsbeitrag]. In: Maier/Schäfer (Hg.): »Totalitarismus«. Zitate S. 193 bzw. 194 f.

792 Michael Ley: Genozid und Heilserwartung. Zum nationalsoziali-

stischen Mord am europäischen Judentum. Mit einem Vorwort v. Leon Poliakov. Wien 1993; ders.: Apokalyptische Bewegungen in der Moderne. In: Ley/Schoeps (Hg.): Der Nationalsozialismus. S. 12–29. Dieser Aufsatz, die Einleitung der erstgenannten Monographie sowie andere Studien in: Ders.: Apokalypse und Moderne. Aufsätze zu politischen Religionen. Wien 1997.

793 Eric Voegelin: Wissenschaft, Politik und Gnosis. München 1959; Micha Brumlik: Die Gnostiker. Der Traum von der Selbsterlösung des Menschen. Frankfurt a. M. 1992; Harald Strohm: Die Gnosis und der Nationalsozialismus. Frankfurt a. M. 1997.

794 Bärsch: Die politische Religion. S. 375.

795 Bärsch: Die politische Religion. S. 381.

796 30. 1. 1943. Domarus. S. 1979. – Vgl. zu Hitlers sozialdarwinistischem Gott oben S. 68–70.

797 Kritische Anmerkungen zur These einer Judenopferung auch bei Manfred Voigts: Hitler als Messias. Anmerkungen zu Michael Ley: Genozid und Heilserwartung. In: ZRGG 48 (1996). S. 175 f.

798 Bärsch: Die politische Religion. S. 382.

799 Bärschs Totalerklärung des Holocaust scheitert aus ähnlichen Gründen wie der heftig umstrittene Deutungsversuch Goldhagens (Daniel Jonah Goldhagen: Hitlers willige Vollstrecker. Ganz gewöhnliche Deutsche und der Holocaust. Berlin 1996): Beide konzentrieren sich auf ein Handlungsmotiv, das sicherlich einige Täter geleitet haben dürfte – doch keinesfalls alle, die an der Judenvernichtung beteiligt waren. Vgl. zu Goldhagen Julius H. Schoeps: Ein Volk von Mördern? Die Dokumentation zur Goldhagen-Kontroverse um die Rolle der Deutschen im Holocaust. Hamburg 1996; Heil/Erb (Hg.): Geschichtswissenschaft.

800 Vgl. v. a. Kroll: Utopie.

801 Dieses Gnosis-Verständnis wird ausführlich dargelegt von Harald Strohm: Die Gnosis. S. 7–12 u. ö.; ebenfalls rekurriert auf solche Vorstellungen Michael Ley, vgl. z. B. ders.: Genozid. S. 33; ders.: Apokalyptische Bewegungen. S. 25 f. Von einem triadischen Geschichtsmodell im Denken Hitlers geht auch Gunnar Heinsohn aus, der allerdings nicht von Gnosis spricht; vgl. ders.: Was wollte Hitler? Auschwitz und die Lehre von den drei Weltzeitaltern. Bremen 1996.

802 Kroll: Utopie. S. 44–64; Zehnpfennig: Hitlers »Mein Kampf«; speziell zu den apokalyptischen Zügen der Hitlerschen Weltanschauung Klaus Vondung: Die Apokalypse in Deutschland. München 1988. Die völkischen Traditionen, in denen sich Hitler hier

partiell bewegte, analysiert Ekkehard Hieronimus: Dualismus und Gnosis in der völkischen Bewegung. In: Jacob Taubes (Hg.): Religionstheorie und Politische Theologie. Bd. 2: Gnosis und Politik. München u.a. 1984. S. 82–89.

803 Bärsch: Die politische Religion. S. 357 f.

804 Michael Pauen: Dithyrambiker des Untergangs. Gnostizismus in Ästhetik und Philosophie der Moderne. Berlin 1994.

805 Ähnliche Deutungen der abendländischen Geschichte prägen die Werke von Norman Cohn: Das Ringen um das Tausendjährige Reich. Revolutionärer Messianismus im Mittelalter und sein Fortleben in den modernen totalitären Bewegungen. Bern/München 1961; James W. Rhodes: The Hitler Movement. A Modern Millenarian Revolution. Stanford 1980.

806 Eric Voegelin: Religionsersatz. Die gnostischen Massenbewegungen unserer Zeit. In: Wort und Wahrheit 15 (1960). S. 5–18. – Kritisch zu Voegelin und seinem Gnosis-Verständnis Richard Faber: Eric Voegelin – Gnosis-Verdacht als polit(olog)isches Strategem. In: Jacob Taubes (Hg.): Gnosis und Politik. München u.a. 1984. S. 230–248.

807 Ley: Genozid.

808 Brumlik: Die Gnostiker; vgl. auch die Rezension dieses Buches von Michael Pauen in: Deutsche Zeitschrift für Philosophie 41 (1993). S. 777 f.

809 Pauen: Dithyrambiker. S. 12.

810 »Die Flucht der Gnostiker aus einem wahrhaftig heillosen, verwirrenden und erdrückenden Zustand der Welt ist verständlich. Aber die Ordnung der alten Welt wurde erneuert durch die Bewegung, die sich bemühte, das ›ernste Spiel‹ (um Platons Formel zu gebrauchen) durch liebendes Tun wieder in Gang zu bringen – durch das Christentum.« Voegelin: Wissenschaft. S. 19.

811 Hitler formulierte seine diesbezüglichen Zweifel häufig, vgl. dazu oben S. 77–89.

812 Tischgespräch. 24.10.1941. Heim. S. 104 f.

QUELLEN- UND LITERATURVERZEICHNIS

Ach, Manfred/Clemens Pentrop: Hitlers »Religion«. Pseudoreligiöse Elemente im nationalsozialistischen Sprachgebrauch. 4. Aufl. München 1991.

Ackermann, Josef: Heinrich Himmler als Ideologe. Göttingen 1970.

Aharon, Jesaiah Ben: Das spirituelle Ereignis des 20. Jahrhunderts. Eine Imagination. Die okkulte Bedeutung der zwölf Jahre von 1933 bis 1945 im Lichte der Geisteswissenschaft. Dornach 1994.

Alleau, René: Hitler et les sociétés secrètes. Enquête sur les sources occultes du nazisme. Paris 1969.

Ambelain, Robert: Les arcanes noirs de l'hitlèrisme. 1848–1945. L'histoire occulte et sanglante du pangermanisme. Paris 1990.

Anderson, Ken: Hitler and the Occult. New York 1995.

Angebert, Jean-Michel: Hitler et la tradition cathare. Paris 1971.

Anonymus: Mein Freund Hitler. In: Moravsky ilustrovany zpravodaj (= Mährischer illustrierter Beobachter). 40 (1935). S. 10f. Zitiert nach: Brigitte Hamann: Hitlers Wien. Lehrjahre eines Diktators. München/Zürich 1996.

Arndt, Karl: Die NSDAP und ihre Denkmäler oder: Das NS-Regime und seine Denkmäler. In: Ekkehard Mai/Gisela Schmirber (Hg.): Denkmal – Zeichen – Monument. Skulptur und öffentlicher Raum heute. München 1989. S. 69–81.

Arndt, Karl: Mißbrauchte Geschichte. Der Braunschweiger Dom als politisches Denkmal 1935/45. In: Jochen Luckhardt/Franz Niehoff zusammen mit Gerd Biegel (Hg.): Heinrich der Löwe und seine Zeit. Herrschaft und Repräsentation der Welfen 1125–1235. Katalog der Ausstellung Braunschweig 1995. Bd. 3. Abteilung Nachleben. München 1995. S. 88–95.

Aron, Raymond: Opium für Intellektuelle oder Die Sucht nach Weltanschauung. Köln/Berlin 1957.

Aronson, Shlomo: Gedanken zum religiösen Hintergrund des Nationalsozialismus. In: Shemaryahu Talmon/Gregor Siefer (Hg.): Religion und Politik in der Gesellschaft des 20. Jahrhunderts. Bonn 1978. S. 72–89.

Auerbach, Hellmuth: Hitlers politische Lehrjahre und die Münchner Gesellschaft 1919–1923. In: VfZG 25 (1977). S. 1–45.

Bärsch, Claus-Ekkehard: Alfred Rosenbergs »Mythus des 20. Jahrhunderts« als politische Religion. In: Hans Maier/Michael Schäfer (Hg.):

»Totalitarismus« und »Politische Religion«. Konzepte des Diktaturvergleichs. Bd. II. Paderborn u. a. 1997. S. 227–248.

Bärsch, Claus-Ekkehard: Die politische Religion des Nationalsozialismus. Die religiöse Dimension der NS-Ideologie in den Schriften von Dietrich Eckart, Joseph Goebbels, Alfred Rosenberg und Adolf Hitler. München 1998.

Bahn, Peter/Heiner Gehring: Der Vril-Mythos. Eine geheimnisvolle Energieform in Esoterik, Technik und Therapie. Düsseldorf 1997.

Baird, Jay W.: The Mythical World of Nazi War Propaganda 1939–1945. Minneapolis 1974.

Bauer, Richard u. a. (Hg.): München – »Hauptstadt der Bewegung«. Bayerns Metropole und der Nationalsozialismus. München 1993.

Baumgärtner, Raimund: Weltanschauungskampf im Dritten Reich. Die Auseinandersetzung der Kirchen mit Alfred Rosenberg. Mainz 1977.

Becker, Hansjakob: Liturgie im Dienst der Macht. Nationalsozialistischer Totenkult als säkularisierte christliche Paschafeier. In: Hans Maier/Michael Schäfer (Hg.): »Totalitarismus« und »Politische Religionen«. Bd. II. Paderborn u. a. 1997. S. 37–65.

Behrenbeck, Sabine: Der Kult um die toten Helden. Nationalsozialistische Mythen, Riten und Symbole. Vierow bei Greifswald 1996.

Behrens, Mathias: »Politische Religion« – eine Religion? Bemerkungen zum Religionsbegriff. In: Hans Maier/Michael Schäfer (Hg.): »Totalitarismus« und »Politische Religionen«. Konzepte des Diktaturvergleichs. Bd. II. Paderborn u. a. 1997. S. 249–269.

Bellmund, Klaus/Kareel Siniveer: Kulte, Führer, Lichtgestalten. Esoterik als Mittel rechtsradikaler Propaganda. München 1997.

Berichte des SD und der Gestapo über Kirchen und Kirchenvolk in Deutschland 1934–1944. Bearbeitet von Heinz Boberach. Mainz 1971.

Bernadac, Christian: Montségur et la Graal. Le mystère Otto Rahn. Paris 1994.

Bieberstein, Johannes Rogalla von: Die These von der Verschwörung 1776–1945. Philosophen, Freimaurer, Juden, Liberale und Sozialisten als Verschwörer gegen die Sozialordnung. Bern/Frankfurt a. M. 1976.

Bihl, Wolfdieter: Der Tod Adolf Hitlers. Fakten und Überlebenslegenden. Wien/Köln/Weimar 2000.

Binion, Rudolph: ». . . und daß ihr mich gefunden habt«. Hitler und die Deutschen: eine Psychohistorie. Stuttgart 1978.

Bizer, Eberhard: Die Wiederkehr der Staufer Kaiser. Die große Staufer-

imagination – ihre Bedeutung für Hitler und Rudolf Steiner. In: Jahrbuch für anthroposophische Kritik 1995.
Boehringer, Robert: Mein Bild von Stefan George. 2., erg. Aufl. Düsseldorf/München 1967.
Boelcke, Willi A. (Hg.): Kriegspropaganda 1939–1941. Geheime Ministerkonferenzen im Reichspropagandaministerium. Stuttgart 1966.
Bohse, Jörg: Inszenierte Kriegsbegeisterung und ohnmächtiger Friedenswille. Meinungslenkung und Propaganda im Nationalsozialismus. Stuttgart 1988.
Borchmeyer, Dieter: Richard Wagner und der Antisemitismus. In: Ulrich Müller/Peter Wapnewski (Hg.): Richard-Wagner-Handbuch. Stuttgart 1986. S. 137–161.
Borchmeyer, Dieter/Ami Maayani/Susanne Vill (Hg.): Richard Wagner und die Juden. Stuttgart/Weimar 2000.
Bowen, Robert: Universal Ice. Science and Ideology in the Nazi State. London 1993.
Bracher, Karl Dietrich/Manfred Funke/Hans-Adolf Jacobsen (Hg.): Deutschland 1933–1945. Neue Studien zur nationalsozialistischen Herrschaft. 2., erg. Aufl. Bonn 1993.
Braun, Otto Rudolf: Hinter den Kulissen des Dritten Reiches. Geheime Gesellschaften machen Weltpolitik. Markt Erlbach 1987.
Brennan, J. H.: Occult Reich. London 1974.
Breuer, Stefan: Anatomie der konservativen Revolution. 2., durchges. und korr. Aufl. Darmstadt 1995.
Brissaud, André: Hitler et l'ordre noir. Histoire secrète du national-socialisme. Paris 1969.
Bronder, Dietrich: Bevor Hitler kam. Eine historische Studie. Hannover 1964.
Broszat, Martin: Enthüllung? Die Rauschning-Kontroverse. In: Nach Hitler. Der schwierige Umgang mit unserer Geschichte. Hg. v. Hermann Graml u. Klaus-Dietmar Henke. München 1986. S. 249–251.
Broszat, Martin: Soziale Motivation und Führer-Bindung des Nationalsozialismus. In: VfZG 18 (1970). S. 392–407.
Brumlik, Micha: Die Gnostiker. Der Traum von der Selbsterlösung des Menschen. Frankfurt a. M. 1992.
Buchheim, Hans: Despotie, Ersatzreligion, Religionsersatz. In: Hans Maier (Hg.): »Totalitarismus« und »Politische Religionen«. Paderborn u. a. 1996. S. 260–263.
Bullock, Alan: Hitler. Eine Studie über Tyrannei. Vollständig überarb. Neuausgabe Düsseldorf 1969.

Burleigh, Michael: Die Zeit des Nationalsozialismus. Eine Gesamtdarstellung. Frankfurt a. M. 2000.

Burrin, Philippe: Political Religion. The Relevance of a Concept. In: History and Memory 9 (1997). S. 321–352.

Calic, Edouard: Ohne Maske. Hitler-Breiting Geheimgespräche 1931. Frankfurt a. M. 1968.

Cancik, Hubert: »Neuheiden« und totaler Staat. Völkische Religion am Ende der Weimarer Republik. In: Ders. (Hg.): Religions- und Geistesgeschichte der Weimarer Republik. Düsseldorf 1982. S. 176–212.

Cancik, Hubert: »Wir sind jetzt eins«. Rhetorik und Mystik in einer Rede Hitlers (Nürnberg, 11. 9. 1936). In: Günter Kehrer (Hg.): Zur Religionsgeschichte der Bundesrepublik Deutschland. München 1980. S. 13–48.

Carmin, E.R.: Das schwarze Reich. Geheimgesellschaften und Politik im 20. Jahrhundert. München 1997.

Carmin, E. R.: »Guru« Hitler. Zürich 1985.

Carr, Joseph J.: The Twisted Cross. Lafayette 1985.

Carr, William: Adolf Hitler. Persönlichkeit und politisches Handeln. Stuttgart u. a. 1980.

Chamberlain, Houston Stewart: Die Grundlagen des 19. Jahrhunderts. Ungekürzte Volksausgabe München 1932.

Chamberlain, Houston Stewart: Mensch und Gott. Betrachtungen über Religion und Christentum. München 1921.

Châtellier, Hildegard: Wagnerismus in der Kaiserzeit. In: Uwe Puschner/Walter Schmitz/Justus H. Ulbricht (Hg.): Handbuch zur »Völkischen Bewegung« 1871–1918. München u. a. 1996. S. 575–612.

Cohn, Norman: Das Ringen um das Tausendjährige Reich. Revolutionärer Messianismus im Mittelalter und sein Fortleben in den modernen totalitären Bewegungen. Bern/München 1961.

Cohn, Norman: Die Protokolle der Weisen von Zion. Der Mythos von der jüdischen Weltverschwörung. Köln/Berlin 1969.

Cornish, Kimberley: Der Jude aus Linz. Hitler und Wittgenstein. Berlin 1998.

Daim, Wilfried: Der Mann, der Hitler die Ideen gab. Jörg Lanz von Liebenfels. 3., erw. u. verb. Aufl. Wien 1994.

Das Lied der Getreuen. Verse ungenannter österreichischer Hitler-Jugend aus den Jahren der Verfolgung 1933–1937. Hg. u. eingel. v. Baldur von Schirach. Leipzig 1938.

Deutschland-Berichte der Sozialdemokratischen Partei Deutschlands (Sopade) 1934–1940. Hg. v. Klaus Behnken. Bd. 6. Sechster Jahrgang 1939. Frankfurt a. M. 1980.

Die kirchliche Lage in Bayern nach den Regierungspräsidentenberichten 1933–1943. Bd. I. Regierungsbezirk Oberbayern. Bearb. v. Helmut Witetschek. Mainz 1966.
Die kirchliche Lage in Bayern nach den Regierungspräsidentenberichten 1933–1943. Bd. IV. Regierungsbezirk Niederbayern und Oberpfalz. Bearb. v. Walter Ziegler. Mainz 1973.
Dietzsch, Martin/Anton Maegerle: Digitales Braun. Die Nutzung Neuer Medien durch Neonazis. In: Jens Mecklenburg (Hg.): Handbuch deutscher Rechtsextremismus. Berlin 1996. S. 923–932.
Dokumente zu Hitlers Popularität im Dritten Reich. In: Hans Mommsen/Susanne Willems (Hg.): Herrschaftsalltag im Dritten Reich. Studien und Texte. Düsseldorf 1988. S. 53–96.
Domarus, Max: Hitler. Reden und Proklamationen 1932–1945. Kommentiert von einem deutschen Zeitgenossen. Bd. I: Triumph (1932–1938). Neustadt an der Aisch 1962. [zitiert als Domarus].
Domarus, Max: Hitler. Reden und Proklamationen 1932–1945. Kommentiert von einem deutschen Zeitgenossen. Bd. II: Untergang (1939–1945). Neustadt an der Aisch 1963. [zitiert als Domarus].
Doosry, Yasmin: Die sakrale Dimension des Reichsparteitagsgeländes in Nürnberg. In: Richard Faber (Hg.): Politische Religionen – religiöse Politik. Würzburg 1997. S. 205–224.
Dvorak, Josef: Satanismus. Geschichte und Gegenwart. Frankfurt a. M. 1989.
Ebeling, Frank: Geopolitik. Karl Haushofer und seine Raumwissenschaft 1919–1945. Berlin 1994.
Eberan, Barbro: Luther? Friedrich »der Große«? Wagner? Nietzsche? ...? ...? Wer war an Hitler schuld? Die Debatte um die Schuldfrage 1945–1949. München 1983.
Eckart, Dietrich: Der Bolschewismus von Moses bis Lenin. Zwiegespräch zwischen Adolf Hitler und mir. München 1924.
Ehrenwald, Jan: Hitler: Schamane, Schizophrener, Medium. In: Eberhard Bauer (Hg.): Psi und Psyche. Neue Forschungen zur Parapsychologie. Festschrift für Hans Bender. Stuttgart 1974. S. 23–35.
Eitner, Hans-Jürgen: »Der Führer«. Hitlers Persönlichkeit und Charakter. München/Wien 1981.
Eschebach, Insa/Elke Thye: Die Religion der Rechten. Völkische Religionsgemeinschaften – Aktualität und Geschichte. Dortmund 1995.
Faber, Richard: Eric Voegelin – Gnosis-Verdacht als polit(olog)isches Strategem. In: Jacob Taubes (Hg.): Gnosis und Politik. München u. a. 1984. S. 230–248.

Fest, Joachim C.: Hitler. Eine Biographie. Berlin/Frankfurt a. M. 1973.
Field, Geoffrey G.: Evangelist of Race. The Germanic Vision of Houston Stewart Chamberlain. New York 1981.
Frank, Hans: Im Angesicht des Galgens. Deutung Hitlers und seiner Zeit auf Grund eigener Erlebnisse und Erkenntnisse. Neuhaus bei Schliersee 1955.
Freund, René: Braune Magie? Okkultismus, New Age und Nationalsozialismus. Wien 1995.
Friedländer, Saul: Hitler und Wagner. In: Ders./Jörn Rüsen (Hg.): Richard Wagner im Dritten Reich. Ein Schloss Elmau-Symposion. München 2000. S. 165–178.
Friedländer, Saul/Jörn Rüsen (Hg.): Richard Wagner im Dritten Reich. Ein Schloss Elmau-Symposion. München 2000.
Galli, Giorgio: Hitler e il nazismo magico. Milano 1989.
Gamm, Hans-Jochen: Der Flüsterwitz im Dritten Reich. Mündliche Dokumente zur Lage der Deutschen während des Nationalsozialismus. Überarb. u. erw. Ausg. München 1990.
Garbe, Detlev: Zwischen Widerstand und Martyrium. Die Zeugen Jehovas im »Dritten Reich«. München 1993.
Gasman, Daniel: The Scientific Origins of National Socialism. Social Darwinism in Ernst Haeckel and the German Monist League. New York 1971.
Gershom, Yonassan: Hat die Seele von Hitler bereut? In: Ders. (Hg.): Kehren die Opfer des Holocaust wieder? Mit einem Vorwort v. Andreas Heertsch. Dornach 1997.
Gerson, Werner: Le nazisme, société secrète. Paris 1969.
Gilbhard, Hermann: Die Thule-Gesellschaft. Vom okkulten Mummenschanz zum Hakenkreuz. München 1994.
Gisevius, Hans-Bernd: Adolf Hitler. Versuch einer Deutung. Stuttgart o.J.
Glowka, Hans-Jürgen: Deutsche Okkultgruppen 1875–1937. München 1981.
Godwin, Joscelyn: Arktos. The Polar Myth in Science, Symbolism, and Nazi Survival. Grand Rapids 1993.
Goldhagen, Daniel Jonah: Hitlers willige Vollstrecker. Ganz gewöhnliche Deutsche und der Holocaust. Berlin 1996.
Goodrick-Clarke, Nicholas: Die okkulten Wurzeln des Nationalsozialismus. Graz/Stuttgart 1997.
Goodrick-Clarke, Nicholas: Hitler's Priestess. Savitri Devi, the Hindu-Aryan-Myth and Neo-Nazism. New York/London 1998.
Grandt, Guido und Michael: Erlöser. Phantasten, Verführer und Vollstrecker. Aschaffenburg 1998.

Greiner, Josef: Das Ende des Hitler-Mythos. Zürich/Leipzig/Wien 1947.

Greiner, Josef: Sein Kampf und Sieg. Eine Erinnerung an Adolf Hitler. Privatdruck 1938. Zitiert nach: Brigitte Hamann: Hitlers Wien. Lehrjahre eines Diktators. München/Zürich 1996. S. 278–280.

Greve, Reinhard: Tibetforschung im SS-Ahnenerbe. In: Thomas Hauschild (Hg.): Lebenslust und Fremdenfurcht. Ethnologie im Dritten Reich. Frankfurt a. M. 1995. S. 168–199.

Grote, Heiner: Los-von-Rom-Bewegung. In: Gerhard Müller (Hg.): Theologische Realenzyklopädie. Bd. XXI. Berlin/New York 1991. S. 469–471.

Guardini, Romano: Der Heilbringer in Mythos, Offenbarung und Politik. Eine theologisch-politische Besinnung. Stuttgart 1946.

Guardini, Romano: Was Jesus unter der Vorsehung versteht. Würzburg 1939.

Gugenberger, Eduard: Hitlers Visionäre. Die okkulten Wegbereiter des Dritten Reichs. Wien 2001.

Gugenberger, Eduard/Franko Petri/Roman Schweidlenka: Weltverschwörungstheorien. Die neue Gefahr von rechts. Wien/München 1998.

Gugenberger, Eduard/Roman Schweidlenka: Die Fäden der Nornen. Zur Macht der Mythen in politischen Bewegungen. Wien 1993.

Gugenberger, Eduard/Roman Schweidlenka: Mutter Erde. Magie und Politik. Zwischen Faschismus und neuer Gesellschaft. Wien 1987.

Haack, Friedrich-Wilhelm: Blut-Mythus und Rasse-Religion. Neugermanische und deutsch-völkische Religiosität. München 1983.

Haack, Friedrich-Wilhelm: Wotans Wiederkehr. Blut-, Boden- und Rasse-Religion. München 1981.

Hänel, Wolfgang: Hermann Rauschnings »Gespräche mit Hitler« – eine Geschichtsfälschung. Überarbeitete Fassung des ungekürzten Vortrages auf der Tagung der Zeitgeschichtlichen Forschungsstelle Ingolstadt am 14. Mai 1983. Ingolstadt 1984.

Haffner, Sebastian: Anmerkungen zu Hitler. München 1978.

Hakl, H.T.: Nationalsozialismus und Okkultismus. In: Nicholas Goodrick-Clarke: Die okkulten Wurzeln des Nationalsozialismus. Graz/Stuttgart 1997. S. 194–217.

Halder, Winfried: Irrtum und Umkehr eines Konservativen. Hermann Rauschning und das Regime Hitlers. In: Frank-Lothar Kroll (Hg.): Deutsche Autoren des Ostens als Gegner und Opfer des Nationalsozialismus. Beiträge zur Widerstandsproblematik. Berlin 2000. S. 477–500.

Hamann, Brigitte: Hitlers Wien. Lehrjahre eines Diktators. München/Zürich 1996.

Hamerski, Werner: »Gott« und »Vorsehung« im Lied und Gedicht des Nationalsozialismus. In: Publizistik 5 (1960). S. 280–299.

Hammer, Hermann: Die deutschen Ausgaben von Hitlers »Mein Kampf«. In: VfZG 4 (1956). S. 161–178.

Hammer, Wolfgang: Adolf Hitler – ein deutscher Messias? Dialog mit dem »Führer« (I). Geschichtliche Aspekte. München 1970.

Hammer, Wolfgang: Adolf Hitler – ein Prophet unserer Zeit? Dialog mit dem »Führer« (III). Ideologische Aspekte. München 1974.

Hanfstaengl, Ernst: Zwischen Weißem und Braunem Haus. Memoiren eines politischen Außenseiters. München 1970.

Hanisch, Ernst: Der Obersalzberg. Das Kehlsteinhaus und Adolf Hitler. Berchtesgaden 1995.

Hanisch, Reinhold: I was Hitler's Buddy. In: The New Republic. 5., 12. u. 19. 4. 1939. Zitiert nach: Brigitte Hamann: Hitlers Wien. Lehrjahre eines Diktators. München/Zürich 1996.

Hasenfratz, Hans-P.: Die Religion Alfred Rosenbergs. In: Numen 36 (1989). S. 113–126.

Heer, Friedrich: Der Glaube des Adolf Hitler. Anatomie einer politischen Religiosität. München/Esslingen 1968.

Heer, Friedrich: Gottes erste Liebe. 2000 Jahre Judentum und Christentum. Die Genesis des österreichischen Katholiken Adolf Hitler. München/Esslingen 1967.

Heeresadjutant bei Hitler 1938–1943. Aufzeichnungen des Majors Engel. Hg. u. kommentiert v. Hildegard von Kotze. Stuttgart 1974.

Hehl, Ulrich von: Die Kirchen in der NS-Diktatur. Zwischen Anpassung, Selbstbehauptung und Widerstand. In: Karl Dietrich Bracher/Manfred Funke/Hans-Adolf Jacobsen (Hg.): Deutschland 1933–1945. 2., erg. Aufl. Bonn 1993. S. 153–181.

Heil, Johannes/Rainer Erb (Hg.): Geschichtswissenschaft und Öffentlichkeit. Der Streit um Daniel J. Goldhagen. Frankfurt a. M. 1998.

Hein, Annette: »Es ist viel ›Hitler‹ in Wagner«. Rassismus und antisemitische Deutschtumsideologie in den »Bayreuther Blättern« (1878–1938). Mit einem Verfasser- und Schlagwortregister. Tübingen 1996.

Heinsohn, Gunnar: Was wollte Hitler? Auschwitz und die Lehre von den drei Weltzeitaltern. Bremen 1996.

Heller, Friedrich Paul/Anton Maegerle: Thule. Vom völkischen Okkultismus zur Neuen Rechten. 2., erw. u. aktual. Aufl. Stuttgart 1998.

Helsing, Jan van: Geheimgesellschaften und ihre Macht im 20. Jahrhundert. Meppen 1993.

Hermand, Jost: Der alte Traum vom neuen Reich. Völkische Utopien und Nationalsozialismus. Frankfurt a. M. 1988.

Herz, Dietmar: Der Begriff der »politischen Religionen« im Denken Eric Voegelins. In: Hans Maier (Hg.): »Totalitarismus« und »Politische Religionen«. Konzepte des Diktaturvergleichs. Paderborn u. a. 1996. S. 191–209.

Heyer, Karl: Wesen und Wollen des Nationalsozialismus. Basel 1991.

Hieronimus, Ekkehard: Dualismus und Gnosis in der völkischen Bewegung. In: Jacob Taubes (Hg.): Religionstheorie und Politische Theologie. Bd. 2: Gnosis und Politik. München u. a. 1984. S. 82–89.

Hieronimus, Ekkehard: Jörg Lanz von Liebenfels. In: Uwe Puschner/Walter Schmitz/Justus H. Ulbricht (Hg.): Handbuch zur »Völkischen Bewegung« 1871–1918. München u. a. 1996. S. 131–146.

Hieronimus, Ekkehard: Lanz von Liebenfels. Eine Bibliographie. Toppenstedt 1991.

Hieronimus, Ekkehard: Lanz von Liebenfels: »Lebensspuren«. In: Albrecht Götz von Olenhusen u. a. (Hg.): Wege und Abwege. Beiträge zur europäischen Geistesgeschichte der Neuzeit. Festschrift für Ellic Howe zum 20. September 1990. Freiburg i. Br. 1990. S. 157–171.

Hieronimus, Ekkehard: Zur Religiosität der völkischen Bewegung. In: Hubert Cancik (Hg.): Religions- und Geistesgeschichte der Weimarer Republik. Düsseldorf 1982. S. 159–175.

Hinz, Manfred: Massenkult und Todessymbolik in der nationalsozialistischen Architektur. Köln 1984.

Hipler, Bruno: Hitlers Lehrmeister. Karl Haushofer als Vater der NS-Ideologie. St. Ottilien 1996.

Hitler, Adolf: Mein Kampf. Zwei Bände in einem Band. Bd. I: Eine Abrechnung. Bd. II: Die nationalsozialistische Bewegung. 167.–169. Aufl. München 1935. [zitiert als MK].

Hitler, Adolf: Monologe im Führerhauptquartier 1941–1944. Die Aufzeichnungen Heinrich Heims. Hg. v. Werner Jochmann. Hamburg 1980. [zitiert als Heim].

Hitler, Adolf: Politisches Testament. Die Bormann-Diktate vom Februar und April 1945. Mit einem Essay v. Hugh R. Trevor-Roper u. einem Nachwort v. André François-Poncet. Hamburg 1981. [zitiert als Bormann].

Hitler, [Adolf]: Reden, Schriften, Anordnungen. Februar 1925 bis Januar 1933. Bd. I: Die Wiederbegründung der NSDAP. Februar 1925 –

Juni 1926. Hg. u. kommentiert v. Clemens Vollnhals. München u. a. 1992. [zitiert als RSA I].
Hitler, [Adolf]: Reden, Schriften, Anordnungen. Februar 1925 bis Januar 1933. Bd. II: Vom Weimarer Parteitag bis zur Reichstagswahl. Juli 1926–Mai 1928. Teil 1: Juli 1926–Juli 1927. Hg. u. kommentiert v. Bärbel Dusik. München u. a. 1992. [zitiert als RSA II/1].
Hitler, [Adolf]: Reden, Schriften, Anordnungen. Februar 1925 bis Januar 1933. Bd. II: Vom Weimarer Parteitag bis zur Reichstagswahl. Juli 1926–Mai 1928. Teil 2: August 1927–Mai 1928. Hg. u. kommentiert v. Bärbel Dusik. München u. a. 1992. [zitiert als RSA II/2].
Hitler, [Adolf]: Reden, Schriften, Anordnungen. Februar 1925 bis Januar 1933. Bd. II A: Außenpolitische Standortbestimmung nach der Reichstagswahl Juni-Juli 1928. Eingeleitet v. Gerhard L. Weinberg. Hg. u. kommentiert v. Gerhard L. Weinberg, Christian Hartmann u. Klaus A. Lankheit. München u. a. 1995.
Hitler, [Adolf]: Reden, Schriften, Anordnungen. Februar 1925 bis Januar 1933. Bd. III: Zwischen den Reichstagswahlen Juli 1928–September 1930. Teil 1: Juli 1928–Februar 1929. Hg. u. kommentiert v. Bärbel Dusik u. Klaus A. Lankheit unter Mitwirkung v. Christian Hartmann. München u. a. 1994. [zitiert als RSA III/1].
Hitler, [Adolf]: Reden, Schriften, Anordnungen. Februar 1925 bis Januar 1933. Bd. III: Zwischen den Reichstagswahlen Juli 1928–September 1930. Teil 2: März 1929–Dezember 1929. Hg. u. kommentiert v. Klaus A. Lankheit. München 1994. [zitiert als RSA III/2].
Hitler, [Adolf]: Reden, Schriften, Anordnungen. Februar 1925 bis Januar 1933. Bd. III: Zwischen den Reichstagswahlen Juli 1928–September 1930. Teil 3: Januar 1930–September 1930. Hg. u. kommentiert v. Christian Hartmann. München u. a. 1995. [zitiert als RSA III/3].
Hitler, [Adolf]: Reden, Schriften, Anordnungen. Februar 1925 bis Januar 1933. Bd. IV: Von der Reichstagswahl bis zur Reichspräsidentenwahl. Oktober 1930–März 1932. Teil 1: Oktober 1930–Juni 1931. Hg. u. kommentiert v. Constantin Goschler. München u. a. 1994. [zitiert als RSA IV/1].
Hitler, [Adolf]: Reden, Schriften, Anordnungen. Februar 1925 bis Januar 1933. Bd. IV: Von der Reichstagswahl bis zur Reichspräsidentenwahl. Oktober 1930–März 1932. Teil 2: Juli 1931–Dezember 1931. Hg. u. kommentiert v. Christian Hartmann. München u. a. 1996. [zitiert als RSA IV/2].
Hitler, [Adolf]: Reden, Schriften, Anordnungen. Februar 1925 bis Januar 1933. Bd. IV: Von der Reichstagswahl bis zur Reichspräsiden-

tenwahl. Oktober 1930–März 1932. Teil 3: Januar 1932–März 1932. Hg. u. kommentiert v. Christian Hartmann. München 1997. [zitiert als RSA IV/3].

Hitler, [Adolf]: Reden, Schriften, Anordnungen. Februar 1925 bis Januar 1933. Bd. V: Von der Reichspräsidentenwahl bis zur Machtergreifung April 1932–Januar 1933. Teil 1: April 1932–September 1932. Hg. u. kommentiert v. Klaus A. Lankheit. München u. a. 1996. [zitiert als RSA V/1].

Hitler, [Adolf]: Sämtliche Aufzeichnungen 1905–1924. Hg. v. Eberhard Jäckel zusammen mit Axel Kuhn. Stuttgart 1980. [zitiert als Aufz.].

Hitlers Tischgespräche im Führerhauptquartier 1941–1942. Neu hg. v. Percy Ernst Schramm in Zusammenarbeit mit Andreas Hillgruber u. Martin Vogt. Stuttgart 1963. [zitiert als Picker].

Hockerts, Hans Günter: Die Goebbels-Tagebücher 1932–1941. Eine neue Hauptquelle zur Erforschung der nationalsozialistischen Kirchenpolitik. In: Dieter Albrecht u. a. (Hg.): Politik und Konfession. Festschrift für Konrad Repgen zum 60. Geburtstag. Berlin 1983. S. 359–414.

Hockerts, Hans Günter: Mythos, Kult und Feste. München im nationalsozialistischen »Feierjahr«. In: Richard Bauer u. a. (Hg.): München – »Hauptstadt der Bewegung«. Bayerns Metropole und der Nationalsozialismus. München 1993. S. 331–341.

Höhne, Heinz: Der Orden unter dem Totenkopf. Die Geschichte der SS. Gütersloh 1967.

Hörbiger, Hanns: Glazial-Kosmogonie. Eine neue Entwicklungsgeschichte des Weltalls und des Sonnensystems. Auf Grund der Erkenntnis des Widerstreites eines kosmischen Neptunismus mit einem ebenso universellen Plutonismus. Nach den neuesten Ergebnissen sämtlicher exakter Forschungszweige bearbeitet, mit eigenen Erfahrungen gestützt und herausgegeben von Philipp Fauth. Unveränderter Neudruck. Leipzig 1913.

Honisch, Karl: Protokoll vom 12. 5. 1939. Koblenz BA. NS 26/17a. Zitiert nach: Brigitte Hamann: Hitlers Wien. Lehrjahre eines Diktators. München 1996.

Hoser, Paul: Hitler und die katholische Kirche. Zwei Briefe aus dem Jahr 1927. In: VfZG 42 (1994). S. 473–492.

Howe, Ellic: Die schwarze Propaganda. Ein Insider-Bericht über die geheimsten Operationen des britischen Geheimdienstes im Zweiten Weltkrieg. München 1983.

Howe, Ellic: Rudolph Freiherr von Sebottendorff. Hg. u. mit einer Zeittafel zur Biographie Sebottendorffs u. einer vorläufigen Biblio-

graphie seiner Schriften vers. v. Götz Albrecht von Olenhusen. Freiburg i. Br. 1989.
Howe, Ellic: Uranias Kinder. Die seltsame Welt der Astrologen und das Dritte Reich. Weinheim 1995.
Hudal, Alois: Die Grundlagen des Nationalsozialismus. Eine ideengeschichtliche Untersuchung von katholischer Warte. 5. Aufl. Leipzig/Wien 1937.
Hüser, Karl: Wewelsburg 1933–1945. Kult- und Terrorstätte der SS. Eine Dokumentation. Paderborn 1982.
Hundseder, Franziska: Wotans Jünger. Neuheidnische Gruppen zwischen Esoterik und Rechtsradikalismus. München 1998.
Hunger, Ulrich: Die Runenkunde im Dritten Reich. Ein Beitrag zur Wissenschafts- und Ideologiegeschichte des Nationalsozialismus. Frankfurt a. M. 1984.
Jacobsen, Hans-Adolf: Karl Haushofer. Leben und Werk. Bd. I: Lebensweg 1869–1946 und ausgewählte Texte zur Geopolitik. Boppard am Rhein 1979.
Jäckel, Eberhard: Hitlers Weltanschauung. Entwurf einer Herrschaft. Erw. u. überarb. Neuausgabe. Stuttgart 1981.
Jäckel, Eberhard/Axel Kuhn: Zu einer Edition von Aufzeichnungen Hitlers. In: VfZG 29 (1981). S. 304 f.
Jäckel, Eberhard/Axel Kuhn/Hermann Weiß: Neue Erkenntnisse zur Fälschung von Hitler-Dokumenten. In: VfZG 32 (1984). S. 163–169.
Janßen, Karl-Heinz: Calics Erzählungen. In: Uwe Backes u. a. (Hg.): Reichstagsbrand – Aufklärung einer historischen Legende. München/Zürich 1986. S. 216– 237.
Jenks, William A.: Vienna and the young Hitler. New York 1960.
Jesse, Eckhard: Hermann Rauschning – Der fragwürdige Kronzeuge. In: Ronald Smelser/Enrico Syring/Rainer Zitelmann (Hg.): Die braune Elite 2. 21 weitere biographische Skizzen. 2., aktual. Aufl. Darmstadt 1999. S. 193–205.
Jetzinger, Franz: Hitlers Jugend. Phantasien, Lügen – und die Wahrheit. Wien 1956.
Joachimsthaler, Anton: Hitlers Ende. Legenden und Dokumente. München 1995.
Joachimsthaler, Anton: Hitlers Weg begann in München. 1913–1923. München 2000.
Joachimsthaler, Anton: Korrektur einer Biographie. Adolf Hitler 1908–1920. München 1989.
Jones, J. Sydney: Hitlers Weg begann in Wien. 1907–1913. Wiesbaden/München 1980.

Junker, Detlev: Die Deutsche Zentrumspartei und Hitler 1932/33. Ein Beitrag zur Problematik des politischen Katholizismus in Deutschland. Düsseldorf 1969.
Kafton-Minkel, Walter: Subterranean WorldS. 100.000 years of dragons, dwarfs, the dead, lost races & UFOs from inside the earth. Port Townsend 1989.
Karbaum, Michael: Studien zur Geschichte der Bayreuther Festspiele (1876–1976). Regensburg 1976.
Karow, Yvonne: Deutsches Opfer. Kultische Selbstauslöschung auf den Reichsparteitagen der NSDAP. Berlin 1997.
Kater, Michael H.: Das »Ahnenerbe« der SS 1935–1945. Ein Beitrag zur Kulturpolitik des Dritten Reiches. Stuttgart 1974.
Kershaw, Ian: Der Hitler-Mythos. Führerkult und Volksmeinung. Stuttgart 1999.
Kershaw, Ian: Der Hitler-Mythos. Volksmeinung und Propaganda im Dritten Reich. Stuttgart 1980.
Kershaw, Ian: Der NS-Staat. Geschichtsinterpretationen und Kontroversen im Überblick. Erw. u. bearb. Neuausgabe. Reinbek bei Hamburg 1999.
Kershaw, Ian: Hitler 1889–1936. Stuttgart 1998.
Kershaw, Ian: Hitler 1936–1945. Stuttgart 2000.
Kershaw, Ian: Hitlers Popularität. Mythos und Realität im Dritten Reich. In: Hans Mommsen/Susanne Willems (Hg.): Herrschaftsalltag im Dritten Reich. Studien und Texte. Düsseldorf 1988. S. 24–48.
Kershaw, Ian: The Führer Image and Political Integration. The Popular Conception of Hitler in Bavaria during the Third Reich. In: Gerhard Hirschfeld/Lothar Kettenacker (Hg.): Der »Führerstaat«. Mythos und Realität. Studien zur Struktur und Politik des Dritten Reiches. Stuttgart 1981. S. 133–163.
Kettenacker, Lothar: Der Mythos vom Reich. In: Karl Heinz Bohrer (Hg.): Mythos und Moderne. Begriff und Bild einer Rekonstruktion. Frankfurt a. M. 1983. S. 261–289.
Kettenacker, Lothar: Hitler und die Kirchen. Eine Obsession mit Folgen. In: Günther Heydemann/Lothar Kettenacker (Hg.): Drittes Reich und SED-Staat. Fünfzehn Beiträge. Göttingen 1993. S. 67–87.
Kettenacker, Lothar: Sozialpsychologische Aspekte der Führer-Herrschaft. In: Gerhard Hirschfeld/Lothar Kettenacker (Hg.): Der »Führerstaat«: Mythos und Realität. Studien zur Struktur und Politik des Dritten Reiches. S. 98–132.
King, Francis: Satan and Swastika. St. Albans 1976.
Kirchhoff, Jochen: Nietzsche, Hitler und die Deutschen. Die Perver-

sion des Neuen Zeitalters. Vom unerlösten Schatten des Dritten Reiches. Berlin 1990.

Knaut, Horst: Das Testament des Bösen. Kulte, Morde, Schwarze Messen – Heimliches und Unheimliches aus dem Untergrund. Stuttgart 1979.

Knopp, Guido: Hitler. Eine Bilanz. Berlin 1995.

Koch-Hillebrecht, Manfred: Homo Hitler. Psychogramm des deutschen Diktators. München 1999.

Kocher, Richard: Herausgeforderter Vorsehungsglaube. Die Lehre von der Vorsehung im Horizont der gegenwärtigen Theologie. St. Ottilien 1993.

Köhler, Joachim: Wagners Hitler. Der Prophet und sein Vollstrecker. 2. Aufl. München 1997.

Kornbichler, Thomas: Adolf-Hitler-Psychogramme. Psychobiographie. Bd. II. Frankfurt a. M. 1994.

Kratz, Peter: Die Götter des New Age. Im Schnittpunkt von »Neuem Denken«, Faschismus und Romantik. Berlin 1994.

Kraus, Hans-Christof: Eric Voegelin redivivus? Politische Wissenschaft als Politische Theologie. In: Michael Ley/Julius H. Schoeps (Hg.): Der Nationalsozialismus als politische Religion. Bodenheim bei Mainz 1997. S. 74–88.

Krockow, Christian Graf von: Hitler und seine Deutschen. München 2001.

Kroll, Frank-Lothar: Der Faktor »Zukunft« in Hitlers Geschichtsbild. In: Ders. (Hg.): Neue Wege der Ideengeschichte. Festschrift für Kurt Kluxen zum 85. Geburtstag. Paderborn 1996. S. 391–409.

Kroll, Frank-Lothar: Die Edition von Hitlers Reden, Schriften und Anordnungen. In: Horst Möller/Udo Wengst (Hg.): 50 Jahre Institut für Zeitgeschichte. Eine Bilanz. München 1999. S. 237–247.

Kroll, Frank-Lothar: Die Reichsidee im Nationalsozialismus. In: Franz Bosbach/Hermann Hiery in Zusammenarbeit mit Christoph Kampmann (Hg.): Imperium, Empire, Reich. Ein Konzept politischer Herrschaft im deutsch-britischen Vergleich. München 1999. S. 179– 196.

Kroll, Frank-Lothar: Geschichte und Politik im Weltbild Hitlers. In: VfZG 44 (1996). S. 327–353.

Kroll, Frank-Lothar: Konservative Revolution und Nationalsozialismus. Aspekte und Perspektiven ihrer Erforschung. In: Caspar von Schrenck-Notzing (Hg.): Stand und Probleme der Erforschung des Konservatismus. Berlin 2000. S. 103–118.

Kroll, Frank-Lothar: Utopie als Ideologie. Geschichtsdenken und politisches Handeln im Dritten Reich. Paderborn u. a. 1998.

Kruck, Alfred: Geschichte des Alldeutschen Verbandes 1890–1939. Wiesbaden 1954.

Kubin, Ernst: Die Reichskleinodien. Ihr tausendjähriger Weg. Wien/München 1981.

Kubizek, August: Adolf Hitler. Mein Jugendfreund. Graz/Göttingen 1953.

Kubizek, August: [Erste Fassung der Erinnerungen an Hitler]. Masch. Materialien Jetzinger im OÖLA Linz. Zitiert nach: Brigitte Hamann: Hitlers Wien. Lehrjahre eines Diktators. München/Zürich 1996.

Kugel, Wilfried: Hanussen. Die wahre Geschichte des Hermann Steinschneider. Düsseldorf 1998.

Kulissen der Gewalt. Das Reichsparteitagsgelände in Nürnberg. Hg. v. Centrum Industriekultur. Mit Beiträgen v. Ernst Eichhorn u.a. München 1992.

Lange, Hans-Jürgen (Hg.): Otto Rahn. Leben & Werk. Engerda 1995.

Lange, Hans-Jürgen: Otto Rahn und die Suche nach dem Gral. Biografie und Quellen. Engerda 1999.

Lange, Hans-Jürgen: Weisthor. Karl-Maria Wiligut. Himmlers Rasputin und seine Erben. Engerda 1998.

Langer, Walter C.: Das Adolf-Hitler-Psychogramm. Eine Analyse seiner Person und seines Verhaltens, verfaßt 1943 für die psychologische Kriegsführung der USA. Mit einem Vorwort v. Friedrich Hacker. Wien/München/Zürich 1973.

Large, David Clay: Ein Spiegelbild des Meisters? Die Rassenlehre des Houston Stewart Chamberlain. In: Dieter Borchmeyer/Ami Maayani/Susanne Vill (Hg.): Richard Wagner und die Juden. Stuttgart/Weimar 2000. S. 144–158.

Large, David Clay: Hitlers München. Aufstieg und Fall der Hauptstadt der Bewegung. München 1998.

Lease, Gary: Nationalsozialismus und Religion. Eine Mythologie unserer Zeit. In: ZRGG 40 (1988). S. 97–111.

Ley, Michael: Apokalypse und Moderne. Aufsätze zu politischen Religionen. Wien 1997.

Ley, Michael: Apokalyptische Bewegungen in der Moderne. In: Ders./Julius H. Schoeps (Hg.): Der Nationalsozialismus als politische Religion. Bodenheim bei Mainz 1997. S. 12–29.

Ley, Michael: Genozid und Heilserwartung. Zum nationalsozialistischen Mord am europäischen Judentum. Mit einem Vorwort v. Leon Poliakov. Wien 1993.

Ley, Michael/Julius H. Schoeps (Hg.): Der Nationalsozialismus als politische Religion. Bodenheim bei Mainz 1997.

Lindenberg, Christoph: Die Technik des Bösen. Zur Vorgeschichte und Geschichte des Nationalsozialismus. 3., unveränderte Aufl. Stuttgart 1985.

List, Guido von: Der Unbesiegbare. Ein Grundzug germanischer Weltanschauung. Wien 1898. Zitiert nach: Brigitte Hamann: Hitlers Wien. Lehrjahre eines Diktators. München/Zürich 1996.

Loers, Veit/Pia Witzmann: Münchens okkultistisches Netzwerk. In: Schirn Kunsthalle Frankfurt/Veit Loers (Hg.): Okkultismus und Avantgarde. Von Munch bis Mondrian. 1900–1915. Ostfildern 1995. S. 238–241.

Löwith, Karl: Weltgeschichte und Heilsgeschehen. 8. Aufl. Stuttgart/Berlin/Köln 1990.

Ludendorff, Erich: Hitlers Verrat der Deutschen an den römischen Papst. Zusammengestellt aus Aufsätzen in »Ludendorffs Volkswarte«. München 1931.

Lübbe, Hermann (Hg.): Heilserwartung und Terror. Politische Religionen des 20. Jahrhunderts. Düsseldorf 1995.

Lukacs, John: Hitler. Geschichte und Geschichtsschreibung. München 1997.

Maier, Hans: Konzepte des Diktaturvergleichs: »Totalitarismus« und »Politische Religionen«. In: Ders. (Hg.): »Totalitarismus« und »Politische Religionen«. Konzepte des Diktaturvergleichs. Paderborn u. a. 1996. S. 233–250.

Maier, Hans: Politische Religionen. Die totalitären Regime und das Christentum. Freiburg i. Br./Basel/Wien 1995.

Maier, Hans: »Politische Religionen«. Ein Konzept des Diktaturvergleichs. In: Hermann Lübbe (Hg.): Heilserwartung und Terror. Politische Religionen des 20. Jahrhunderts. Düsseldorf 1995. S. 94–112.

Maier, Hans: »Politische Religionen«. Möglichkeiten und Grenzen eines Begriffs. In: Ders./Michael Schäfer (Hg.): »Totalitarismus« und »Politische Religionen«. Konzepte des Diktaturvergleichs. Bd. II. Paderborn u. a. 1997. S. 299–310.

Maier, Hans: »Totalitarismus« und »Politische Religionen«. Konzepte des Diktaturvergleichs. In: VfZG 43 (1995). S. 387–405.

Maier, Hans (Hg.): »Totalitarismus« und »Politische Religionen«. Konzepte des Diktaturvergleichs. Paderborn u. a. 1996.

Maier, Hans (Hg.): Wege in die Gewalt. Die modernen politischen Religionen. Frankfurt a. M. 2000.

Maier, Hans/Michael Schäfer (Hg.): »Totalitarismus« und »Politische Religionen«. Konzepte des Diktaturvergleichs. Bd. II. Paderborn u. a. 1997.

Mann, Thomas: Bruder Hitler. In: Ders.: Gesammelte Werke in dreizehn Bänden. Bd. XII: Reden und Aufsätze (4). Taschenbuchausgabe Frankfurt a. M. 1990. S. 845–852.

Maser, Werner: Adolf Hitler. Legende, Mythos, Wirklichkeit. München/Esslingen 1971.

Matussek, Paul/Peter Matussek/Jan Marbach: Hitler. Karriere eines Wahns. München 2000.

May, Georg: Kirchenkampf oder Katholikenverfolgung? Ein Beitrag zu dem gegenseitigen Verhältnis von Nationalsozialismus und christlichen Bekenntnissen. Stein am Rhein 1991.

McKale, Donald M.: Hitler. The Survival Myth. Briarcliff Manor, N.Y. 1983.

Mehlhausen, Joachim: Nationalsozialismus und Kirche. In: Gerhard Müller (Hg.): Theologische Realenzyklopädie. Bd. 24. Berlin/New York 1994. S. 43–78.

Meißner, Rudolf: Vorsehung. In: Jacob und Wilhelm Grimm: Deutsches Wörterbuch. Bd. 12. II. Abt. Vesche-Vulkanisch. Bearb. v. Rudolf Meißner. Leipzig 1951. Sp. 1547–1553.

Möller, Helmut/Ellic Howe: Merlin Peregrinus. Vom Untergrund des Abendlandes. Würzburg 1986.

Mommsen, Hans: Nationalsozialismus. In: C. D. Kernig (Hg.): Sowjetsystem und demokratische Gesellschaft. Eine vergleichende Enzyklopädie. Bd. IV. Freiburg i. Br./Basel/Wien 1971. Sp. 695–713.

Mommsen, Hans: Nationalsozialismus als politische Religion. In: Hans Maier/Michael Schäfer (Hg.): »Totalitarismus« und »Politische Religionen«. Konzepte des Diktaturvergleichs. Bd. II. Paderborn u. a. 1997. S. 173–181.

Mommsen, Hans/Susanne Willems (Hg.): Herrschaftsalltag im Dritten Reich. Studien und Texte. Düsseldorf 1988.

Mommsen, Wilhelm: Deutsche Parteiprogramme. Eine Auswahl vom Vormärz bis zur Gegenwart. München 1951.

Mork, Andrea: Richard Wagner als politischer Schriftsteller. Weltanschauung und Wirkungsgeschichte. Frankfurt a. M./New York 1990.

Morsey, Rudolf: Die Deutsche Zentrumspartei 1917–1923. Düsseldorf 1966.

Mosse, George L.: Die Nationalisierung der Massen. Politische Symbolik und Massenbewegungen von den Befreiungskriegen bis zum Dritten Reich. Frankfurt a. M./New York 1993.

Mosse, George L.: The Occult Origins of National Socialism. In: Ders.: The Fascist Revolution. Toward a General Theory of Fascism. New York 1999. S. 117–135.

Müller, Hans: Der pseudoreligiöse Charakter der nationalsozialistischen Weltanschauung. In: GWU 12 (1961). S. 337–352.
Müller, Karl Alexander von: Im Wandel einer Welt. Erinnerungen. Bd. 3: 1919–1932. Hg. v. Otto Alexander Müller. München 1966.
Müllern-Schönhausen, Johannes von: Die Lösung des Rätsels Adolf Hitler. Der Versuch einer Deutung der geheimnisvollsten Erscheinung der Weltgeschichte. Wien o. J.
Mund, Rudolf J.: Jörg Lanz von Liebenfels und der Neue Templer Orden. Die Esoterik des Christentums. Stuttgart 1976.
Mund, Rudolf J.: Der Rasputin Himmlers. Die Wiligut-Saga. Stuttgart o. J.
Nagel, Brigitte: Die Welteislehre. Ihre Geschichte und ihre Bedeutung im Dritten Reich. Stuttgart 1991.
Nagel, Brigitte: Die Welteislehre. Ihre Geschichte und ihre Bedeutung im Dritten Reich. In: Christoph Meinel/Peter Voswinckel (Hg.): Medizin, Naturwissenschaft, Technik und Nationalsozialismus. Stuttgart 1994. S. 166–172.
Nanko, Ulrich: Die Deutsche Glaubensbewegung. Eine historische und soziologische Untersuchung. Marburg 1993.
Nolte, Ernst: Eine frühe Quelle zu Hitlers Antisemitismus. In: Historische Zeitschrift 192 (1961). S. 584–606.
Ogan, Bernd/Wolfgang W. Weiß (Hg.): Faszination und Gewalt. Zur politischen Ästhetik des Nationalsozialismus. Nürnberg 1992.
Orzechowski, Peter: Schwarze Magie – braune Macht. Zürich o. J.
Pasi, Marco: Aleister Crowley e la tentazione della politica. Prefazione di Giorgio Galli. Milano 1999.
Pauen, Michael: Dithyrambiker des Untergangs. Gnostizismus in Ästhetik und Philosophie der Moderne. Berlin 1994.
Pauen, Michael: Rezension von Michael Brumlik: Die Gnostiker. In: Deutsche Zeitschrift für Philosophie 41 (1993). S. 777 f.
Pauwels, Louis: Monsieur Gurdjieff. Paris 1954. [Dt. Ausgabe: Gurdjew der Magier. Bern 1974].
Pauwels, Louis/Jaques Bergier: Aufbruch ins dritte Jahrtausend. Von der Zukunft der phantastischen Vernunft. München 1986.
Pennick, Nigel: Hitler's Secret Sciences. His quest for the hidden knowledge of the ancients. Suffolk 1981.
Petrova, Ada/Peter Watson: The Death of Hitler. The Full Story with New Evidences from Secret Russian Archives. New York/London 1995.
Pfahl-Traughber, Armin: Der antisemitisch-antifreimaurerische Ver-

schwörungsmythos in der Weimarer Republik und im NS-Staat. Wien 1993.
Phelps, Reginald H.: »Before Hitler came«: Thule Society and Germanen Orden. In: The Journal of Modern History 35 (1963). S. 245–261.
Phelps, Reginald H.: Die Hitler-Bibliothek. In: Deutsche Rundschau 80 (1954). S. 923–931.
Piper, Ernst: Alfred Rosenberg – der Prophet des Seelenkrieges. Der gläubige Nazi in der Führungselite des nationalsozialistischen Staates. In: Michael Ley/Julius H. Schoeps: Der Nationalsozialismus als politische Religion. Bodenheim bei Mainz 1997. S. 107–125.
Pius XI.: Mit brennender Sorge. In: Acta Apostolicae Sedis 29 (1937). S. 145–188.
Plewnia, Margarete: Auf dem Weg zu Hitler. Der »völkische« Publizist Dietrich Eckart. Bremen 1970.
Plewnia, Margarete: Auf schlecht deutsch – Der Kronzeuge der »Bewegung«: Dietrich Eckart. In: Karl Schwedhelm (Hg.): Propheten des Nationalismus. München 1969. S. 159–175.
Pois, Robert A.: National Socialism and the religion of nature. London/Sydney 1986.
Poljak, Abram: Zertrümmertes Hakenkreuz. Hitler als Feldherr und Spiritist. Stuttgart o. J.
Porat, Dina: »Zum Raum wird hier die Zeit«. Richard Wagners Bedeutung für Adolf Hitler und die nationalsozialistische Führung. In: Dieter Borchmeyer/Ami Maayani/Susanne Vill (Hg.): Richard Wagner und die Juden. Stuttgart/Weimar 2000. S. 207–222.
Puschner, Uwe/Walter Schmitz/Justus H. Ulbricht (Hg.): Handbuch zur »Völkischen Bewegung« 1871–1918. München u. a. 1996.
Quinn, Malcolm: The Swastika. Constructing the Symbol. London/New York 1994.
Rahn, Otto: Kreuzzug gegen den Gral. Die Geschichte der Albigenser. Freiburg i. Br. 1933.
Rahn, Otto: Luzifers Hofgesind. Reise zu Europas guten Geistern. Berlin/Leipzig 1937.
Rauschning, Hermann: Gespräche mit Hitler. Zürich/Wien/New York 1940.
Ravenscroft, Trevor: Der Speer des Schicksals. Die Geschichte der heiligen Lanze. 2. Aufl. München 1980.
Reardon, Bernard M. G.: Modernismus. In: Gerhard Müller (Hg.): Theologische Realenzyklopädie. Bd. XXIII. Berlin/New York 1994. S. 129–138.

Reichel, Peter: Der schöne Schein des Dritten Reiches. Faszination und Gewalt des Faschismus. München 1991.

Reichelt, Werner: Das braune Evangelium. Hitler und die NS-Liturgie. Wuppertal 1990.

Rhodes, James M.: The Hitler Movement. A Modern Millenarian Revolution. Stanford 1980.

Rohlfes, Joachim: Der Nationalsozialismus - ein Hitlerismus? In: GWU 48 (1997). S. 135–150.

Rose, Detlev: Die Thule-Gesellschaft. Legende - Mythos - Wirklichkeit. Tübingen 1994.

Rose, Paul Lawrence: Richard Wagner und der Antisemitismus. Zürich/München 1999.

Rose, Paul Lawrence: Wagner, Hitler und historische Prophetie. Der geschichtliche Kontext von »Untergang«, »Vernichtung« und »Ausrottung«. In: Saul Friedländer/Jörn Rüsen (Hg.): Richard Wagner im Dritten Reich. Ein Schloss Elmau-Symposion. München 2000. S. 283–308.

Rosenbaum, Ron: Explaining Hitler. Die Hitler-Debatte. Auf der Suche nach dem Ursprung des Bösen. München/Wien 1999.

Rosenberg, Alfred (Hg.): Dietrich Eckart. Ein Vermächtnis. 5. Aufl. München 1938.

Rosenberg, Alfred: Letzte Aufzeichnungen. Ideale und Idole der nationalsozialistischen Revolution. Göttingen 1955.

Ruppert, Karsten: Im Dienst am Staat von Weimar. Das Zentrum als regierende Partei in der Weimarer Demokratie 1923–1930. Düsseldorf 1992.

Schellenberg, Walter: Memoiren. Köln 1956.

Schieder, Theodor: Hermann Rauschnings »Gespräche mit Hitler« als Geschichtsquelle. Opladen 1972.

Schmitz-Berning, Cornelia: Vokabular des Nationalsozialismus. Berlin/New York 1998.

Schmölders, Claudia: Hitlers Gesicht. Eine physiognomische Biographie. München 2000.

Schnurbein, Stefanie von: Göttertrost in Wendezeiten. Neugermanisches Heidentum zwischen New Age und Rechtsradikalismus. München 1993.

Schnurbein, Stefanie von: Religion als Kulturkritik. Neugermanisches Heidentum im 20. Jahrhundert. Heidelberg 1992.

Schönhoven, Klaus: Die Bayerische Volkspartei 1924–1932. Düsseldorf 1972.

Schoeps, Julius H.: Ein Volk von Mördern? Die Dokumentation zur

Goldhagen-Kontroverse um die Rolle der Deutschen im Holocaust. Hamburg 1996.
Scholder, Klaus: Die Kirchen und das Dritte Reich. Bd. 1. Vorgeschichte und Zeit der Illusionen. 1918–1934. Frankfurt a. M./Berlin/Wien 1977.
Scholz, Dieter David: Richard Wagners Antisemitismus. Würzburg 1993.
Schostack, Renate: Hinter Wahnfrieds Mauern. Gertrud Wagner. Ein Leben. Hamburg 1998.
Schott, Georg: Das Volksbuch vom Hitler. München 1924.
Schreiber, Gerhard: Hitler. Interpretationen 1923–1983. Ergebnisse, Methoden und Probleme der Forschung. 2., verb. u. durch eine annotierte Bibliographie für die Jahre 1984–1987 erg. Aufl. Darmstadt 1988.
Schröder, Christa: Er war mein Chef. Aus dem Nachlaß der Sekretärin von Adolf Hitler. Hg. v. Anton Joachimsthaler. München 1985.
Schüler, Winfried: Der Bayreuther Kreis von seiner Entstehung bis zum Ausgang der Wilhelminischen Ära. Wagnerkult und Kulturreform im Geiste völkischer Weltanschauung. Münster 1971.
Schuler, Karl-Heinz: Alfred Schuler und der Nationalsozialismus. In: Jahrbuch der Deutschen Schiller-Gesellschaft 41 (1997). S. 383–398.
Sebottendorff, Rudolf von: Bevor Hitler kam. Urkundliches aus der Frühzeit der nationalsozialistischen Bewegung. München 1933.
Sebottendorf, Rudolf von: Der Talisman des Rosenkreuzers. Pfullingen 1925.
Serrano, Miguel: Das Goldene Band. Esoterischer Hitlerismus. Wetter 1987.
Siemon-Netto, Uwe: Luther als Wegbereiter Hitlers? Zur Geschichte eines Vorurteils. Gütersloh 1993.
Simon-Ritz, Frank: Kulturelle Modernisierung und Krise des religiösen Bewußtseins. Freireligiöse, Freidenker und Monisten im Kaiserreich. In: Olaf Blaschke/Frank-Michael Kuhlmann (Hg.): Religion im Kaiserreich. Milieus – Mentalitäten – Krisen. Gütersloh 1996. S. 457–473.
Sironneau, Jean-Pierre: Sécularisation et religions politiques. La Haye 1982.
Sklar, Dusty: Gods and Beasts. The Nazis and the Occult. New York 1977.
Smith, Bradley F.: Adolf Hitler. His Family, Childhood and Youth. Stanford/California 1967.
Sontheimer, Kurt: Antidemokratisches Denken in der Weimarer Re-

publik. Die politischen Ideen des deutschen Nationalismus zwischen 1918 und 1933. 4. Aufl. München 1994.

Speer, Albert: Spandauer Tagebücher. Frankfurt a. M./Berlin/Wien 1975.

Speit, Andreas: Esoterik und Neuheidentum. Historische Allianzen und aktuelle Tendenzen. In: Jens Mecklenburg (Hg.): Handbuch deutscher Rechtsextremismus. Berlin 1996. S. 709–732.

Spotts, Frederic: Bayreuth. Eine Geschichte der Wagner Festspiele. München 1994.

Steinbach, Lothar: Ein Volk, ein Reich, ein Glaube? Ehemalige Nationalsozialisten und Zeitzeugen berichten über ihr Leben im Dritten Reich. Bonn 1995.

Steiner, John M.: Über das Glaubensbekenntnis der SS. In: Joachim Hütter/Reinhard Meyers/Dietrich Papenfuss (Hg.): Tradition und Neubeginn. Internationale Forschungen zur deutschen Geschichte im 20. Jahrhundert. Köln u. a. 1975. S. 317–335.

Steinert, Marlies: Hitler. München 1994.

Steinert, Marlies: Hitlers Krieg und die Deutschen. Stimmung und Haltung der deutschen Bevölkerung im Zweiten Weltkrieg. Düsseldorf/Wien 1970.

Stellrecht, Helmut: Adolf Hitler. Heil und Unheil. Die verlorene Revolution. Tübingen 1974.

Stern, Joseph Paul: Hitler. Der Führer und das Volk. München 1978.

Stierlin, Helm: Adolf Hitler. Familienperspektiven. Neuausgabe Frankfurt a. M. 1995.

Strohm, Harald: Die Gnosis und der Nationalsozialismus. Frankfurt a. M. 1997.

Sünner, Rüdiger: Schwarze Sonne. Entfesselung und Mißbrauch der Mythen in Nationalsozialismus und rechter Esoterik. 2. Aufl. Freiburg i. Br. 1999.

Suster, Gerald: Hitler and the Age of Horus. London 1981 (= Ders.: Hitler: The Occult Messiah. New York 1981).

Syring, Enrico: Hitler. Seine politische Utopie. Berlin/Frankfurt a. M. 1994.

Sywottek, Jutta: Mobilmachung für den totalen Krieg. Die propagandistische Vorbereitung der deutschen Bevölkerung auf den Zweiten Weltkrieg. Opladen 1976.

Tallgren, Vappu: Hitler und die Helden. Heroismus und Weltanschauung. Helsinki 1981.

Tautz, Johannes: Der Eingriff des Widersachers. Fragen zum okkulten Aspekt des Nationalsozialismus. Freiburg i. Br. 1976.

Tautz, Johannes: Walter Johannes Stein. Eine Biographie. Dornach 1989.

Thamer, Hans-Ulrich: Das Dritte Reich. Interpretationen, Kontroversen und Probleme des aktuellen Forschungsstandes. In: Karl Dietrich Bracher/Manfred Funke/Hans-Adolf Jacobsen (Hg.): Deutschland 1933–1945. Neue Studien zur nationalsozialistischen Herrschaft. 2., erg. Aufl. Bonn 1993. S. 507–531.

Thamer, Hans-Ulrich: Verführung und Gewalt. Deutschland 1933–1945. 2. Aufl. Berlin 1994.

Thies, Jochen: Architekt der Weltherrschaft. Die »Endziele« Hitlers. Düsseldorf 1976.

Thöne, Albrecht W.: Das Licht der Arier. Licht-, Feuer- und Dunkelsymbolik des Nationalsozialismus. München 1979.

Timm, Ulrich: »In jener Stunde begann es« – Präkognition, Zufall oder Vorsehung bei Adolf Hitler? In: Zeitschrift für Parapsychologie und Grenzgebiete der Psychologie 27 (1985). S. 142–156.

Tobias, Fritz: Auch Fälschungen haben lange Beine. Des Senatspräsidenten Rauschnings »Gespräche mit Hitler«. In: Karl Corino (Hg.): Gefälscht! Betrug in Politik, Literatur, Wissenschaft, Kunst und Musik. 3. Aufl. Reinbek bei Hamburg 1990. S. 91–105.

Toland, John: Adolf Hitler. Bergisch-Gladbach 1977.

Tradowsky, Peter: Zeitschritte. Jahrhundertrückblick – Jahrhundertvorblick. Dornach 2000.

Turner, Henry Ashby: Otto Wagener – Der vergessene Vertraute Hitlers. In: Ronald Smelser/Enrico Syring/Rainer Zitelmann (Hg.): Die braune Elite 2. 21 weitere biographische Skizzen. 2., aktual. Aufl. Darmstadt 1999. S. 243–253.

Tyrell, Albrecht: Führer befiehl ... Selbstzeugnisse aus der »Kampfzeit« der NSDAP. Dokumentation und Analyse. 8 Bildtafeln. Düsseldorf 1969.

Tyrell, Albrecht: Vom »Trommler« zum »Führer«. Der Wandel von Hitlers Selbstverständnis zwischen 1919 und 1924 und die Entwicklung der NSDAP. München 1975.

Vaget, Hans Rudolf: Wagner-Kult und nationalsozialistische Herrschaft. Hitler, Wagner, Thomas Mann und die »nationale Erhebung«. In: Saul Friedländer/Jörn Rüsen (Hg.): Richard Wagner im Dritten Reich. Ein Schloss Elmau-Symposion. München 2000. S. 264–282.

Vaget, Hans Rudolf: Wieviel »Hitler« ist in Wagner? Anmerkungen zu Hitler, Wagner und Thomas Mann. In: Dieter Borchmeyer/Ami Maayani/Susanne Vill (Hg.): Richard Wagner und die Juden. Stuttgart/Weimar 2000. S. 178–206.

Voegelin, Eric: Die politischen Religionen. Hg. u. mit einem Nachwort vers. v. Peter J. Opitz. München 1993.
Voegelin, Eric: Religionsersatz. Die gnostischen Massenbewegungen unserer Zeit. In: Wort und Wahrheit 15 (1960). S. 5–18.
Voegelin, Eric: Wissenschaft, Politik und Gnosis. München 1959.
Völklein, Ulrich (Hg.): Hitlers Tod. Die letzten Tage im Führerbunker. Göttingen 1998.
Voigts, Manfred: Hitler als Messias. Anmerkungen zu Michael Ley: Genozid und Heilserwartung. In: ZRGG 48 (1996). S. 172–178.
Vollnhals, Clemens: Zur Edition. In: Hitler, [Adolf]: Reden, Schriften, Anordnungen. Februar 1925 bis Januar 1933. Bd. I: Die Wiederbegründung der NSDAP. Februar 1925–Juni 1926. Hg. u. kommentiert v. Clemens Vollnhals. München u. a. 1992. S. XV– XXIX.
Vondung, Klaus: Die Apokalypse in Deutschland. München 1988.
Vondung, Klaus: »Gläubigkeit« im Nationalsozialismus. In: Hans Maier/Michael Schäfer (Hg.): »Totalitarismus« und »Politische Religionen«. Konzepte des Diktaturvergleichs. Bd. II. Paderborn u. a. 1977. S. 15–28.
Vondung, Klaus: Magie und Manipulation. Ideologischer Kult und politische Religion des Nationalsozialismus. Göttingen 1971.
Vondung, Klaus: Revolution als Ritual. Der Mythos des Nationalsozialismus. In: Dietrich Harth/Jan Assmann (Hg.): Revolution und Mythos. Frankfurt a. M. 1992. S. 206–218.
Wagener, Otto: Hitler aus nächster Nähe. Aufzeichnungen eines Vertrauten 1929–1932. Hg. v. Henry A. Turner. 2. Aufl. Kiel 1987.
Wagner, Friedelind: Nacht über Bayreuth. Die Geschichte der Enkelin Richard Wagners. 3. Aufl. Köln 1997.
Wagner, Gottfried: Vom Erlösungswahn Wagners im Lohengrin und Parsifal. In: Michael Ley/Julius H. Schoeps (Hg.): Der Nationalsozialismus als politische Religion. Bodenheim bei Mainz 1997. S. 91–106.
Wagner, Nike: Wagner Theater. Frankfurt a. M. 1998.
Waite, Robert G. L.: The psychopathic God Adolf Hitler. New York 1977.
Weiner, Marc A.: Antisemitische Fantasien. Die Musikdramen Richard Wagners. Berlin 2000.
Weiner, Marc A.: Über Wagner sprechen. Ideologie und Methodenstreit. In: Saul Friedländer/Jörn Rüsen (Hg.): Richard Wagner im Dritten Reich. Ein Schloss Elmau-Symposion. München 2000. S. 342–362.
Weißmann, Karlheinz: Druiden, Goden, Weise Frauen. Zurück zu Europas alten Göttern. Freiburg i. Br. 1991.

Weißmann, Karlheinz: Schwarze Fahnen, Runenzeichen. Die Entwicklung der politischen Symbolik der deutschen Rechten zwischen 1890 und 1945. Düsseldorf 1991.
Werner, Uwe unter Mitwirkung v. Christoph Lindenberg: Anthroposophen in der Zeit des Nationalsozialismus 1933–1945. München 1999.
Wiedeburg, Paul Herrmann: Dietrich Eckart. Ein lebens- und geistesgeschichtlicher Beitrag zum Werden des neuen Deutschland. Diss. Erlangen. Hamburg 1939.
Wippermann, Wolfgang: Der konsequente Wahn. Ideologie und Politik Adolf Hitlers. Mit einem Essay v. Saul Friedländer. Gütersloh/München 1989.
Wippermann, Wolfgang: Umstrittene Vergangenheit. Fakten und Kontroversen zum Nationalsozialismus. Berlin 1998.
Wistrich, Robert: Der antisemitische Wahn. Von Hitler bis zum Heiligen Krieg gegen Israel. Ismaning bei München 1987.
Wulff, Wilhelm Th. H.: Tierkreis und Hakenkreuz. Als Astrologe an Himmlers Hof. Gütersloh 1968.
Zander, Helmut: Geschichte der Seelenwanderung in Europa. Alternative religiöse Traditionen von der Antike bis heute. Darmstadt 1999.
Zander, Helmut: Sozialdarwinistische Rassentheorien aus dem okkulten Untergrund des Kaiserreichs. In: Uwe Puschner/Walter Schmitz/Justus H. Ulbricht (Hg.): Handbuch zur »Völkischen Bewegung« 1871–1918. München u. a. 1996. S. 224–250.
Zehnpfennig, Barbara: Hitlers »Mein Kampf«. Eine Interpretation. München 2000.
Zelinsky, Hartmut: Die deutsche Losung Siegfried oder die »innere Notwendigkeit« des Juden-Fluches im Werk Richard Wagners. In: Udo Bermbach (Hg.): In den Trümmern der eignen Welt. Richard Wagners »Der Ring des Nibelungen«. Berlin/Hamburg 1989. S. 201–249.
Zelinsky, Hartmut: Die »feuerkur« des Richard Wagner oder die »neue religion« der »Erlösung« durch »Vernichtung«. In: Heinz-Klaus Metzger/Rainer Riehn (Hg.): Richard Wagner. Wie antisemitisch darf ein Künstler sein? München 1981. S. 79–112.
Zelinsky, Hartmut: Richard Wagner. Ein deutsches Thema. Eine Dokumentation zur Wirkungsgeschichte Richard Wagners 1876–1976. 3., korr. Aufl. Berlin/Wien 1983.
Zelinsky, Hartmut: Richard Wagners »Kunstwerk der Zukunft« und seine Idee der Vernichtung. In: Joachim H. Knoll/Julius H. Schoeps

(Hg.): Von kommenden Zeiten. Geschichtsprophetien im 19. und 20. Jahrhundert. Stuttgart/Bonn 1984. S. 84–106.
Zelinsky, Hartmut: Sieg oder Untergang: Sieg und Untergang. Kaiser Wilhelm II., die Werk-Idee Richard Wagners und der »Weltkampf«. München 1990.
Zelinsky, Hartmut: Verfall, Vernichtung, Weltentrückung. Richard Wagners antisemitische Werk-Idee als Kunstreligion und Zivilisationskritik und ihre Verbreitung bis 1933. In: Saul Friedländer/Jörn Rüsen (Hg.): Richard Wagner im Dritten Reich. Ein Schloss Elmau-Symposion. München 2000. S. 309–341.
Zelnhefer, Siegfried: Die Reichsparteitage der NSDAP. Geschichte, Struktur und Bedeutung der größten Propagandafeste im nationalsozialistischen Feierjahr. Nürnberg 1991.
Zitelmann, Rainer: Hitler. Selbstverständnis eines Revolutionärs. 2., überarb. u. erg. Aufl. Stuttgart 1989.
Zitelmann, Rainer: Hitler-Bild im Wandel. In: Karl Dietrich Bracher/Manfred Funke/Hans-Adolf Jacobsen (Hg.): Deutschland 1933–1945. Neue Studien zur nationalsozialistischen Herrschaft. 2., erg. Aufl. Bonn 1993. S. 491–506.
Zoller, Albert: Hitler privat. Erlebnisbericht seiner Geheimsekretärin. Düsseldorf 1949.

VERZEICHNIS DER ABKÜRZUNGEN UND KURZTITEL

Das Verzeichnis listet die Abkürzungen für nationalsozialistische Begriffe und für wissenschaftliche Zeitschriften auf, außerdem die Kurztitel für Quelleneditionen. Die genaue bibliographische Angabe der mit Kurztitel zitierten Quelleneditionen findet sich im Literaturverzeichnis.

Aufz.	Hitler, [Adolf]: Sämtliche Aufzeichnungen 1905–1924
Bormann	Hitler, Adolf: Politisches Testament. Die Bormann-Diktate vom Februar und April 1945
BVP	Bayerische Volkspartei
Domarus	Domarus, Max: Hitler. Reden und Proklamationen
GWU	Geschichte in Wissenschaft und Unterricht
Heim	Hitler, Adolf: Monologe im Führerhauptquartier 1941–1944. Die Aufzeichnungen Heinrich Heims
HJ	Hitler-Jugend
MK	Hitler, Adolf: Mein Kampf
NSDAP	Nationalsozialistische Deutsche Arbeiterpartei
Picker	Hitlers Tischgespräche im Führerhauptquartier 1941–1942
RSA	Hitler, [Adolf]: Reden, Schriften, Anordnungen
SA	Sturmabteilung
SD	Sicherheitsdienst
SS	Schutzstaffel
VB	Völkischer Beobachter
VfZG	Vierteljahreshefte für Zeitgeschichte
ZRGG	Zeitschrift für Religions- und Geistesgeschichte

PERSONENREGISTER

Hinweis: Der Name Adolf Hitler wurde nicht aufgenommen.

Abraham (alttest. Patriarch) 115, 218
Ach, Manfred 212
Ackermann, Josef 264
Aharon, Jesaiah Ben 262
Alleau, René 256
Ambelain, Robert 256
Anderson, Ken 162, 267
Angebert, Jean-Michel 256
Arndt, Karl 264, 271
Aron, Raymond 193, 275
Aronson, Shlomo 275
Auerbach, Hellmuth 251

Bärsch, Claus-Ekkehard 16 f., 197, 199–202, 212, 254, 276–278
Bahn, Peter 263
Baird, Jay W. 273
Bangert, Otto 42 f.
Barabbas (Gestalt des Neuen Testaments) 218
Bauer, Richard 251
Baumgärtner, Raimund 254
Becker, Hansjakob 270
Behnken, Klaus 272
Behrenbeck, Sabine 269
Behrens, Mathias 276
Bellmund, Klaus 141, 257
Bergier, Jaques 144 f., 150–154, 256, 258–261, 264 f., 267
Bergmann, Werner 258
Bernadac, Christian 265
Bieberstein, Johannes Rogalla von 263
Bihl, Wolfdieter 263
Binion, Rudolph 213
Bismarck, Otto Fürst von 117
Bizer, Eberhard 262
Blavatsky, Helena Petrowna 141, 144, 156
Boberach, Heinz 274
Boehringer, Robert 135, 254
Boelcke, Willi A. 274
Bohse, Jörg 272
Borchmeyer, Dieter 244
Bormann, Martin 20–22, 60, 65, 72, 77, 215, 226, 228, 232, 234
Bowen, Robert 229
Braun, Otto Rudolf 157, 255, 259, 262 f., 266 f.
Breiting, Richard 22
Breuer, Stefan 272
Brissaud, André 256
Bronder, Dietrich 145 f., 149 f., 255 f., 259 f., 265 f.
Broszat, Martin 175 f., 268 f.
Brumlik, Micha 199, 204, 277
Buchheim, Hans 192, 275
Buddha 42, 60, 115
Bullock, Alan 18, 209, 212
Burleigh, Michael 276
Burrin, Philippe 275

Calic, Edouard 215
Calvin, Johannes 115
Cancik, Hubert 221, 271
Carmin, E. R. 150–152, 156 f., 159, 255, 259–263, 265, 267
Carr, Joseph J. 256
Carr, William 213

Chamberlain, Houston Stewart 99 f., 104–107, 245
Châtellier, Hildegard 244
Christus: siehe Jesus
Churchill, Winston 162
Cohn, Norman 263, 278
Cornish, Kimberley 241 f.
Crowley, Aleister 151 f., 156

Dahlhaus, Carl 244
Daim, Wilfried 115 f., 122, 247–250
Dante Alighieri 104
Darré, Richard Walther 164, 170
Dietzsch, Martin 258
Dinter, Artur 39, 221
Dipper, Christof 258
Domarus, Max 20, 214, 226–239, 252, 269, 277
Doosry, Yasmin 271
Drexler, Anton 129
Dvorak, Josef 261

Ebeling, Frank 261
Eberan, Barbro 211
Ebert, Friedrich 31
Eckart, Dietrich 17, 131–135, 142, 144 f., 147, 253 f.
Ehrenwald, Jan 214
Eitner, Hans-Jürgen 213
Engel, Gerhard 22, 211, 215, 241
Engelbrecht, Otto 145
Erb, Rainer 258, 277
Eschebach, Insa 140, 257

Faber, Richard 278
Fauth, Philipp 229
Feder, Gottfried 131, 145
Fest, Joachim C. 18, 212
Field, Geoffrey G. 245
Franco y Bahamonde, Francisco 82
François-Poncet, André 215
Frank, Hans 105, 110, 145, 245
Freund, René 141, 257
Friedländer, Saul 108, 213, 244, 246
Friedrich II. (preuß. König) 84, 228, 237
Friedrich II. (röm.-dt. Kaiser) 58

Galen, Clemens August Graf von 88, 188, 240
Galli, Giorgio 256
Gamm, Hans-Jochen 273
Garbe, Detlev 237
Gasman, Daniel 250
Gehring, Heiner 263
Gentile, Emilio 275
George, Stefan 135
Gershom, Yonassan 262
Gerson, Werner 256
Gilbhard, Hermann 128, 251–253
Gisevius, Hans-Bernd 267
Glowka, Hans-Jürgen 263
Godwin, Joscelyn 261
Goebbels, Joseph 17, 23, 179
Göring, Hermann 145, 167, 185, 226
Goethe, Johann Wolfgang von 104, 132, 226
Gött, Magnus 27, 34, 219
Goldhagen, Daniel Jonah 143, 258, 277
Goodrick-Clarke, Nicholas 143, 148, 248–253, 255, 258 f., 261
Grandt, Guido 141, 258
Grandt, Michael 141, 258
Greiner, Helmuth 239
Greiner, Josef 115 f., 247 f., 250, 256

Greve, Reinhard 265
Grill (angeblicher Bekannter Hitlers) 247 f.
Grote, Heiner 221
Guardini, Romano 242, 274
Gugenberger, Eduard 135, 140–142, 254, 256–258, 262–264
Gurdjieff, Georg Iwanowitch 145, 151, 156
Gustloff, Wilhelm 74

Haack, Friedrich-Wilhelm 140, 256 f.
Hacker, Friedrich 247
Haeckel, Ernst 124, 250
Hänel, Wolfgang 165 f., 260, 268
Haffner, Sebastian 19, 213
Hakl, H. T. 141, 257, 261
Halder, Winfried 268
Hamann, Brigitte 120, 241 f., 247–250, 253
Hamerski, Werner 270
Hammer, Hermann 214
Hammer, Wolfgang 15–17, 211
Hanfstaengl, Ernst 105, 245
Hanisch, Ernst 226, 246
Hanisch, Reinhold 247 f.
Hanussen, Jan Erik 160, 265 f.
Harrer, Karl 129
Hasenclever, Walter 220
Hasenfratz, Hans-P. 254
Haushofer, Albrecht 146, 151
Haushofer, Heinz 151, 261
Haushofer, Karl 144–147, 151, 259 f.
Heer, Friedrich 12–17, 96, 210 f., 242
Hehl, Ulrich von 238
Heidegger, Martin 202
Heil, Johannes 258, 277
Heim, Heinrich 20–22, 65, 214, 228–231, 234–240, 278
Hein, Annette 243 f., 246
Heinrich der Löwe 264
Heinrich I. (röm.-dt. Kaiser) 264
Heinsohn, Gunnar 277
Heller, Friedrich Paul 141, 258, 262
Helsing, Jan van 157 f., 255, 263
Herder, Johann Gottfried 104
Hering, Johannes 127
Hermand, Jost 220
Herz, Dietmar 275
Heß, Rudolf 145, 159, 170, 260
Heydrich, Reinhard 21, 171,
Heyer, Karl 156, 262
Hieronimus, Ekkehard 122, 221, 249 f., 278
Hildebrand, Klaus 210
Hillgruber, Andreas 214 f.
Himmler, Heinrich 21, 87, 145, 159 f., 170 f., 196, 264–266
Hindenburg, Paul von Beneckendorff und von 57, 74 f., 231 f.
Hinz, Manfred 271
Hiob (Gestalt des Alten Testaments) 196
Hipler, Bruno 260
Hitler, Alois 94
Hitler, Klara 94
Hockerts, Hans Günter 215, 270
Höhne, Heinz 264
Hörbiger, Hanns 67, 229
Honisch, Karl 248
Hoser, Paul 216, 219
Howe, Ellic 251, 263, 266
Hubbard, Lafayette, Ronald 141
Hudal, Alois 188, 274
Hüser, Karl 264
Hundseder, Franziska 141, 257
Hunger, Ulrich 264

Hus, Jan 115
Huß, Johannes: siehe Jan Hus

Ibsen, Henrik 104
Ignatius von Loyola 87

Jacobsen, Hans-Adolf 151, 260 f.
Jäckel, Eberhard 209, 213 f., 250, 253
Janßen, Karl-Heinz 215
Jaspers, Karl 202
Jenks, William A. 241
Jesse, Eckhard 268
Jesus Christus 15, 29–31, 37, 43 f., 56, 77 f., 100, 105, 115, 133 f., 164, 168, 185, 190, 234, 269
Jetzinger, Franz 241 f.
Joachimsthaler, Anton 247, 251 f., 263
Jochmann, Werner 214 f.
Johannes (Evangelist) 216, 219, 235
Johannes (Täufer) 74
Jones, J. Sydney 241
Joseph II. (röm.-dt. Kaiser) 16
Junker, Detlev 220

Kafton-Minkel, Walter 262
Kalvin: siehe Calvin
Kant, Immanuel 132
Karbaum, Michael 244
Karl der Große 58, 116, 239
Karow, Yvonne 271
Kater, Michael H. 264
Kershaw, Ian 9–11, 18, 182, 209 f., 231, 215, 242 f., 245, 249–251, 253, 271–274
Kettenacker, Lothar 212, 238, 272 f.
King, Francis 256
Kirchhoff, Jochen 255, 259, 267
Knaut, Horst 255, 266
Knoch, Habbo 258
Knopp, Guido 213
Koch-Hillebrecht, Manfred 19, 213
Kocher, Richard 242
Köhler, Joachim 99 f., 104–106, 108 f., 111, 243, 246
Konfuzius (chines. Philosoph) 115
Kornbichler, Thomas 213 f.
Kotze, Hildegard von 211, 215, 241
Kratz, Peter 140, 257
Kraus, Hans-Christof 275
Krischna (hinduist. Gott) 115
Krockow, Christian Graf von 213
Kroll, Frank-Lothar 212–215, 234, 241, 250, 253 f., 264 f., 272, 276
Kruck, Alfred 221
Kubin, Ernst 159, 265
Kubizek, August 95, 97 f., 104, 114 f., 119, 242, 247, 248
Küntzel, Martha 152
Kugel, Wilfried 266
Kuhn, Axel 214, 250, 253

Landig, Wilhelm 154, 262
Landulf II. von Capa 155
Lange, Hans-Jürgen 264 f.
Langer, Walter C. 247
Large, David Clay 245, 251
Lease, Gary 276
Lenin, Wladimir Iljitsch 41, 133, 190, 249
Lerchenfeld-Koefering, Hugo Graf von 36
Ley, Michael 198, 204, 275, 277
Liebel, Willy 159 f.

Liebenfels, Jörg Lanz von 199, 121–123, 145, 249 f.
Lindenberg, Christoph 156, 261 f., 267
Linz, Juan J. 275
List, Guido von 119–121, 123, 145, 249
Loers, Veit 251
Löwith, Karl 242
Lotter, Michael 129, 252
Ludendorff, Erich 222
Lübbe, Hermann 275
Lueger, Karl 118 f., 123
Lugert, Emanuel 95
Lukacs, John 209
Lukas (Evangelist) 216, 218 f., 235
Luther, Martin 14, 80, 115 f., 132, 222, 235

Maayani, Ami 244
Maegerle, Anton 141, 258, 262
Maier, Hans 193, 275 f.
Mann, Thomas 12, 210
Marbach, Jan 213
Markus (Evangelist) 216, 219, 235
Maser, Werner 212
Matthäus (Evangelist) 216, 219, 235
Matussek, Paul 213
Matussek, Peter 213
May, Georg 12–17, 210 f., 239, 250
Mayer, Rupert 188
Mayrhofer, Josef 241
McKale, Donald M. 264
Mehlhausen, Joachim 238
Meißner, Rudolf 242
Möller, Helmut 263
Mommsen, Hans 8, 209 f., 269, 272, 276
Mommsen, Wilhelm 219
Mommsen, Wolfgang 210
Morell, Theodor 145
Mork, Andrea 243
Morsey, Rudolf 220
Moses (alttest. Anführer Israels) 115, 133, 219
Mosse, George L. 220, 258, 270
Müller, Hanns Georg 128
Müller, Hans 270
Müller, Karl Alexander von 107 f., 246
Müllern-Schönhausen, Johannes von 240, 255, 258, 266
Mund, Rudolf J. 249 f., 264
Mussolini, Benito 87, 227

Nagel, Brigitte 229
Nanko, Ulrich 221
Napoleon I. (frz. Kaiser) 233
Niemöller, Martin 211
Nietzsche, Friedrich 104
Nolte, Ernst 133 f., 254

Ogan, Bernd 271
Opitz, Peter J. 275
Orzechowski, Peter 140, 256

Pasi, Marco 152, 261
Pauen, Michael 202, 204, 278
Paulus (Apostel) / Saulus 78, 133
Pauwels, Louis 144 f., 150–154, 256, 258–261, 264 f., 267
Pennick, Nigel 256
Pentrop, Clemens 212
Pestalozza, Josef Graf von 36
Petri, Franko 141, 258, 263
Petrova, Ada 263
Petrus (Apostel) 219
Pfahl-Traughber, Armin 263
Phelps, Reginald H. 245, 248, 251

Picker, Henry 20–22, 215 f., 228–230, 234 f., 237–240, 245
Piper, Ernst 254
Pius XI. (Papst) 190, 274
Pius XII. (Papst) 14, 238
Platon 202
Plewnia, Margarete 133, 253 f.
Pois, Robert A. 276
Poljak, Abram 255, 266
Pontius Pilatus 82
Porat, Dina 246
Portas, Maximiani 261
Pretzsche, Ernst 146 f.
Puschner, Uwe 221

Quinn, Malcolm 253

Rahn, Otto 160, 265
Rama (hinduist. Gott) 115
Rauschning, Hermann 22, 109, 150, 152, 159 f., 163–167, 215, 242, 246 f., 256, 260, 264 f., 267 f.
Ravenscroft, Bill 163, 267
Ravenscroft, Trevor 146 f., 149, 151 f., 154 f., 159, 162, 256, 259, 261 f., 266 f.
Reardon, Bernard M. G. 235
Reichel, Peter 270
Reichelt, Werner 17, 212, 270
Reinhardt, Max 220
Reventlow, Ernst Graf zu 39
Rhodes, James W. 278
Ribbentrop, Joachim von 238
Richard von Acerra 155
Ritzler, Konrad 259
Röhm, Ernst 54
Rohlfes, Joachim 9, 210
Rose, Detlev 128, 140, 251–253, 255, 257, 259 f., 267
Rose, Paul Lawrence 108 f., 243 f., 246
Rosenbaum, Ron 21, 209, 215
Rosenberg, Alfred 17, 131, 134 f., 145, 159, 170, 196, 230, 253 f.
Rüsen, Jörn 244
Ruppert, Karsten 220

Saulus: siehe Paulus
Savonarola, Girolamo 115
Schäfer, Michael 275
Schäffer, Fritz 220
Schellenberg, Walter 266
Schieder, Theodor 109, 165, 267 f.
Schiller, Friedrich 104
Schirach, Baldur von 179, 270
Schmidt, Paul 227
Schmidt-Falk, Else 120, 248–250
Schmitz, Walter 221
Schmitz-Berning, Cornelia 225, 228
Schmölders, Claudia 213, 271
Schnurbein, Stefanie von 140, 257
Schönerer, Georg Ritter von 94, 117–119, 121–123
Schönhoven, Klaus 219
Schoeps, Hans-Joachim 276
Schoeps, Julius H. 275, 277
Scholder, Klaus 221
Scholz, Dieter David 244
Schopenhauer, Arthur 104, 132
Schostack, Renate 111, 247
Schott, Georg 270
Schramm, Percy Ernst 214
Schreiber, Gerhard 209
Schröder, Christa 247
Schüler, Winfried 244
Schuler, Alfred 135
Schuler, Karl-Heinz 255

Schuschnigg, Kurt Edler von 58
Schwab, Gustav 98, 242
Schwarz, Sales 94
Schweidlenka, Roman 140 f., 256–258, 262 f.
Sebottendorff, Rudolf von 125–127, 129–131, 145, 149 f., 171, 251–253, 259 f.
Serrano, Miguel 153 f., 261 f.
Shakespeare, William 101
Siemon-Netto, Uwe 211
Simon-Ritz, Frank 250
Siniveer, Kaarel 141, 257
Sironneau, Jean-Pierre 275
Sklar, Dusty 256
Smith, Bradley F. 241
Sontheimer, Kurt 183, 272
Speer, Albert 215, 243
Speit, Andreas 141, 257
Spengler, Oswald 234
Sponsel, Georg 221
Spotts, Frederic 244
Stalin, Josef 69, 177
Stauffenberg, Claus Schenk Graf von 59
Stein, Franz 117
Stein, Walter Johannes 146, 155, 162, 266
Steinbach, Lothar 273
Steiner, John M. 264
Steiner, Rudolf 156
Steinert, Marlies 18, 187, 212, 259, 273 f.
Steininger, Babette 119, 248
Stellrecht, Helmut 212
Stempfle, Bernhard 145
Stern, Joseph Paul 213
Stierlin, Helm 213
Streicher, Julius 145
Stresemann, Gustav 31, 48, 218
Strohm, Harald 199, 202, 277
Sünner, Rüdiger 142, 258, 263, 265
Suster, Gerald 256
Syring, Enrico 213, 269
Sywottek, Jutta 273

Tagore, Rabindranath 119
Tallgren, Vappu 213
Tautz, Johannes 155, 255, 259, 262, 265–267
Thaler, Marie 250
Thamer, Hans-Ulrich 9, 209 f.
Thies, Jochen 271
Thöne, Albrecht W. 271
Thye, Elke 140, 257
Tiberius (röm. Kaiser) 155
Timm, Ulrich 19, 169, 214, 269
Tobias, Fritz 165 f., 268
Toland, John 18, 212, 266
Tradowsky, Peter 262
Trevor-Roper, Hugh R. 215
Turner, Henry Ashby 215, 268 f.
Tyrell, Albrecht 222, 251, 253

Ulbricht, Justus H. 221

Vaget, Heinz Rudolf 106, 245 f.
Viktor Emanuel III. (italien. König) 227
Vill, Susanne 244
Voegelin, Eric 192–194, 196, 199, 203–205, 275, 277 f.
Völklein, Ulrich 263
Vogt, Martin 215
Voigts, Manfred 277
Vollnhals, Clemens 214
Vondung, Klaus 269 f., 278

Wagener, Otto 22, 110, 166–168, 215, 245, 268 f.
Wagner, Cosima 108

Wagner, Eva 107
Wagner, Friedelind 244
Wagner, Gottfried 246
Wagner, Nike 247
Wagner, Richard 44, 79, 97–112, 114, 146, 162, 243–246
Wagner, Siegfried 107
Wagner, Wolfgang 111
Waite, Robert G. L. 213
Wapnewski, Peter 244
Watson, Peter 263
Weiner, Marc A. 162, 244
Weininger, Otto 254
Weiß, Hermann 250
Weiß, Wolfgang J. 271
Weißmann, Karlheinz 140, 257, 271
Werner, Uwe 156, 262
Wessel, Horst 74 f.
Wiedeburg, Paul Herrmann 254
Wilhelm I. (dt. Kaiser) 233
Wiligut, Karl Maria 264
Willems, Susanne 272
Wippermann, Wolfgang 209, 213
Wirth, Joseph 218
Wistrich, Robert 212
Witetschek, Helmut 274
Wittgenstein, Ludwig 95, 241
Witzmann, Pia 251
Wolf, Karl Hermann 118
Wohlmuth, Georg 35
Wulff, Wilhelm Th. H. 266

Zander, Helmut 248, 264
Zehnpfennig, Barbara 213, 276 f.
Zelinsky, Hartmut 100, 106, 243–247
Zelnhefer, Siegfried 270
Ziegler, Walter 273
Zitelmann, Rainer 209 f., 213
Zoller, Albert 247
Zwingli, Huldrych 115

Gesetzt aus der Trump
Satz: Satz für Satz. Barbara Reischmann, Leutkirch
Druck und Bindung: GGP Media, Pößneck
Printed in Germany
ISBN 3-85842-421-8